国际服务外包系列教材
Textbook Series of International Service Outsourcing

国际服务外包园区发展的理论与实践

Theory and Practice of International Service Outsourcing Park Development

王世豪 / 编著

中国财经出版传媒集团
经济科学出版社
Economic Science Press

图书在版编目（CIP）数据

国际服务外包园区发展的理论与实践／王世豪编著．
—北京：经济科学出版社，2020.12
国际服务外包系列教材
ISBN 978-7-5218-2198-7

Ⅰ.①国… Ⅱ.①王… Ⅲ.①服务业-对外承包-教材 Ⅳ.①F719

中国版本图书馆 CIP 数据核字（2020）第 257543 号

责任编辑：杜　鹏　郭　威
责任校对：刘　昕
责任印制：邱　天

国际服务外包园区发展的理论与实践
王世豪　编著
经济科学出版社出版、发行　新华书店经销
社址：北京市海淀区阜成路甲 28 号　邮编：100142
编辑部电话：010-88191441　发行部电话：010-88191522
网址：www.esp.com.cn
电子邮件：esp_bj@163.com
天猫网店：经济科学出版社旗舰店
网址：http://jjkxcbs.tmall.com
固安华明印业有限公司印装
787×1092　16 开　12.25 印张　280000 字
2021 年 1 月第 1 版　2021 年 1 月第 1 次印刷
ISBN 978-7-5218-2198-7　定价：56.00 元
（图书出现印装问题，本社负责调换。电话：010-88191510）
（版权所有　侵权必究　打击盗版　举报热线：010-88191661
QQ：2242791300　营销中心电话：010-88191537
电子邮箱：dbts@esp.com.cn）

编委会名单

林吉双　赵尚群　林小平
孙　波　陈　和　曾　增

总　　序

自21世纪以来，我国承接美、欧、日等国家和地区的国际服务外包呈加速发展之势。2020年，我国承接国际服务外包执行金额为127 830.02亿元人民币，为全球第二服务外包接包国。伴随服务外包产业的迅速发展，我国能熟练从事国际服务外包业务中高端人才的短缺问题日益凸显出来。因此，尽快培养国际服务外包产业所需的中高端人才，已成为促进我国服务外包产业持续、快速和健康发展的当务之急。

广东外语外贸大学国际服务外包研究院和国际服务外包人才培训基地，是全国普通高等院校最早成立的国际服务外包研究和人才培训的专门机构。2009年10月以来，国际服务外包研究院承接国际服务外包的理论研究和政府咨询等课题100余项，发表论文300余篇。目前，广东外语外贸大学国际服务外包研究院已成为华南地区国际服务外包理论研究中心、政府决策咨询智库。十年来，广东外语外贸大学国际服务外包人才培训基地共培训软件架构师、软件测试工程师和网络工程师等IT类高校"双师型"教师200余人；培养和培训ITO、BPO、KPO等适用型大学毕业生4 000余人；为东风汽车集团、IBM、西艾、从兴等服务外包企业定制培训服务外包商务英语和相关业务流程专业人才1 000余人；培训服务外包企业和政府中高层管理人员12 000余人。经过几年来对服务外包人才培养模式与实践的有益探索，广东外语外贸大学国际服务人才培训基地已成为广东省服务外包"双师型"教师资源库、大学毕业生适用型人才交付中心、企业和政府管理人员短期培训中心。

广东外语外贸大学作为广东省国际服务外包中高端人才培训基地，为更好地发挥学校在国际化人才培养方面的优势，进一步提高国际服务外包和国际服务经济人才培养的质量，特组织专家学者编写了本套教材。包括《服务外包客户关系管理》《服务外包项目管理》《服务外包企业战略管理》《商务交际日语》《商务谈判日语》《商务会谈技巧英语》《商务沟通英语》《软件开发中级英语阅读与写作教程》《软件测试中级英语阅读与写作教程》《服务外包概论》《广东国际服务外包案例》《国际服务外包营销》《印度国际服务外包经典案例》《服务外包园区发展的理论与实践》《国际服务经济概论》《国际服务贸易战略与实

国际服务外包园区发展的理论与实践

务》《国际金融服务实务》《国际服务经济组织与管理概论》《Java 软件工程师培训教程》《云计算基础、应用与产业发展》《数据挖掘基础与应用实例》《物联网基础、应用与产业发展》《跨境电子商务概论（进口篇）》《跨境电子商务概论（出口篇）》《服务外包英语沟通与交流技巧》《西方公共服务外包理论、政策与实践》《服务外包日语交流与沟通技巧》《艺术创意与经典案例》共 28 部。

　　培训国际服务外包和国际服务经济产业所需的中高端人才是一项系统工程，其中，编写出能够既反映国际服务外包和国际服务经济发展理论又符合国际服务外包和国际服务经济发展实践的教材就尤其重要。我们希望本套教材的出版能够为国际服务外包和国际服务经济人才的培养尽一分力量；同时，我们也真诚地欢迎各位读者对本套教材的不足之处提出修改的意见和建议，以期进一步提高我们教材编写的质量。

广东外语外贸大学国际服务外包教材编写委员会

2020 年 12 月

前　言

　　服务外包是指企业将价值链中原本由自己提供的、共性的、非核心的服务业务及服务流程剥离出来，外包给企业外部服务提供商来完成的经济活动。从20世纪90年代开始，服务业国际转移的新趋势在全球形成，服务外包产业作为一种新的分工方式也伴随在国际转移之中；随着服务外包产业的发展，服务外包园区越来越成为一个国家或者地区产业发展的重要载体。在此经济背景下，我国服务外包园区得到了长足的发展，服务外包园区的发展及其业务实施渠道也成为一个聚集所有服务外包企业和提供各种专业服务的公共平台，服务外包园区经济已成为当地经济发展的一个重要模式。其中，各地的科技园区是服务外包产业发展的主要载体，支撑服务外包园区发展的关键要素是基础设施、公共服务、政策支持、运营机制等方面，以便充分发挥园区的集聚功能、创新功能、孵化功能，通过示范引领效应，带动服务外包产业整体发展。

　　目前，我国设立了31个国家级服务外包示范城市，84个国家级服务外包示范园区，形成"示范城市+示范园区"的两级发展体系。全国已经有超过25个省份、40个城市将服务外包列为本地重点发展产业，并建设（包括原有园区扩建等）200多个服务外包（或者以服务外包作为主要产业方向之一）园区。各示范城市共计认定服务外包示范园区164个。园区在提供优质基础设施基础上，在开发理念、配套功能、产业发展、投资促进、企业支持、品牌塑造等领域不断探索创新，形成一批融高品质、高智能、高技术于一体的综合型、专业性园区，发挥集聚、创新、孵化功能，示范引领效果明显。代表性服务外包园区平均拥有企业数量近500个。从全国来看，园区贡献了服务外包产值的80%以上，展现了园区促进服务外包产业发展的集聚功能。[1][2] 各地都在根据自身禀赋发展地方特色，打造真正的专业化外包园区。总体来看，服务外包园区专业化发展已经初见雏形，

---

　　[1]　商务部 发展改革委 教育部 科技部 工业和信息化部 财政部 人力资源社会保障部 税务总局 外汇局关于新增中国服务外包示范城市的通知［OL］．中华人民共和国商务部官网，http：//www.mofcom.gov.cm/article/b/xxfb/201605/20160501317300.shtml.

　　[2]　中国服务外包发展报告2013［OL］．中国服务外包研究中心官网，http：//coi.mofcom.gov.cn/article/t/201312/20131200428316.shtml.

国际服务外包园区发展的理论与实践

各类金融后台、呼叫中心等专业化园区蓬勃发展。可以说，我国服务外包园区已经进入以专业化竞争为核心标志的产业发展3.0时代。

本教材主要介绍了服务外包园区发展的理论与实践内容。

第一章服务外包园区的发展理论。服务外包园区首先是一个产业集聚区。要深入了解服务外包园区先要了解产业集聚区的发展机制和发展理论。本章结合演化理论、产业生命周期理论等相关理论试图寻找产业空间集聚的动力机制及其特征，进而探寻中国产业集聚区发展的现实路径和具体对策，这对于如何发展和布局服务外包园区具有重要现实意义。

第二章服务外包企业和园区的管理理论。有效的管理决策和管理行为需要适当的管理理念来指导，或者说管理决策和管理行为是对管理理念的贯彻和实现。生产性服务外包管理也不例外，作为一种协调发包方和承包方相关组织行为的管理行为，为了实现特定的组织利益，需要在顾客满意理论、零缺陷质量管理理论和供应链管理理论的指引下，做出有效的管理决策，指导有针对性的管理行为。服务外包园区集群离不开组织和为其提供必需的组织管理保障，尤其是以一体化战略和协同战略等为代表的关系要素，以及以人力资源和知识市场等企业间合作与联系为代表的创新要素。本章从服务外包企业和园区的管理理论、服务外包园区的特点及构成要素、服务外包产业园区存在的问题以及服务外包园区的管理模式四个方面加以阐述。

第三章服务外包园区企业的竞争力。竞争力是参与者双方或多方进行角逐，通过比较而体现出来的综合能力。它是一种相对指标，必须通过竞争才能表现。服务外包的迅猛发展及其所带来的巨大经济利益使其迅速成为全球的新焦点，无论是发达国家还是发展中国家都想在这次服务贸易的角逐中获取更多的利益，站在国家立场上研究服务外包竞争力的理论便应运而生。从发包方的角度考虑，研究区位、服务商竞争力的影响因素，可以为发包方对外包目的地和服务商的选择提供决策依据。从服务商的角度考虑，准确掌握服务外包企业、集群、区位等竞争力的影响因素，能有效地满足发包方的需求，从而在激烈的竞争中获胜。本章从服务外包园区企业竞争力理论、服务外包园区企业竞争力影响因素、服务外包园区企业竞争力评价模型和服务外包园区竞争力案例四个方面进行阐述。

第四章服务外包园区的发展模式。随着服务外包产业及专业化产业园区在中国的持续发展，未来中国的服务外包产业园区将不仅仅是享受优惠政策的特定区域，而是将成为整合全球产业资源、聚集产业要素、推动持续创新以及产业发展、形成经济产出的产业载体。国内外园区发展的成功经验（发展模式）对于我国今后的园区发展有着重要的现实意义。本章分为国内外主要园区的发

前　言

展模式与经验、国外服务外包园区的发展模式、国内服务外包园区的发展模式、模式与经验小结和案例介绍共五节来进行总结。

第五章服务外包园区的建设规划与空间布局。规划与布局是园区建设中十分重要的一环，要用发展的思路进行产业的布局规划，体现城市和产业发展的阶段性特征。既要考虑当下企业入驻的需要，又要为新兴产业和外来产业预留进入空间。同时，将未来若干年的服务外包产业空间需求纳入布局规划视野，注重在时间序列上的衔接和拓展，争取规划、储备、建设同步进行，保障服务外包企业入驻需求得到有效合理满足。本章以珠江三角洲服务外包园区的实践案例分析为主，结合国外的经验，对服务外包园区的规划与布局进行阐述，分别从国外服务外包园区规划与发展经验、国内服务外包园区的建设规划和服务外包园区的空间布局三方面进行撰写。

第六章服务外包园区的运营创新。运营问题一直是产业园区的难题，如今，越来越多产业园区意识到"运营"的重要性；同时，产业园区是推动地区创新发展、加快经济发展方式转变、带动地区产业优化升级、推动新型城镇化建设的重要驱动力量。立足产业园区开发的新特点和新趋势，服务外包园区如何纵深发展，如何加快推进创新集群发展，利用创新集群优势来推进我国服务外包产业的发展，总结探索园区开发运营创新模式，已成为园区发展的重要议题。本章分国外和国内服务外包产业园区的运营创新两节来撰写，着重介绍了国外的印度、爱尔兰、菲律宾以及国内中关村、苏州的服务外包产业园区的运营创新经验。

第七章服务外包园区招商。招商引资是服务外包园区发展的重要手段和策略。国内外的经验表明，强有力的招商措施和有效的品牌战略及营销策略能够有效地优化服务外包园区的软硬环境。树立良好的园区形象，建立有效的发展机制，将是服务外包产业园区发展的直接推手。国外一些服务外包园区的招商经验以及国内一些服务外包示范城市和示范园区招商引资的成功经验值得总结和借鉴。本章分为先行国家与地区的服务外包园区招商、服务外包园区招商对象的选择原则及重点、服务外包园区的招商机制与路径以及服务外包园区的招商品牌与形象设计共四节来撰写。

第八章服务外包园区主要入园企业情况。本章介绍了国内外入驻我国服务外包园区的主要服务外包企业，分为国外服务外包在华主要供应商、国内服务外包十大领军企业两节来撰写。

编者
2020 年 10 月

目　　录

第一章　服务外包园区的发展理论 ……………………………………… 1
第一节　产业集聚区的演化阶段及特征 ………………………………… 1
第二节　产业集聚区的形成模式和路径 ………………………………… 6
第三节　产业集聚区的演化动力模型 …………………………………… 12
第四节　产业集聚区的路径选择 ………………………………………… 19
第五节　产业园区中企业创新的机制与特性分析 ……………………… 21

第二章　服务外包企业和园区的管理理论 ……………………………… 27
第一节　服务外包园区企业管理的理论基础 …………………………… 27
第二节　服务外包园区的特点及构成要素 ……………………………… 36
第三节　服务外包园区存在的问题 ……………………………………… 41
第四节　服务外包园区的管理模式 ……………………………………… 42
第五节　提升服务外包园区管理水平的路径 …………………………… 44
第六节　服务外包园区的管理实践 ……………………………………… 48

第三章　服务外包园区企业的竞争力 …………………………………… 54
第一节　服务外包园区企业竞争力理论 ………………………………… 54
第二节　服务外包园区企业竞争力影响因素 …………………………… 56
第三节　服务外包园区企业竞争力评价模型 …………………………… 62
第四节　服务外包园区企业竞争力案例 ………………………………… 68

第四章　服务外包园区的发展模式 ……………………………………… 78
第一节　国内外主要园区的发展模式与经验 …………………………… 78
第二节　国外服务外包园区的发展模式 ………………………………… 79
第三节　国内服务外包园区的发展模式 ………………………………… 83

第四节　模式与经验小结 …………………………………………… 96
　　第五节　案例介绍 …………………………………………………… 97

第五章　服务外包园区的建设规划与空间布局 ……………………… 102

　　第一节　国外服务外包园区规划与发展经验 …………………… 102
　　第二节　国内服务外包园区的建设规划 ………………………… 103
　　第三节　服务外包园区的空间布局 ……………………………… 105

第六章　服务外包园区的运营创新 …………………………………… 117

　　第一节　国外服务外包园区的运营创新 ………………………… 117
　　第二节　国内服务外包园区的运营创新 ………………………… 123

第七章　服务外包园区招商 …………………………………………… 136

　　第一节　先行国家与地区的服务外包园区招商 ………………… 136
　　第二节　服务外包园区招商对象的选择原则及重点 …………… 143
　　第三节　服务外包园区的招商机制与路径 ……………………… 150
　　第四节　服务外包园区的招商品牌与形象设计 ………………… 156

第八章　服务外包园区主要入园企业情况 …………………………… 162

　　第一节　国外服务外包在华主要供应商 ………………………… 162
　　第二节　国内服务外包十大领军企业 …………………………… 167

参考文献 ………………………………………………………………… 174
后记 ……………………………………………………………………… 182

第一章 服务外包园区的发展理论

服务外包园区是一个产业集聚区，要深入了解服务外包园区，就要先了解产业集聚区的发展机制和发展理论。

传统贸易理论认为，产业的区位配置模式取决于要素禀赋和生产技术特征；而新经济地理学的研究却表明，规模经济、"投入—产出"关联及其与贸易成本之间的相互作用乃至经济一体化程度是促使产业地理集中、提高地区产业专业化水平的主要因素。近年来，关于产业区位配置格局的形成及其变化问题已引起了国内外学者的广泛关注。但现有文献关于产业集聚的决定因素、变迁动力等并未得出一致性的结论。在中国的市场化改革与发展历程中，经济一体化趋势明显增强，各地区之间的经济结构也发生了巨大的变化。那么，中国的产业空间集聚动力机制究竟是什么？与国外的产业地理集中趋势相比，又存在哪些独有的特征呢？本章将结合演化理论、产业生命周期理论等相关理论试图寻找产业空间集聚的动力机制及其特征，进而探寻中国产业集聚区发展的现实路径和具体对策，这对于如何发展和布局服务外包园区具有重要现实意义。

第一节 产业集聚区的演化阶段及特征

根据产业生命周期理论可知，任何产业集聚区或产业集群从发生开始，始终面临着发展和衰亡两条道路。能够克服发展阶段面临的问题，产业集聚区就能实现成功升级并不断演进和发展，否则，就会消亡。结合产业生命周期理论，根据产业集群竞争优势发展程度及动力机制，产业集聚区或产业集群的发展阶段可分为四个阶段。

一、产业种群阶段

产业种群，类似于生物学意义上的种群，是指生产相同或相近产品的若干个企业的集合体，它们在某一空间内的集合，成为产业集聚区形成和发源的内核或是集聚胚。因为它们所需的资源和利用方式基本相同，在面临市场环境改变之时，所采取的策略具有普遍性，可以相互借鉴，因而聚集在一起可以"抱团取暖"，联手积极应对形势的突变。

产业种群的诞生是基于一定环境下的偶然事件。而种群萌芽之后，形成产业中心则依靠的是偶然事件之后的累积过程。这个循环因果的过程就是促进产业联系、建构和发展外部经济、提高集体效率的过程，包括在信任和合作基础上建立并发展产、供、销企业之间的联

国际服务外包园区发展的理论与实践

系，上下游企（产）业之间的联系，以及产、学、研之间的联系（保罗·克鲁格曼，2002）。也就是说，在初始条件下的偶然因素导致某个企业在特定的区域产生后，且由于该企业充分挖掘了该地的资源（历史文化、劳动力、资金等）和把握住了稍纵即逝的市场机会而获得了成功。加之，人们的逐利心理和较低的进入壁垒带来的模仿行为促使同类型企业出现（王发明，2010）。其间，由于该地经济的发展，市场容量的不断扩大，挑剔的消费者出现，原有的大而全、臃肿的企业经营结构无法适应当今多样化、小批量的生产，企业亟须从掌握全部生产经营环节的阶段，转向掌控一个或某几个关键环节的阶段，即发掘自己的优势，打造自己的核心竞争力，从粗放式经营跨越到集约式经营。这就导致了区域内分工协作的出现，在平均利润足够大的前提下，会有更多的企业进入该产业（产品）的生产，它们很多是为区域内大企业做零配件加工或是承包，随之会促进此区域配套机构和辅助行业的发展。

产业种群阶段，企业为了追求共享的基础设施、劳动力市场等外部规模经济集聚在一起，区域内的企业数较少，企业生存能力还比较弱，且企业之间几乎没有（或极少有）协作关系，相关配套（企）产业也极其匮乏，产品比较单一，产品的市场占有率较低，种群类风险大。

二、产业集群阶段

随着市场容量的扩大，地域内企业数的增多，该地的外部规模经济和外部范围经济逐步显现。这两种外部经济具有正反馈机制，即一旦产业集群聚集在某地，外部经济就会成为新的企业选择该地的推动力，从而促进集聚体的进一步发展，产生更大的外部经济，如此循环下去（张明龙，2008）。且当地的政府政策、基础设施、劳动力操作水平都有了很大改观。这些环境的改善使得此区域成为一块"磁石"，吸引着大批企业入驻，其中不乏外地内资企业，也有国外的企业，它们看中的正是这里不断改善的投资环境和健全的配套机构。这时，由于消费市场需求不确定性、多样性和不可预测性的增加，传统大批量生产模式逐渐为小批量多品种生产模式所取代。弹性生产方式更有利于提高企业的生存能力和竞争能力。所以，企业必须走向联合，在集群中发挥各自的优势，专注于自己的强项，而以往"你死我活"的零和博弈竞争非常不利于该地域整个经济系统的运行，也累及所有企业的生存发展。企业在这时倾向于"织网"——加强企业间的正式和非正式联系（如签订正式的合作协议、双方人员非正式的私人往来）以及积累丰富的社会资本（社会资本是指个体或团体之间的关联——社会网络、互惠性规范和由此产生的信任，是人们在社会结构中所处的位置给他们带来的资源。包括企业家之间的人脉关系和企业间的信任关系，以及企业在社会上的影响力）。值得注意的是，在这一阶段，为了协调企业与企业之间、企业与政府之间、集群与外界之间的关系，行业协会应运而生。行业协会的出现，使企业与企业之间、企业与政府之间、集群与外界之间紧密联系着，它还在区域内制定一系列行业规范、产品质量标准等公共规则，并代表区域内企业参与地域间的合作与洽谈，参与行业规则的制定。此外，同该地产业有着密切关联的高等院校和科研院所也开始与集群内企业发生联系——企业为这些办学机

第一章　服务外包园区的发展理论

构和研究机构提供实习和调研的场所，并予以资金扶持；而这些知识机构反过来将它们所创造的科研成果转化为具有市场价值的产品，回馈企业，两者相互促进和发展。上述集群主体之间的合作行为使得区域内集群朝着良性的发展轨道运行。

成熟阶段的产业集群不仅包括生产性企业，也包括流通性企业，产、供、销一体，区域内经济系统将趋于稳定。此时区域内经济系统开始呈现出一种"动态"优势——依靠集群内各个主体之间的良性互动而产生的"网络效应"，相互学习和借鉴，并共享信息和资源。但是由于缺乏维系这种良好关系的纽带，集群的发展稳定性不强。

三、集群品牌阶段

集群品牌（cluster brand）就是把集群整体当作一个品牌来管理。其品牌名称由地名和当地特色产业结合组成。彰显企业和区域经济文化特色，又称"产业集群品牌""区域品牌""集体品牌"等，它具有区域性和品牌效应两个特性。集聚区域内配套设施的完善及市场的扩大继续吸引更多的企业来到集群所在区域设厂投资。同时，经过长时间的发展，集群内的一些企业实力增强，其品牌优势也在不断壮大，成为区域内当之无愧的"龙头老大"，并且其影响力已经扩展到了该区域外，甚至走向全国，走出国门。

集群和企业就好比草地和树木的关系。但是，种草容易，长成树却难。集群这片"草地"，可以像沃土一样，在研发、监测、培训等方面为企业提供有效服务，滋养企业发展；而反过来说，长成参天大树的企业可以给产业集群这片绿地，带来荫蔽，带来丰富的地下水资源，反哺集群内的其他企业，例如其强大的创新能力就可以驱动整个集群的发展，而且，一些大企业所具有的灵活性和知名度也使集群更具活力和生命力。它们在区域内为中小企业提供发展机会（转包和信息资源），指引发展方向；区域外，它们使产业集群在一定程度上声名远播，使该区域的产品具有一定的知名度。这种产业集群与集群内大型企业集团的联动、互利共生，促进了区域内的经济总量在技术进步、生态安全、创新驱动下进一步实现质量效益型增长。但是，尽管区域内不乏大企业和大品牌，但该区域内许许多多的中小企业经营状况仍不容乐观，大部分处在无序竞争、短视的边缘，区域的整体实力因此也并不强大。正所谓"覆巢无完卵"，这种"一超多弱"的局面终究会影响到该区域内所有企业的发展，即使目前经营状况良好的大企业终不能独善其身。当今世界，经济方面的竞争已经由个体竞争发展为群体竞争，主要是集团和集团之间的竞争，在产业方面就体现为集群之间的竞争。试想，仅靠少数大企业挑大梁，而占集群绝大部分的中小企业游离于破产和保本的边缘，且各自为战，集群缺乏整体的规划，这样的区域整体竞争优势还会明显吗？集群又能维持多久呢？

集群品牌阶段是产业集群发展的持续期，在该区域内有着互补或是竞争关系的企业及相关机构采用统一的名称、术语、标识、符号及图案等。企业是为获利而生，作为中小企业来讲，其目标不应该是短期利润，而应追求长期的盈利、稳固的市场地位和强势的品牌。但是，和一些发达国家相比，我国的中小企业似乎具有天生的脆弱性，平均寿命很低，想做大做强，机会微乎其微。但是，在这一阶段，集群内的企业采用统一的品牌来经营，品牌名称形

国际服务外包园区发展的理论与实践

式是"当地地名+产业（品）名"，区域内各机构拧成一股绳，即形成"1+1+1+…+1"（n个1）>n的累积效应。这时，区域内的产业集群就获得了一种品牌效应。这种集群品牌所拥有的品牌效应具体是指识别效应、搭乘效应、聚集效应、刺激效应。

1. 识别效应。

它将集群之间的差异从名称上显现出来，突出各地的特色产品，它本身就是一种有效的产品品牌宣传。如女装名镇——虎门、面料名镇——佛山西樵、童装名镇——湖州织里、羊毛衫名镇——大朗、经编名镇——浙江马桥、丝绸名镇——江苏盛泽、休闲服装名城——福建石狮市、出口服装制造名城——浙江平湖市。

2. 搭乘效应。

搭乘效应使得集群内处于弱势地位的中小企业可以借助集群品牌的影响力扩展产品市场和利用一部分公共资源。目前，纺织服装行业以中小企业为主，中小企业处于弱势位置，面临生产成本上升、融资难等问题。如此背景下先要解决的问题是如何加强中小企业的管理，助其健康发展。纺织服装产业里中小企业较为密集，产业集群的带动作用也更为明显。着重以产业集群带动中小企业发展，通过产业集群带动行业技术进步、创新能力和质量效益的提升，力争实现单个产业集群产值质的飞跃。将产业集群升级为集群品牌，可以有效地利用集群整体的影响力，解决中小企业融资难、决策短视和市场开拓方面的问题。

3. 聚集效应。

此效应可以吸引区域外的企业（包括跨国公司）来此地生产经营。例如，由于当地的大专院校和科研机构扎堆，集聚了大量具有实业精神的科技创新人才，起源于20世纪80年代初的"中关村电子一条街"不断发展，吸引大量国内外知名企业入驻这里。如今的中关村已经聚集以联想、百度、微软和谷歌为代表的高新技术企业近2万家，形成了以电子信息、生物医药、能源环保、新材料、先进制造、航空航天为代表，以研发和服务为主要形态的高新技术产业集群，形成了"一区多园"、各具特色的发展格局，成为首都跨行政区的高端产业功能区。[①] 一份来自中关村国家自主创新示范区的数据显示，截至2020年6月30日，中关村共有上市公司377家。其中，创业板企业数量达到102家，占全国的12.45%。

4. 刺激效应。

集群内企业会因竞争的日益激烈而革新技术，为谋生存而不断强化自己的竞争力，最终促进集群整体质的提高。这种品牌效应一旦形成，便使区域内集群拥有了一种难得的无形资产，它与单个企业的品牌相比，更形象、更直接，浓缩了众多企业精华的集群品牌效应；更广泛，持续性也愈强，有助于克服单个企业生命周期相对短暂和品牌效应难以持续的缺点（张明龙，2008）。品牌化发展将产业集群带入了价值竞争的良性竞争阶段。

四、集群升级、转移或消亡阶段

产业集群好似一个生物群落，生物群落由各个种群构成，种群之间的异质性及由异质性

[①] 引自人民网北京《中关村京津冀协同发展产业合作座谈会》（http://bj.people.com.cn/GB/25527/361139/）。

第一章　服务外包园区的发展理论

带来的交互作用使得群落生机勃发、不断发展。然而，生物群落的兴衰受制于它所处的外部环境，也就是说，是外部环境决定着它的生死。而外部环境中的环境容量（空间、资源等）大小是举足轻重的因素。与此类似的是，产业集群的容量即集群容量，也可以分为以下几种。

（1）环境容量。环境容量是指某一环境区域内对人类活动造成影响的最大容纳量，或一个生态系统在维持生命机体的再生能力、适应能力和更新能力的前提下，承受有机体数量的最大限度，包括自然资源和生态环境两方面。

（2）市场容量。市场容量是指在不考虑产品价格或供应商策略的前提下市场在一定时期内能够吸纳某种产品或劳务的单位数目，即市场对产品的吸纳能力，消费者是否对某一产品存在需求。

（3）文化容量。文化容量是指当地的人文历史积淀、法律法规、社会风气以及熟练掌握的某种生产经营技术。

在这一阶段，集群的发展进入瓶颈期，与上述三个集群环境指标有很大关系。前期因集群的不断成熟，区域内的"网络"——连结企业与企业、企业与政府、企业与行会等集群主体之间关系的沟通机制形成，集群因这种网络的构建而凝聚在一起，给集群的发展带来了前所未有的机遇。然而，万事万物皆双刃，横向和纵向的网络织得太过密集必将导致维护和进一步扩展它的"网络成本"的产生。"网络成本"是指因某一区域内产业或企业的集聚，导致产出市场的拥挤和生产要素市场（土地、能源和劳动力等）的拥挤和竞争。当"网络成本"被控制在一定范围内，即该成本低于区域内整体的收益时，集群仍存在竞争优势，暂时未面临瓦解的危险。

但是，随着集群吸引的企业数量的增多、生态环境和自然资源的缩减、对以往成功经验和模式的路径依赖，以及内部良好的沟通性和低廉的成本而不愿和外界交流，资源和创新都在某种程度上枯竭了。首先是"拥挤效应"带来了"聚集不经济"或"集群劣势"。其原因是，从供给角度来看，由于集群规模的扩大、集群总产量的增加导致区域生产要素的单位成本上升；从需求角度来看，由于市场容量的时空限制导致产品价格下降。其次由于集群内部僵化及集体思维的惯性、对以往成功模式及体制的路径依赖，导致集群内创造力及竞争力下降，区域内集群企业的发展面临严峻的挑战，随时有消亡的危险。最后集群品牌也难以使集群的发展一劳永逸。根据公共经济学理论可知，是"合成谬误"在作祟。合成谬误（fallacy of composition）是萨缪尔森提出来的。它是一种谬误，对局部来说是对的东西，仅仅由于它对局部而言是对的，便说它对总体而言也必然是对的。在经济学领域中，十分肯定的是：在微观上而言是对的东西，在宏观上并不总是对的；反之，在宏观上是对的东西，在微观上可能是十分错误的。集群品牌的创建需要大量的资本投入，这就要平均摊派给集群内的所有企业。但是，集群品牌存在一种"搭便车"的效应，少付出或是不付出就能获得集群品牌的影响力。这对精明而逐利的企业来说，无疑是最佳决策，因为约束企业行为的机制并未形成，集群品牌的产权也不明晰，导致"公共绿地的悲剧"。就算强制起来实施维护费用的平摊，其制度成本也会很高，入不敷出不可避免。此时集群内企业若能很好地适应这种内外部的变化，进行企业结构调整和战略转变，企业尚有存活的可能。从集群层面来讲，应加强集群内企业的异质性、避免同质化竞争、推动当地产业结构的升级、扩大与外界的交流以及强化集群内创新机制的发展。

第二节 产业集聚区的形成模式和路径

通过对世界各国产业集聚成长、演化过程的考察和比较，我们发现，一般产业集聚区的演化经历了从"企业在地理上的简单集聚"的自发集聚模式，发展到"企业之间由于业务往来相互之间建立协作关系"的市场引导模式，再到"逐步形成产业链网络较为完整"的政府规划模式，最后到"形成具有区域创新能力和竞争优势"的官产学研结合模式的一个完整过程。由于国家干预在各个国家产业集聚区形成过程中都存在并发挥作用，因此，根据国家干预在产业集聚过程中作用的强弱程度及市场机制和政府作用的互动程度，目前国内外产业集聚区的形成模式或路径可以分为以下五种类型：(1) 市场自组织型，即自下而上受市场机制影响而形成的产业集聚区，如美国的硅谷、意大利和北欧的一些产业集聚区；(2) 政府主导型，日本筑波、印度班加罗尔和中国台湾新竹等国家和地区比较具有代表性；(3) 外资主导型，即因外商直接投资形成的产业集聚区，如中国的东莞等产业集聚区。(4)（官）产学研结合型，即因大学、科研机构与企业间协同作用形成的产业集聚区，如我国各地形成的高新技术产业集聚区、科技园；(5) 计划型，即计划经济时代政府集中全国力量形成的工业集聚区，如苏联和计划经济时期中国形成的工业基地。

一、市场自组织型（"土生土长"型）

该种路径类型的产业集聚区主要以欧美等市场经济发达国家或地区为典型代表（见图1-1），主要有下列基本特征：(1) 市场机制十分完善，产业集聚的成长、演化基本上依赖市场与产业互动的方式来完成。集聚的产生是自下而上的，是通过企业对集聚好处的追逐自发形成的。(2) 外部政策力量对产业集聚区的成长、演化的影响是间接的、辅助性的，主要通过调节产业集聚的制约因素防止集聚外部性的发生。(3) 政府的调节作用主要表现在集群出现后的事后调节方面。对于欧美等市场经济发达国家或地区，其产业集聚成长、演化完全是一个市场过程，是一个自由竞争的自发过程。在自由资本主义时期，产业集聚的成长完全以竞争为动力，政府在产业集聚上的认识十分有限，产业集聚的类型主要是马歇尔式的产业区，区内集中了大量相关的专业化分工细密的中小型企业，如英国的斯塔福德郡的陶器生产、贝德弗德郡的草帽生产和谢菲尔德的利器生产等。在马歇尔看来，获取外部规模经济是这些产业区内企业集聚的根本原因。随着资本主义的发展，产业集聚区开始大量涌现，涵盖了从劳动密集型的传统产业到资本密集型的制造业，再到知识技术密集型的高科技产业等所有产业门类，并不断演化。

第一章　服务外包园区的发展理论

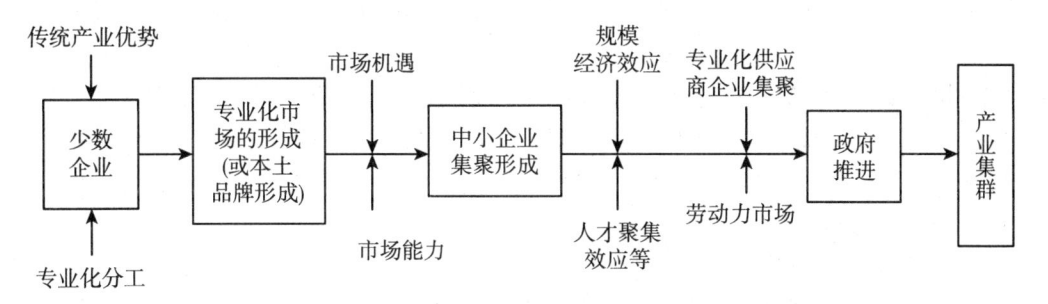

图 1-1　市场自组织型产业集聚区发展路径

对于意大利中部和东北部（俗称第三意大利）的传统产业区、美国硅谷高科技产业区、加利福尼亚多媒体产业区、德国地区产业群、中国浙江温州的产业群等，这类产业集聚区的出现，大都是企业出于自身发展的需要，为获得专业化经济优势、人力资本优势以及特定区社会文化优势和持续创新的氛围等而聚集到一起的，政府仅仅通过一些调节和激励措施，防止集聚外部性的发生，引导并促进集聚区的良性发展。

而在中国，该种类型一般都是依托历史较为悠久的传统产业或本地优势资源，在较长时期的发展过程中，形成专业化分工与协作的格局，逐步演进为具有综合优势的产业集群。例如江苏吴江的丝绸产业历史悠久，清朝时期即号称"日出万匹，衣被天下"①，改革开放后更是快速集聚壮大，目前已成为全国三大纺织产业集群之一。在中国，该种产业集聚区的形成有两种机制（或路径）。

1. 缘于专业化市场的发达而形成。

专业市场的充分发展，一是为产业集群的形成创造了大量而集中的商品市场，有利于集群产业内企业的就近销售，节约了运输成本；二是专业市场内部的细致分工催生了一大批非常专业化的生产服务的服务性行业，有利于产业集群的形成和发展；三是专业化的市场有利于构建完善的信息市场机制和劳动市场机制。中国的产业集群始于20世纪80年代，在当时市场化的条件下，主要凭借专业市场在某一地区的高度发展，使产业集群的形成有了重要的市场交易条件，也符合马歇尔所言的产业集群的外部经济规模因素（马歇尔，1920），是国内产业集群形成的一个重要机理。目前浙江省有无数个颇具规模的专业市场，为形成一定水平和规模的产业集群创造了基本的市场条件。在浙江，先是在某个地方出现某个产品的集中生产，往往以一家一户为基本生产单位，几十家、几百家乃至更多的生产单位集中在不大的区域内，所谓"一乡一品""一镇一品"。为了给这些产品找销路，便出现自发性的市场，市场出现和扩大后，促进了市场背后的生产发展，然后进一步推动市场的扩展，因此，基本表现为市场与产业互动的方式。后来，这种地摊式的市场形态——"小商品批发"规模越来越大，甚至走向全世界，这在国际上是罕见的，但在中国特定的环境中，以一种非常自然的形式出现了。市场一旦形成并逐步成熟后，便会促成自己的合理秩序。在浙江绍兴的"中国轻纺城"中，就形成了高效率的通达全国各地的物流系统，其他地方的客户，经常宁

---

① 清朝时期吴江市盛泽镇被誉为"日出万匹，衣被天下"的丝绸之都。

愿绕路也要到"中国轻纺城"发货，因为这样才能更加快捷、可靠、便宜地将货运出。义乌小商品市场也有这个特点。然而，专业市场是形成产业集群的重要条件，但不是全部条件。即使具备充分而发达的专业市场也未必一定能形成产业集群，其中伴随专业化市场形成的制度因素和人文环境（或地域文化）因素在产业集群形成中起到了十分重要的作用。浙江省发达的企业主制度、"功力务实、拼搏创新"的地域性商业文化和精神，都是形成内源性产业集群模式的其他重要条件。

2. 由本土品牌企业的带动而形成。

该模式是以区域内一批具有竞争优势的名牌大企业为核心，带动一大批进行专业化生产和配套服务、上下游相关的中小企业，两者有机构成一个大中小企业共生互助、协调发展的产业群落；或者主要依靠本地培育的大企业、大项目、大基地，发展产业链和形成聚集带，带动零部件配套企业发展，形成自成体系的产业供应链，从而建立以大型企业为龙头的工业功能区（工业园）和产业集群圈（中小企业集群），因此，该模式又被称为"三大"带动模式（隋映辉，2006）。例如日本、韩国、中国山东半岛地区（青岛）等地都存在该模式。该模式具有以下竞争优势：（1）名牌企业的主导优势，即名牌企业利用其在价格、人才、技术、质量、服务和规模效益等方面的诸多竞争优势，在市场竞争中占据有利地位，能对其原材料及零配件供应商以及分销商等产生强大的扩张力和吸引力。（2）当地政府的大力扶持优势，即由于名牌企业对当地经济具有带动和辐射作用，以及聚集和扩散效应，因此其形成与发展极易获得当地政府的大力扶持，这极大地缩短了名牌产品自我积累的发展过程。（3）根植性（embeddedness）。根植性是企业扎根于本地的性质，简而言之即地域依赖性，它是产业集群长期激励的历史属性，是资源、文化、知识、制度、地理区位等要素的本地化，是支持集群生产体系地理集中的关键因素。产业集群的本地根植性一经形成，就难以复制。名牌企业产业集群的形成与发展与当地社会文化传统、经济条件、消费观念等息息相关，并深深"嵌入"地方的方方面面。如青岛从名牌家电、电子企业为核心而形成的产业集群，顺德的科龙、美的、格兰仕等名牌产品带动了一大批配套厂家的发展，其中科龙的冰箱、空调等产品的外部采购率达到70%以上[①]。

二、政府主导型（"筑巢引凤"型）

该种路径类型主要出现在日本、印度、韩国和中国台湾等经济后发展国家和地区，与欧美等市场经济发达国家或地区产业集聚模式相比，具有下列特征：（1）市场经济的历史较短，市场机制相对不很完善、自发作用比较薄弱，产业积集的成长、演化主要依靠政府的扶持来完成。也就是说，集聚的产生是自上而下的，是通过国家和地区的干预扶持政策而促成的。（2）由于产业起点比较低，单靠市场机制的作用很难在短期内创造足够的条件，实现特定产业集聚和培育地方创新网络的目标。（3）政府往往具有干预和控制经济的历史传统，

---

① 经济学理论论文——产业集聚及其对经济发展的意义［OL］. 阿道巴巴, http://www.doc88.com/p-512799657332.html.

第一章 服务外包园区的发展理论

与市场机制相配合，共同促进产业集聚区的形成。从欧美等市场主导型产业集聚模式发展的基本经验可以看出，市场自动选择的长期性使得关键性产业集群的发展，对后发展国家和地区来说，变成了痛苦而难以忍受的漫长过程。要摆脱资源和要素短缺的约束，实现经济发展的赶超和关键性产业群的发展，单纯依靠市场机制的作用是不可能实现的，而运用政府的力量人为地造成特定产业的地理集中，创造全新的产业族群，逐步培育起本地的产业集群网络，从而获得更高的生产率和竞争优势是实现路径。该类型的产业集聚区是在国家产业政策的导向下，以扶植和发展对产业结构升级、提升国家竞争优势具有带动作用的关键性、主导性产业为目的而形成的产业集聚区，如日本的筑波、中国台湾的新竹和印度的班加罗尔等产业集聚区都是以发展高技术产业作为主导，带动整个产业结构的升级和转变。实践证明，这种模式对于实现落后国家和地区的赶超具有重要作用。注重政府在产业集聚成长、演化过程中的主体作用，但并不排斥企业在产业集聚过程中的基础性作用和自主选择的权利。随着产业集聚区的发展壮大，政府的直接干预在人才、技术、资金等方面与私营部门相比都不再具有优势，无法对产业群的良性发展起到支配作用，政府需要逐步退出，转为行使市场主导型模式下政府的职能（见图1-2）。

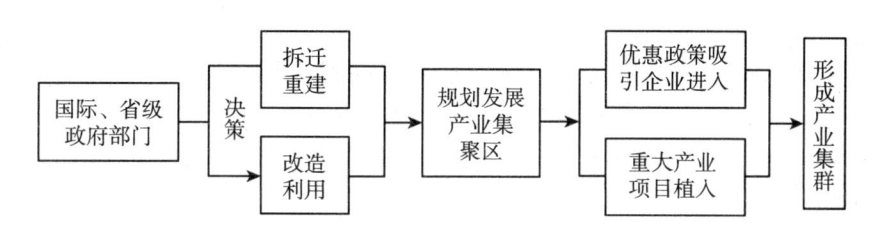

图1-2 政府主导型产业集聚区发展路径

三、外资主导型（FDI型）

这种产业集聚区的形成主要是依赖跨国公司对外直接投资形成的产业集群（见图1-3）。这种方式的典型代表有美国电子通信公司在新加坡、马来西亚投资而形成的电子元件企业集群以及日、韩汽车制造公司在英国投资形成的专门从事新型车开发的产业集群等。该种类型是我国产业集聚区中发展最快的类型，大多是在近十年内，由外商以及我国台商等投资企业逐步发展而成。外商直接投资之所以能够在这种产业集聚模式中起到关键作用，主要是因为中国的国有资本和私人资本缺乏明显的迁移倾向以及这些资本对新产业的跟随性特征。这种产业集聚有两种基本模式，一种是外商或台商先投资零配件企业，然后通过再投资和吸引其他同行业，逐步形成产业集群；另一种是境外大企业投资兴办规模较大的终端产品企业，拉动国内外配套企业跟进投资，形成产业集群。前者多在开放的早期，后者主要是近几年较多。这些产业集群主要集中在广东、江浙等地区，以电子信息、精细化工和精密机械产业等为重点。这些产业集群形成较大规模后，当地技术研发力量以及配套企业的数量也逐年增长。

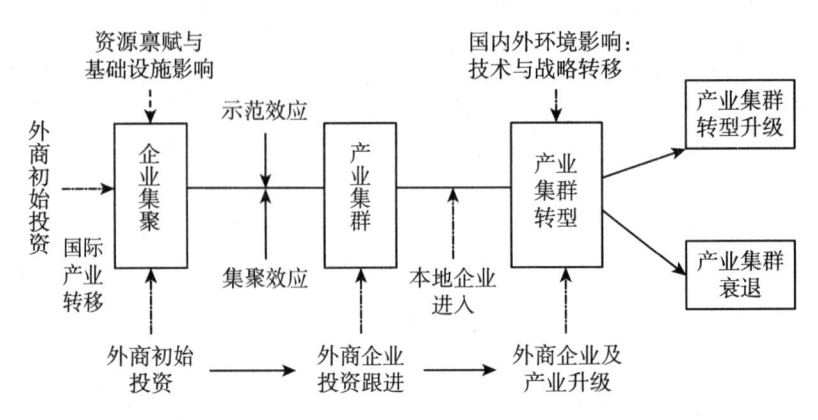

图1-3 外资主导型产业集聚区发展路径

此外，外资主导型产业集群形成的一个显著特点是群体迁移，即以龙头企业为核心，若干配套企业构成"商圈"，这些"商圈"作为一个整体参与国际竞争，商圈内部形成功能明确的分包加工体系，共同接单协作生产，采用订单和出厂核销单代替各种生产协议，这种"商圈"的特殊组织形式使台资IT企业既强化了产业配套的效应，降低了企业间的交易费用，增强了国际竞争力，与此同时又保留了柔性生产的优点（杨建梅、冯广森，2002）。以东莞清溪镇为例，1993年和1995年中国台湾致力、鼎立电子公司先后在东莞清溪投资建厂，为了能够维持原有的供需关系，在中国台湾地区为之配套的上游企业如东舜、风吾、大利（电子元件、小型马达、电源、机箱生产企业），也相继在清溪办厂，1998年大利福润、政久、三吉瑞、利源等企业群体迁入，正是在这种群体迁移模式下，东莞清溪电子产业地方生产网络迅速形成并发展起来（陈雪梅、陈鹏宇，2005）。

四、（官）产学研结合型

该类路径是指因大学、科研机构与企业间协同作用形成高新技术产业集聚区，或由政府牵头，依托大学和科研院所的人才与技术优势，以促进科技成果产业化为目的，而形成的功能齐全、产业链完整、竞争优势明显的产业集聚区（见图1-4）。这种方式的典型代表是美国的"硅谷"。在硅谷不到500平方公里的土地上，聚集的生产性和服务性中小企业总数达8 000多个，[1] 它们与著名的斯坦福大学一起构成了从高技术产品的研究、设计、生产到人才招聘、风险资本、法律服务和广告营销等互相配套的产业集群。这类产业集聚模式将政府、企业、学校和研发机构融为一体，整合了政府规划、产业发展、高等教育、科技研发各方面的资源和优势，非常值得发展中国家学习和借鉴。

---

[1] 汪芳．高技术产业区域集聚模式及动因［J］．商业时代，2008（4）：93-94．

第一章 服务外包园区的发展理论

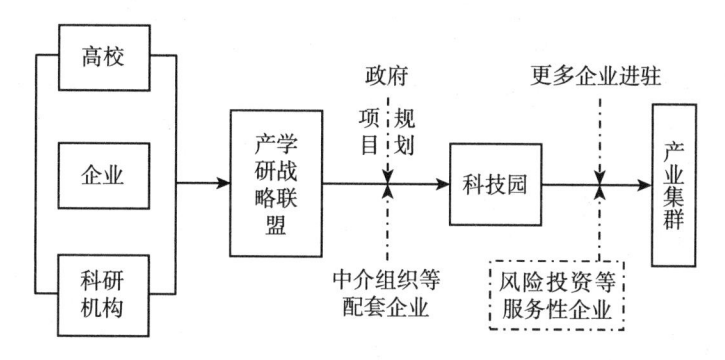

图1-4 产学研合作型产业集聚区形成路径

五、计划型

这是计划经济条件下所特有的产业集聚模式，苏联和改革开放前我国产业集聚的模式大都属于该类型（见图1-5）。在公有制条件下，社会主义国家可以通过中央计划经济的力量，迅速转移和调配资源，扶植重点产业，迅速地形成独特的产业群。苏联的地域生产综合体、20世纪60年代我国三线建设时期形成的各地方工业基地都是这种集聚模式下的产物，虽然说这些集聚区的出现，适应了当时集中人力、物力、财力办大事的传统体制，但集聚的经济效果——增加收益、降低交易成本和外部规模经济往往被更显著的政治目的所掩盖。由于计划经济的刚性和条块分割的影响，这种集聚设想与经济建设的实际情况是不符的，最终导致产业结构的种种矛盾。

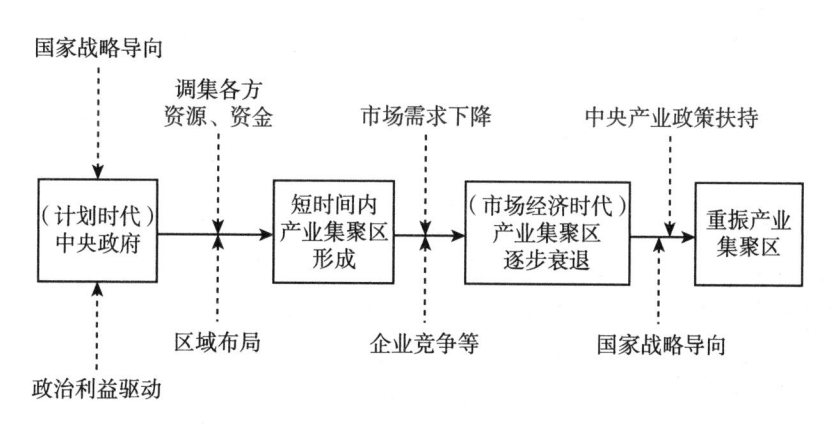

图1-5 计划型产业集聚区发展路径（以中国为例）

从世界各国产业集聚区的集聚路径比较来看，上述五种不同的路径都有各自得失的经验（见表1-1）。这说明各个国家或地区产业集聚区的路径选择有广泛的余地。当然，产业集聚成长、演化过程中国家干预的强弱，除主要受国家经济体制和历史文化传统的影响外，还往往与产业属性及产业生命周期有关。

表 1-1　　　　　　　　　　　五种产业集聚区发展路径比较

发展路径	市场自组织型	政府主导型	外资主导型	（官）产学研合作型	计划型
市场机制	完善、主要依靠市场与产业互动	不成熟、市场自动选择的长期性	市场机制的选择和政府的推动	市场与产业的互动	完全忽略、微观主体没有集聚的动力
政府作用	间接性、辅助性	直接性、以经济力量的身份发挥作用	直接或间接	间接或直接	完全依赖、以行政力量的面目出现
缺陷	产业集聚区竞争优势差距明显、层次性较强	产业集聚区发展过程中政府和市场作用不协调	地域根植性差等	三方合作机制不稳定	产业集聚区和经济建设的实际情况不符
产业集聚区类型	几乎涵盖了所有类型的产业集聚区	提升国家竞争优势的关键性、主导性产业集聚区	劳动力密集型的产业集聚区	科技园区、高新技术园区	主要是具有政治性、战略性的产业集聚区
典型案例	欧美等市场经济发达的国家，如美国、德国、意大利等	经济后发国家或地区，如日本、韩国和印度等	中国沿海地区，如江浙、广东等	欧美许多国家的高技术科技园区	计划经济体制下的国家，如苏联、改革开放以前的中国

资料来源：经作者整理而得。

第三节　产业集聚区的演化动力模型

产业集聚区的发展不是偶然的，而是在很多因素的共同作用下发展起来的，这就是产业集群的动力。动力是指驱动产业集群形成和发展的一切有利因素，是具体动力要素的深入和综合，是驱动产业集聚区形成和演化的力量结构体系及其运行规则，具有一定的稳定性和规律性。在产业集群的生命周期中表现为生成动力和发展动力。

从产业集群的生命周期演化过程来看，驱动产业集群形成和发展的有利因素，在集群发展的外部条件发生变化时也可能转化为不利条件。从演化经济学的分析角度来看，"路径依赖"将构成集群发展的"锁定效应"。产业集群发展越成功（如成熟阶段的产业集群），就越有可能发展成为一个封闭的系统（Markusen，1996），进而丧失应对外部条件（如市场）变化的能力，增加了产业集群演化过程中的风险因素，并可能导致集群的衰亡。因而，由各种风险因素引起的集群演化的"锁定效应"，是作用于产业集群生命周期演化过程的第三种动力机制。表 1-2 概括了产业集群生命周期演化的动力。

第一章 服务外包园区的发展理论

表 1-2　　　　　　　　产业集聚区生命周期演化的动力机制与风险因素

动力机制	区位指向	集聚经济	创新网络	区域锁定
动力因素	要素价格 运输成本 市场条件	规模报酬递增 交易成本节约 企业协同效应	知识外溢 集体学习 内部竞争压力	技术锁定 功能锁定 认知锁定 政治锁定
风险因素	周期风险、结构风险、网络风险、自性风险			

一、内驱力（生成动力）

所谓内驱力，即产业集群形成的原动力或生成动力，指产业集群形成的诱发因素。早期的学者专注于集群生成动力的认识和描述，如马歇尔（Alfred Marshall，1890）从"外部经济"角度出发，认为专门人才、原材料提供、运输便利以及技术扩散是产业集聚的动力。韦伯（Alfred Weber，1909）从区位因素角度出发，认为大量集聚因素是产业集聚的动力，并归结了四个方面的因素：技术设备的发展、劳动力组织的发展、市场化因素、经常性开支成本。后来，杨格（Allen Young，1928）从"规模报酬理论"角度，胡佛（william Hoover，1975）从"集聚体"的效益角度，克鲁格曼（Krugman，1991）从规模递增角度等，都归纳了不同的产业集群生成动力。这些学者倾向于将这些生成动力归结为市场力量的自发性作用结果，但认为其具有不稳定性和偶然性。此后，"增长极"理论进一步探讨了政府干预与政策作用也可以人为创造产业集群在特定区域的发生与发展。由此可见，产业集群具有不同的生成路径，但无论经何种路径生成，都会面临地点选择问题，因而区位因素将是产业集群生成过程中一个不能回避的重要诱因。作为产业集群生成动力的区位因素，包括生产要素价格、运输成本和市场条件等因素，这些因素在产业集群生成初期具有不稳定性和孤立性，一些因素会随着产业集群的成长而具有不断消退的作用趋势，各种动力因素之间的相互作用关系还不能构成稳定的动力机制。

除此之外，资源禀赋、社会文化历史背景、企业间的柔性合作等多方面的因素也是产业集群生产过程中的重要动力。

（一）资源禀赋

要素禀赋优势的聚集力是许多产业集群形成的基本条件之一。要素禀赋优势的含义相当广泛，它不但包括自然资源和自然环境单个方面的优势，还包括两者的组合优势以及自然形成的社会经济资源优势。从最初的农业集聚和工业集聚现象来看，某一区域的自然资源优势是形成产业集聚、发展区域经济最直接原因。如在光照充足、雨水充沛、气候宜人的地区发展起来的法国香槟省、美国的玉米带等，在自然矿藏丰富的地区发展起来的美国钢铁带、德国鲁尔工业区，中国台湾IT企业最初落户东莞是看中东莞得天独厚的地理位置、相近的社会文化环境和廉价而丰富的劳动力资源，中关村之所以成为高科技产业群的诞生地是因为该地区拥有国内最丰富的高素质人力资源等。埃里森（Ellison）和格莱泽（Glaeser）通过对

国际服务外包园区发展的理论与实践

美国产业集群的实证分析得出结论：要素禀赋优势聚集力可以解释 20% 左右的产业集群现象，例如可以说明种植业、酿酒业、食品制造加工业、旅游业、交通运输业、造船业、采掘业与冶炼业等原材料等产业的聚集现象。[①] 在甘肃省定西市，洋芋产业集群雏形的出现是因为当地的地理、气候条件适宜大面积的洋芋栽培。

（二）社会历史文化

社会文化及历史传统对产业集群的形成具有重要的影响。一方面，以信任为核心内容的社会文化能够加强企业之间的交流与合作，使企业之间建立起紧密的合作关系。这种紧密联系可以使企业易于获得所需要的各种资源支持，提高企业的生存与发展能力，进而促进产业集群的形成。另一方面，拥有共同历史传统的同类企业也易于通过专业化分工与协作形成产业集群。世界上许多产业集群的产品一般都是当地历史上有特色的产品，如浙江绍兴纺织集群就拥有千年纺织历史。

（三）企业之间的柔性合作

柔性合作是中小企业聚集在一起获取竞争优势的重要途径。柔性合作的形成基于企业的主观愿望以及生产经营活动方面的互补性。首先，集群内部要形成较长的价值链。长价值链的存在使得多个企业之间合作以形成最终产品具有可能性，与企业生产相关的横向、纵向关联企业才会按照企业生产的价值链集聚。产品价值链越长，技术上进行工序分解的可能性越大，垂直方向的劳动分工延伸也越长，这样产业集群产生的条件就越充分。其次，企业之间要具有能力上的互补性。集群内部各企业之间在产业上具有同质性和关联性，它们之间进行着相互竞争或者互补、辅助性的经济活动，生产中间产品的企业和专业服务机构大都具备专业化的互补能力，互补成员对创新的贡献越大，达成合作的时间越短，它们的合作就越有可能成功。

二、发展动力

发展动力则是推动产业集群成长并走向成熟的稳定动力机制。产业集群一旦在特定区域生成，在市场力量的作用下产业集群的集聚经济利得以充分显示，将吸引更多的企业与相关产业趋向于地理集中，并进一步强化集群企业的外部经济利益。当产业集群进入成熟发展阶段，集群的静态外部经济利益将不断被削弱，产业集群的发展动力则依赖于动态的创新网络来支持。

（一）集聚效应

集聚效应可以理解为由与专业化相对应的规模经济和与多样化相关的范围经济共同作用而形成的一种复合经济效益，其动力因素包括规模报酬递增、交易成本节约、知识外溢导致的学习效应以及企业协同效应等。当企业在特定空间聚集到一定规模时，则造成土地价格、

[①] 张敏.产业集群生成与发展的动力机制分析 [J].商业时代，2001（1）：99 – 101.

第一章　服务外包园区的发展理论

劳动力成本上升，以及污染严重、人口拥挤等，集聚的经济利益将被"拥挤成本"削弱，导致集群企业向外迁移，集聚经济机制亦不复存在。具体包括以下几个方面。

（1）外部规模经济和外部范围经济。在集群内部，一方面生产同类产品的制造企业集聚，另一方面生产同一产品的价值链上各环节企业集聚。同类产品生产企业之间的竞争驱动众多厂商采取差异化策略，一方面扩大市场的品种容量，另一方面导致特色和分工之间互补互动，整个集聚体内部的生产规模扩大、行业的生产率得以提高；同一产品的价值链上各环节企业的集聚，使得价值链上各环节企业进行专业化分工、企业之间的相互依赖和相互合作比在集群外部大大增强，它们专门从事某一产品的生产或某一部分的价值增值活动，然后再与其他企业协同参与整个价值链的增值活动，共同组成一个地方生产系统。参与协作分工的企业数量越多，外部经济效应就越明显，外部经济效应的增强对外部企业又会形成更强的吸引力，使得新企业不断加入，从而进一步促使集聚规模扩大，加速集群的发展。

（2）交易成本节约。产业集群内的成员企业提高了相互之间的交易效率，并降低了交易成本。这是因为：其一，随着社会生产力的提高，专业化分工也随之越来越细化，集群内企业可以相互进行交易，来获得所需的产品与服务。企业之间的交易频率也就不断增加，交易成本在企业生产经营成本中的比重也会增加。而且，由于企业间的交易成本包含着区位成本，企业在空间上越分散，交易频率越高，交易成本就越高。其二，在产业集群内，集群企业的经济活动是植根于当地社会网络之中的，企业与企业之间的合作往往基于共同的社会文化背景。人与人之间的信任度较高，地方社会网络的形成与发展拥有良好的信任基础。若从交易效率来看，地方社会网络十分有利于企业之间的相互信任与合作，从而促使交易双方迅速签订合同。地方社会网络还可以节省企业搜索市场信息的时间与成本。因此，基于地方社会网络信任基础上的交易或合作，有利于提高交易效率，节约交易成本。

（3）知识外溢所引致的学习效应。这是推动产业集群发展的隐形动力之一。在产业集群内，由于产业氛围的影响和相似的文化背景，知识壁垒在一定程度上被积极地打破，从而产生知识共享，集群内的一些企业不仅有可能学习到显性知识，而且有可能学习到那些构成核心能力的"只可意会，不可言传"及难以模仿的缄默性知识。产业集群地理位置上的临近和共同的产业文化背景特别有利于缄默性知识的传播。缄默性知识传播的边际转移成本会随距离的增长迅速上升，集群不但为缄默性知识的传播创造了有利条件，还能节约集群搜索、学习缄默性技术知识的成本，缄默性知识的传播推动了集群的创新，创新则是推动集群不断发展的不竭动力。所以，产业集群所产生的"知识外溢"会使聚集企业受益，产业集群处于一种传播新思想、新技术以及最新工作经验的学习"氛围"，聚集企业之间的相互学习，促使区域产业的知识存量不断增长，并且形成了不同于其他区域的核心知识和竞争能力，这是产业集群区域可持续发展的内在动力，也是推动产业集群发展的隐性动力之一。

（二）创新网络

创新网络发挥功效的能力与网络结点的空间配置关系密切，地理邻近有助于维持并强化创新网络的支撑因素，如文化认同和相互信任。创新过程涉及大量的隐性知识输入，而这类知识必须通过面对面人际交流才能被有效地获取，因此，为了提高创新收益，创新主体需要

国际服务外包园区发展的理论与实践

在地理上与相关知识源邻近从而能够与之进行频繁互动来获得所需的隐性知识。集群对技术创新的支持作用还体现在内部竞争压力和同行间的持续比较为集群内企业提供了充足的创新激励——合作与竞争两方面的因素使集群可以长期居于创新中心的位置。因此,创新网络的动力因素主要包括:集群文化影响力、知识外溢、集体学习与内部竞争压力。

三、外驱力:推力和拉力

所谓外驱力是指产业集聚区形成的外部动力因素,或能驱动或转为产业集聚的内在因素,推动产业集群的发展。

(一)拉力:包括市场需求等

市场需求对产业集群的形成具有极强的拉动作用。旺盛的市场需求为产业集群提供了生存与发展的空间,并且带来创新的压力,促使企业发现市场上新的需求并积极采取行动,有利于企业不断创新,从而保证了产业集群的竞争活力。例如,荷兰花卉集群的形成,就得益于该国传统上对花卉的喜爱所产生的巨大需求。

(二)推力:包括政府行为和区域品牌建设等

(1)政府行为。政府行为包括政府集群政策(如采购政策等)、政府参与的集群发展项目以及有关的投资、出口行为等作用方式。政府行为的首要形式是集群政策,它主要用来解决集群的"市场失灵"和"系统失灵"。自发成长起来的集群面临市场的不确定性和环境的动荡,难免出现市场失灵和系统失灵现象。过度的市场失灵和系统失灵为集群带来的创伤将是致命的。政府的作用就是处理市场和系统所不能解决的问题,避免它们依靠自身的力量造成过多的时间和能量损失,以弥补市场和系统的不足,并提高集群效率。

首先,集群的激发动力来自政府的各种集群发展项目,如丹麦政府的"产业网络协作项目"(indus-trial network co-operation programme)成功地为300多个产业集群提供金融服务;[①] 瑞典创新系统机构瑞典创新局(Vinnova)推出了全国性项目计划,以扶持瑞典产业集群的科技育成中心;葡萄牙的联合创新支持计划(integrated innovation support programme)以创新和集群为核心,重点发展创新集群;等等。各种专项发展项目可以解决集群发展中存在的不足或某种危机,也可以从某些方面寻找突破口来撬动集群的更新和升级。

其次,鼓励投资。投资主要指对外直接投资和对内直接投资。对外直接投资可以提升集群企业在国际上的竞争地位,刺激企业进行国际性的专业化经营,进入更多新市场并调整产品适应新市场的需求,更重要的是可获得更多便宜的资源以满足规模化大生产。对内直接投资或吸引国外的FDI可以解决集群发展的资金"瓶颈"并保证充足的资金支持,利用国外跨国公司的知识转移接受国外一流的技术和经验,提升集群的管理水平和技术创新水平,强化集群内部市场竞争,从而提高集群的生产效率。

---

① 李伦富,王亚飞,黄小俊. 国外产业集群政策的演进及对我国的启示[J]. 北方经济,2006(19):28-30.

第一章 服务外包园区的发展理论

最后，出口是集群寻找国外新市场和参与国际市场竞争的主要途径。我国许多产业集群都主要由出口拉动，如温州打火机集群在国际市场的占有率超过70%，嵊州领带集群占全球领带销量的1/3。[①] 出口拓宽了集群的市场空间，带来更多的发展机会。更重要的是，国外的客户需求可以激励企业创新，提高产品的技术构成和质量等级，而且通过出口收集国外市场信息并进行整理和编译，可获取产品及技术的发展新方向、客户的需求偏好转移、国外竞争对手情况等战略性信息，方便企业及时调整经营策略。政府对出口代理商、出口关税和配额、与盟国的外贸协议、国外绿色壁垒等的有关行为都会影响集群出口。

（2）区域品牌建设。品牌是集群获取竞争优势的关键要素。我国产业集群还处于初级发展阶段，相当一部分是加工型产业集群，产品档次不高，缺乏创新，大多缺少自主品牌或知名品牌，只能沦为国外品牌的生产基地。它们的产品虽然占据了可观的国际市场份额，但大部分利润被国外品牌商所瓜分，国内企业只能依靠低成本的劳动力和资源做支撑，缺乏持久的生命力。世界著名的集群如美国的硅谷和意大利北部的皮具加工区都有一个共同特点：企业品牌与集群品牌相互辉映、互相促进。创出一个具有全国乃至世界影响力的集群品牌，是一个现代产业集群成功的重要标志。知名的集群品牌能创造出惊人的综合价值，促进企业的迅速集聚，快速切入全球价值链并从中获取价值增值。

（3）产业转移。从世界各国产业集聚区演化的历史背景来看，许多产业集聚区的形成是产业（国际）转移的结果，例如中国广东中山古镇灯饰产业集群、东莞的电子信息产业集群，主要是承接香港和台湾的产业转移。如广东中山古镇没有资源和人才，也不是市场集散地，当初只是先有一两个香港的商人在当地进行组装生产，开始带动产业发展，并逐渐形成分散和扩大，这可能就是古镇灯饰产业集群的"第一颗种子"。此外，古镇灯饰产业集群的产生和当地较先实行改革开放及宽松的政策有一定关系。古镇市场经济萌芽较早，商品经济意识浓厚，由于体制的变革，劳动者获得了自主经营权，大量农民能自由投入工商活动中去，这极大地激发了群众创新的积极性。另外，由于多种所有制经济成分发展较早，且受到鼓励，民间产业资本、生产要素市场和商品市场等得到了较好发育，初期资本的积累能迅速转化成产业集群发展的强大动力。

四、阻力：路径依赖等

现实中产业集聚区的形成和发展是一个路径依赖性的过程，受到历史、地理、资源和制度等各方面的影响。产业集群的路径依赖表现为根植性、"锁定效应"，这不但会阻碍集群的发展，更会导致产业集群的衰退。企业集群的"锁定效应"可概括为：（1）技术性锁定效应；（2）功能性锁定效应；（3）认知性锁定效应；（4）政治性锁定效应。

五、压力：外部竞争与产业结构升级等

竞争环境包括国内市场竞争和国外市场竞争，上述对内、对外直接投资以及出口等都是

---

① 韩葱慧，益红，崔虹. 浅析集群企业成本管理思想. 财会月刊，2006（30）：38-39.

促进集群参与外部市场竞争的有效方式。外部竞争压力和竞争性市场需求可激发集群的进步和发展。在经济全球化趋势下，集群只有参与外部市场竞争特别是国际市场竞争，才能提高集群及其企业的竞争力，才能在全球价值链中博得优势地位，掌握竞争的主动权，并获取国际竞争优势。参与外部竞争可以保持集群的开放度，促进集群与环境的资源和产品交换，避免因封闭而陷入过多的集群风险和发展陷阱之中。

六、"五力"模型中各因素的相互作用机理

综上所述，产业集聚区的演化是多动力因素共同作用的结果：区位因素、资源禀赋是产业集聚区演化的内驱力，集聚效应和创新网络是产业集聚区成熟发展的动力，市场需求、产业转移、科技的发展以及技术溢出效应等是产业集聚区演化的重要拉动力，产业转移、外商直接投资和政府政策支持是产业集聚区演化的重要推动力，而市场竞争、产业结构升级是产业集聚区演化过程中面临的主要压力，但这些压力因素在某种特定条件下又有可能转化为内驱力、拉力、推力或阻力，如市场需求等拉力和竞争外在压力可能会推动企业自主创新，促进产业集群持续发展。集群的路径依赖等是产业技术演进过程中的重要阻力，这些因素都可能制约产业集聚区的演化和成长。因此，内驱力、发展动力、拉力和推力是四个主要动力（其中拉力与推力合称为外驱力），阻力和压力是两个辅助动力，这五力相互联系、相互影响、相互作用，共同决定产业集聚区演进的方向与速度（见图1-6）。

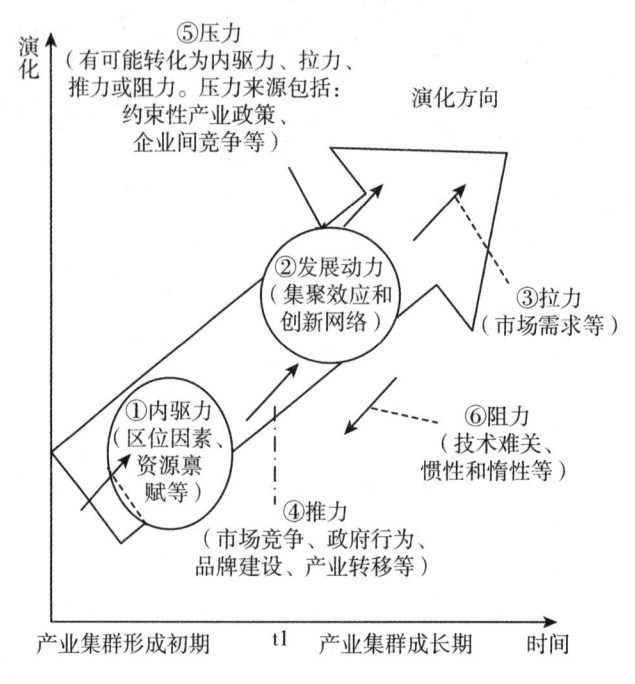

图1-6 产业集聚区演化的"五力"模型

资料来源：作者整理。

第一章 服务外包园区的发展理论

第四节 产业集聚区的路径选择

本节以广东为例。进入21世纪以来，国际产业转移的结构层次不断向高端演进，广东进入产业结构性调整阶段，珠三角产业转移的速度相应加快，重点加速移向珠三角核心区以外欠发达地区。欠发达地区纷纷建立民营科技园、产业转移园等类型产业集聚区，以抓住前所未有的发展机遇，而原有的省级园区也迎来了新一轮发展高潮。但究竟该如何推进产业集聚区升级，沿着怎样的路径有效推进产业集聚区升级，则是当前广东省亟待研究的重点和难点问题。本节试图结合广东省产业基础，探寻广东产业集聚区发展路径选择。

一、内生性成长路径

内生性成长是推进产业集聚区升级的客观的和最基本的路径，也是提升产业层次、推进产业高级化的必由之路。从根本上来讲，它基于产业发展的内在联系，以及产业精细化、高级化的内生动力，属于产业内再关联的范畴。其内在机理在于：以产业集聚区为载体，做大做强主导产业，通过不断提高科技水平、工艺水平，围绕主导产业前向后向发展拉长产业链，纵向发展成"线"；在产业链的每一个环节，又有若干同类企业或者配套企业，双侧发展成"网"；最后形成产业发展面；与产业相关的各类生产服务业相继跟进，为主导产业的发展提供高质量服务和强有力的保障，最终形成产业体系，实现产业立体化发展。

遵循内生性成长路径，要着重把握两点：一是做强主导产业。在区域产业结构调整和优化的过程中，区域内产业存在着新兴产业、主导产业、支柱产业的演进更替，由此实现产业结构的合理化和高级化。因此，主导产业的选择和培育是关乎区域经济发展潜力的战略问题。产业集聚区升级为产业集群，首要条件是结合区域要素禀赋、市场潜力，从若干产业中选择一个比较优势强、规模较大、成长性高、技术进步快、关联性较强的产业作为主导产业，重点进行培育，完善配套条件，构建产业体系，增强核心竞争力，支撑区域经济发展。目前广东省工业化发展已进入中期阶段，要实现产业转型升级，必须提升主导产业的层次。根据主导产业的阶段性、关联性和区域性等特点，目前需要将以重化工为主体的主导产业转化为支柱产业，促进区域主导产业体系转向以新能源汽车、生物医药、光伏产业、新型电子信息业、先进装备制造业等战略性新兴产业为主体的结构。二是做大产业链。依托主导产业，加强产业链对接。引导龙头企业专注地做核心业务，把非核心业务剥离出去；同时引进上下游配套生产经营企业，拉长拓宽产业链条。向上延伸到原材料和零部件及配套服务的供应商；向下延伸到产品的营销网络和顾客；横向扩张到互补产品的生产商及通过技能、技术或由共同投入品联系起来的相关企业，同时还要求政府和多功能公共机构的参与，形成完善的产业链网络体系。而且要积极与高校以及科研院所合作，共同研发共性技术和关键技术，增强产业竞争力，形成区域品牌。

二、嵌入式成长路径

嵌入式成长是推进产业集聚区升级最直接最有效的手段,也是国际产业结构不断调整优化升级的必然趋势。嵌入式成长本质上也是基于产业发展的内在联系和产业高级化的内生动力。其基本原理在于:在承接产业转移的过程中,在引进一个产业的同时将该产业链上下游企业及产业关联企业一同引进,然后对该产业链进行本地化培养,使其整体嵌入该地经济体中,形成新的产业集群。

遵循这一路径,应着重把握以下两点:

一是链式承接产业转移。在原有产业基础薄弱的产业集聚区,对当地资源条件、市场空间进行充分调研的基础上,通过定向招商、以商招商等方式,引入主导产业,然后通过链式承接吸引产业链条整体转移和关联产业协同转移。如河南夏邑县集聚区引进罗莱家纺等80余家纺织服装企业,形成了涵盖化纤、纺纱、织布、针织、服装等较为完备的产业链;[①]富士康进驻郑州,除了引入苹果手机组装线外,相应的电子、零部件配套企业、研发中心等也相继跟进,形成完善的产业链。

二是本地化培养。嵌入式产业集群存在的一个突出问题是如何能够"落地生根"。整体嵌入的产业集群企业间的联系是原有公司间联系在异地的复制,而非建立在当地社会网络的基础上。如果不能真正融入转入当地技术生态和经济社会文化生态等环境中,产业链中关键企业就有可能迁移,从而导致整个产业网络崩溃,形成整体迁移。事实上,嵌入式产业集群的根植性差,关键在于没有建立一个完善配套的集群创新网络。通过完善集群创新网络,就可以解决其"落地生根"的问题。主要完善措施包括:寻求区域内各经济主体交流和互动的黏合剂,促进本地企业与外来企业的整合,以增强区域性黏结或凝聚力;构建集群内学习型合作网络以提高集体学习能力和创新能力,从而营造区域创新环境;在集群中形成由中介服务机构、科技服务机构、教育培训机构组成的社会化服务体系,形成完善的集群创新网络。

三、整合化成长路径

整合化成长是推进产业集聚区升级的发展方向,也是提升区域产业层次和经济运行质量的必然选择。在地理位置上,产业集聚区一般位于既定的地域范围内,在相当程度上受到行政区划的限制和阻隔。在经济全球化日益深化的背景下,突破地域限制,加强外部联系,不仅有利于产业集聚区更有效地获取、整合外部资源、拓展市场,更有利于技术进化和沿价值链升级。对于那些主导产业突出、集群态势明显的产业集聚区,一个非常重要的发展路径是向外延伸扩展,整合更多的内外部资源,在扩散与反哺中,形成一个稳定的中心外围关系,不断扩大集聚规模,壮大经济势能,提升竞争能力。郑汴汽车产业集群的发展就是这一路径一个很好的示范。

---

① 刘珂. 产业集聚区向产业集群升级的路径研究. 中州学刊. 2012 (4):53-55.

第一章　服务外包园区的发展理论

产业集聚区升级的整合化成长路径,可以分为区域内整合和跨区域整合两种模式。

一是区域内整合,即依据地理相邻、产业相关、优势互补的原则,打破既有产业集聚区的行政区划,实现产业整合。例如,以郑州为中心,聚集着一批整车生产商,如郑州宇通客车股份有限公司、郑州日产汽车有限公司、海马(郑州)汽车有限公司等。随着国际国内汽车产业转移布局的加速,奇瑞在开封投资建设规模为年产 20 万辆微型车、8 万辆轻卡及农业机械的生产基地。奇瑞落户开封,与郑州汽车生产商聚集在一个产业带内,形成郑汴汽车产业集群。

二是跨区域整合。在信息经济时代,地理接近已经不是产业集群发展的唯一形式,依托先进的网络技术,通过"组织接近"的形式,把分布在不同地域的企业联结成群,在全球范围内实现资金、设备、技术、人才等资源要素的快速集中。企业可以通过互联网、电子数据交换等连接工具和客户关系管理、供应链管理、企业资源计划等系统实现与其他企业的信息共享,加强信息和知识在集群内外部的交流。这种跨区域的整合可以在更大范围内获取资源、开拓市场,因而具有较强的市场反应能力,有助于实现整体价值链效益的最大化。

第五节　产业园区中企业创新的机制与特性分析

产业园区属于微观区域的空间区域。在大区域中产业园区是一个点,在小区域中是一个面,从宏观和中观视野分析,产业园区既是区域经济空间结构中的一个重要核点,它往往形成一个区域经济发展的增长点或重心所在,又是连接核心与外围空间的网络节点,其区位布点对区域经济的发展将起着重要作用。在区域经济的空间结构中,存在于核心区、外围空间以及网络线上的产业园区空间的活动与变化,已构成区域经济空间结构及区域经济发展的重要内容和因素。特别是在我国经济转型期,受经济全球化的影响,产业园区内企业的活动状态及微观机制的运行与区域经济的发展直接相关。

一、企业技术创新的概念、内涵及特点

(一)技术、技术进步和技术创新的概念与关系

技术就是在生产实践经验和自然科学原理的基础上发展起来的方法(包括管理)、技能(包括经验和工具、设备)及其关系的总称。在经济增长理论中,经济学家索洛(Robert Solo)的研究打破了"资本积累是经济增长的决定性因素"的传统观点,提出了"技术进步是经济增长的主要动力和源泉"的新见解。他认为,技术进步是"生产函数任意一种形式移动的简称";而另一位经济学者肯德里克则对技术进步定义得更加具体,认为技术进步包括技术的发明和应用、管理水平的提高、劳动生产率的提高(生产成本的降低和资源使用效率的提高)。概括起来来讲,技术进步的形式可分为三种:中性技术(在不改变资本—劳动配合比率的条件下引起总量生产函数向上移动的技术)、体现在劳动质量中的技术进步和体现

在资本存量中的技术（技术进步体现在更现代化的先进机器设备之中）。由此可以看出，技术进步是技术创新的目标或终点；技术创新是实现技术进步的重要过程和主要手段。对于家电企业技术创新来说，最主要的是要重视能够实现后两种形式技术进步的技术创新。顺德家电产业区企业的生产技术，现阶段主要体现在产出增长上，属于第一种形式。

（二）技术创新的内涵与特点分析

"创新"概念最早由美籍奥地利经济学家约瑟夫·阿洛伊斯·熊彼特（J. A. Schumpeter）提出，主要指建立一种新的生产函数，即实现生产要素和生产条件的一种新结合。熊彼特把创新活动归结为生产新产品或提供一种产品的新质量，采用一种新的生产方式、新技术或新工艺，获得一种原材料新的供给来源或开拓新市场，实行新的企业组织方式或管理方法。技术创新全部吸收了"创新"的理念；如美国国会图书馆研究部定义：技术创新是一个从新产品或新工艺的设想的产生到市场应用的完整过程，它包括设想的产生、研究、开发、商业化生产到扩散这样一系列活动。经济学家缪尔（Mueser）总结众多学者的研究，对技术创新做出如下定义：当一种构思新颖的新思想和非连续的技术活动经过一段时间后，发展到实际和成功应用的程序，就是技术创新。因此，技术创新是一个经济概念，而不是技术概念。由此可见，技术创新具有综合性和宏观性特点。从它所包括的活动来看，并不仅仅是一个技术过程或技术范畴，而是把技术创新作为连接技术进步与经济增长和发展的一个转换媒介，把技术进步与社会发展联系起来了；技术创新还具有过程性和市场性特点，是一个以经济效益为目标和以市场为取向的技术与经济相结合的活动过程。一般而言，成功的技术创新取决于技术与市场需求的有效结合。

二、企业技术创新的空间扩散机制分析

（一）企业技术创新扩散的概念

空间扩散（spatial diffusion）是一种重要的基本空间过程，表示粒子群体向一个介质体系填充的微观过程。空间扩散是许多空间宏观现象（如扩张）的动力，聚集、扩张、反聚集都可能是扩散的产物，甚至空间相互作用也可以被解释为扩散的后果。

在技术创新理论中，技术创新扩散是技术创新的"累积"效应，是宏观技术水平递进与经济增长的源泉。技术创新扩散，对于特定的扩散空间而言，首次将某项"技术创新成果"引入系统并逐步扩大应用规模的过程，无论它是系统内部产生的技术创新还是从系统外部引进的先进技术，包括技术转移和技术推广等，都被称作技术创新扩散。

（二）企业技术创新的空间扩散效应、特点与方式

企业技术创新的空间扩散效应包括以下四种：一是近邻效应（neighborhood effect）。技术创新扩散表现出明显的空间距离衰减趋势，因此距扩散源较近的受扩散企业具有先获得扩散技术的优势。二是等级效应（hierarchy effect）。技术创新扩散按照等级的高低依次扩散。三是轴向效应（axial effect）。地处交通干线的区位对技术创新的吸引力强，扩散速度快、范

第一章 服务外包园区的发展理论

围广。因此扩散先沿轴线进行，而后在轴间区域展开（见图1-7）。四是集聚效应（aggregation effect）。相同的技术创新在空间上的集聚。

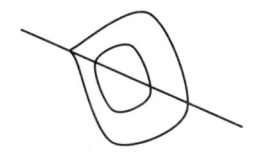

图1-7 轴向效应的空间模拟

企业技术创新在上述四大效应的作用下，其扩散在空间上呈现出不同的特点与方式：一是空间扩散的时间过程特点呈 logistic 曲线。哈格斯特朗（Torsten Hagerstrand）在研究技术创新的时空扩散过程中证明，技术创新的空间扩散从频率累计值来看，呈 S 型的 logistic 曲线[①]（见图1-8a）。开始扩散较慢，后来扩散逐渐加快，在接近饱和点时会减慢，直到到达饱和点（见图1-8b）。

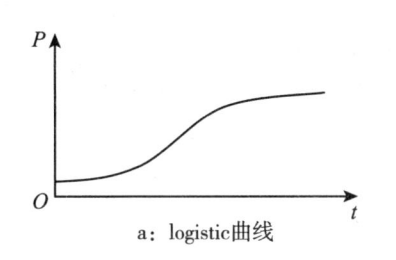

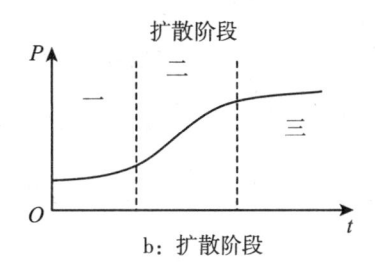

图1-8 空间扩散的时间和距离曲线

哈氏的研究还表明，一是在技术创新的第一阶段，技术创新的扩散应用首先集中于中心地或大城市，然后沿城市体系等级序列扩散；第二阶段技术扩散以邻近效应为主，城市郊区次之，边远地区最后；第三阶段技术创新的推广渐趋饱和，区域差异开始减小。

二是空间扩散存在"推拉机制"。像人口迁移一样，在源区，积极推广，在其他地方，区域根据自己的需要，"拉"入扩散者。

三是空间扩散的方式可分为邻近扩散、跃迁扩散和层次扩散三种。其中邻近扩散是最基本的扩散方式。即以扩散源与扩散终端的短距离联系为特征，由一个中心向四周散布（见图1-9a），中间密度高，向外随距离衰减。跃迁扩散（见图1-9b）往往是因自然、经济、社会环境的不均匀而引起的，所以扩散所跨越的空间距离较大。如流行时装从 A 城传到相隔万里的 B 城和 C 城。层次扩散（见图1-9c）是沿一定等级规模的地理区域进行的扩散。扩散源与扩散终端之间在空间上是非连续的。如中央政策在中央、省城、市县和乡镇层层下达。

[①] 庄新田，黄玮强. 知识创新、技术创新及金融创新的研究与展望. "创新与合作——中日大学的新使命"，中日大学校长论坛首届学术讨论会，2006，12.

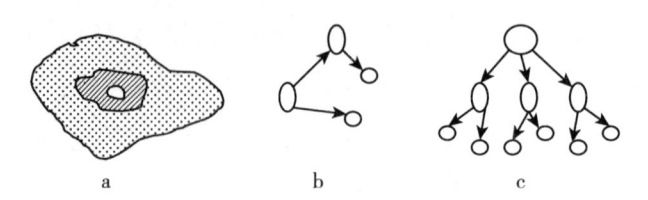

国际服务外包园区发展的理论与实践

图1-9 空间扩散的主要方式示意图

企业技术创新在实际扩散中受四种扩散空间效应的影响和各种随机现象的综合作用，以上三种扩散过程往往同时存在，呈现出扩散的客观复杂性（见图1-10）。

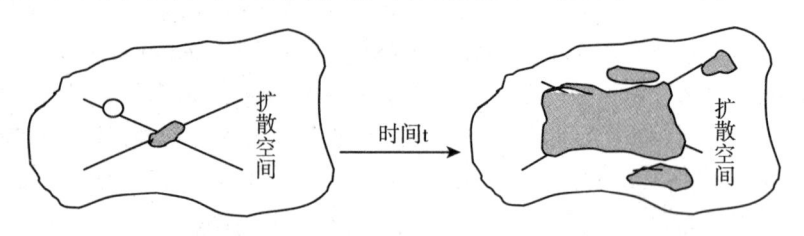

图1-10 现实中的空间扩散示意图

注：图中，阴影部分为已实现扩散的区域，两交叉直线为空间扩散中的扩散轴，一般为交通干线。

（三）企业技术创新的空间扩散模型

企业技术创新的空间扩散是一个不断动态变化的过程。促成企业技术创新空间扩散的发生及空间扩散方式主要由四大要素构成：扩散源企业、受扩散企业、扩散内环境和扩散通道。

其中，扩散源企业与受扩散企业之间的空间相互作用形成了重要的扩散通道。企业间的这种空间相互作用，就是企业间信息、商品、物资、人才、资金等技术的空间流动，由此形成技术创新扩散的必经通道。众多的扩散通道把企业构成一个企业网络，而企业网络又处在非均质和不断动态演化的扩散内环境中，如产业区内的企业网络。扩散通道的强弱由企业间交易成本、空间距离、关联方式和环境状况所决定，如空间距离小、交易成本低或技术经济交流方便则扩散通道显强势，反之则弱。一般信息技术发达的地区和经济条件优越的地区，技术创新较易得到扩散（见图1-11）。

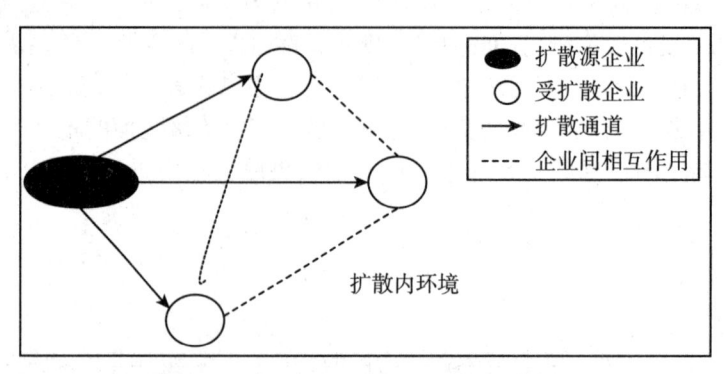

图1-11 企业技术创新的空间扩散模型

第一章　服务外包园区的发展理论

扩散内环境与企业之间和技术创新扩散之间均形成了一种互动机制。扩散过程一方面受扩散内环境的影响和制约，另一方面又反过来作用于扩散内环境。如上述的产业区外部性促使区内的企业技术更易扩散，而扩散又促使产业区的外部性增强。

三、企业技术创新的空间集聚机制分析

在新古典厂商理论中，技术只被看成是经济系统的外生变量。发展经济学家否认了这种观点，并提出：技术进步是经济增长的主要动力和源泉，因而是内生变量；企业技术创新和企业家是区域经济发展及区域结构变化的重要因子。法国经济学家弗朗索瓦·佩鲁（F. Perroux）提出的发展极（development poles）理论就足以说明以上观点。发展极理论认为，在经济增长中，由于某些主导部门或有技术创新能力的企业或行业在一些地区或大城市的聚集，形成一种资本与技术高度集中、具有规模经济效益、自身增长迅速并能对邻近地区产生强大辐射作用的"发展极"，通过具有"发展极"地区的优先增长，可以带动相邻地区的共同发展。所谓的"发展极"，就是那些具有技术创新能力的增长公司或厂商聚集发展而构成推动型产业发展的核心或增长中心；它具有支配能力和创新特征，具有吸引作用和扩散作用。而"发展极"形成的一个最重要的条件就是，必须存在有技术创新能力的企业和企业家群体。因此，企业技术创新必须与具体的企业、企业家、市场环境等因素结合起来理解。企业是技术创新的主体，这个重要观点已被众多的西方工业化国家的实践所证实（这里不再赘述）；企业家在企业技术创新活动中担任着十分重要的角色；对于企业技术创新与区域空间的相关特性等，笔者将作进一步的分析。

根据对"发展极"理论的反向推论，笔者认为：在一个形成了部门增长极（推动型产业）和空间增长中心（集聚空间）的区域内，必定存在具有技术创新能力的企业，以提高产业之间的关联程度、形成企业规模经济效益（包括内在规模经济和外在经济）和对区域发展产生推动效应。因此，企业技术创新与区域经济发展和区域增长中心的形成密切相关。由此进一步推论，企业技术创新一旦取得成功，就会对当地经济增长产生巨大的推动作用；具有技术创新的地区经济增长速度会快于其他地区。由于区域发展中创新企业的聚集经济作用（吸引力），促使技术创新在少数地方不断强化，区域间因此而存在较大的经济发展空间差异。经济学家赫尔希曼（A. Hirschman）的不平衡增长理论（UG）正说明了这点。赫尔希曼 UG 理论的实质是，经济增长并不是在每个部门、行业或地区按同一速度（或比率）平衡增长，而是存在少数具有技术创新能力企业的部门、行业或地区优先增长的现象。

四、产业区促成企业技术创新区域空间特性的形成

在"新产业区"研究中，持弹性专精观点的专家皮奥勒（Piore）和撒贝尔（Sabel）认为，弹性专精是"集体的企业家精神"的体现，区域的动力是新产业区内劳动分工的细化和专业化程度的提高，新产业区的形成是源于大量专业化的中小企业在地域范围内的集聚。区域创新环境观点认为区域创新环境对区域内企业集聚发生强大作用，创新存在于某种无形

的氛围之中，具有区域差异性，区域创新网络观点认为创新是一定地域上集体学习的过程（形成区域创新网络的过程）。"区域创新系统"学派认为区域创新系统是区域创新网络和区域创新环境有效叠加而成的系统，具有本地化、开放性、动态性和系统性等特点。"新的产业空间"学派以交易成本的思想为基础，认为本地化的生产协作网络存在降低社会交易成本和保护合作的因素，有利于提高企业的创新能力和灵活适应性。"集群"学派认为集群通常集中发生在特定的地理区域。地理集中的发生是由于地理接近性可以使集群的生产率和创新利益进一步放大，它有助于交易费用的降低、信息的创造和流动、地方机构的发展以满足集群的特殊要求，以及感知同行的压力。根据以上理论可知，由于在新产业区内，区域技术创新是区域创新的核心，而区域技术创新是由企业技术创新组成的，企业集群必然导致企业技术创新的空间集聚，企业技术创新在新产业区这样的扩散内环境中又有利于产生空间扩散，使新产业区的创新能力进一步增强。因此，新产业区是一个具有形成部门增长极和空间增长中心能力的区域，可以推论：新产业区能够促成企业技术创新区域空间特性的形成。

五、小结

从以上的企业技术创新概念、空间扩散与集聚机制分析可以看出，企业技术创新具有空间扩散的特点与能力，在非均质的环境下呈现出不同类型的空间扩散方式和扩散效应；在区域经济不平衡增长中，企业技术创新的空间集聚能力对一个区域的发展产生重要影响，具有技术创新能力的企业或行业在一些区域或大城市的聚集，形成一种资本与技术高度集中、具有规模经济效益、自身增长迅速并能对邻近区域产生强大辐射作用的"发展极"。

此外，国内学者对我国各地区的技术创新能力的评估也证实了以上观点。评估报告认为：技术创新能力与区域产业结构特征有密切关系。技术创新能力强的区域是以资本、技术密集型产业为主的区域，以劳动密集型产业为主的区域技术创新能力很弱；技术创新能力与以综合发展水平呈正相关关系；与区域科技水平缺乏相关性，但较发达的沿海省份例外。如顺德的家电制造产业，基本实现了企业是技术创新的主体，技术创新活动在企业中进行。因此顺德地区的家电技术创新能力可以用顺德大中型家电企业的技术创新能力来衡量的，地区科技水平与企业技术创新能力相一致。

综上所述，企业技术创新具有区域空间特性的观点，主要表明：一个区域是否存在企业技术创新活动或企业技术创新能力，与这个区域中的企业技术创新空间扩散能力的强弱以及发展极作用的强弱直接相关。并且，一旦区域内产生企业技术创新活动，将对区域发展有极大的促进作用。

第二章 服务外包企业和园区的管理理论

第一节 服务外包园区企业管理的理论基础

有效的管理决策和管理行为需要适当的管理理念来指导,或者说管理决策和管理行为是对管理理念的贯彻和实现。生产性服务外包管理也不例外,作为一种协调发包方和承包方相关组织行为的管理行为,为了实现特定的组织利益,需要在顾客满意理论、零缺陷质量管理理论和供应链管理理论的指引下,做出有效的管理决策,指导有针对性的管理行为。

一、顾客满意理论

(一)顾客满意的基本理论

随着社会生产力的不断进步,当生产能力和产品逐步出现剩余的现象时,消费者在市场竞争中所起到的作用越来越重要,市场也更多地关注顾客需求的变化。20 世纪初,有专家学者强调经济活动应当满足顾客的需要和愿望,而 20 世纪 60 年代末顾客满意理论逐渐开始兴起。

从市场营销学的角度来看,市场营销就是通过交换过程来满足人们需要和欲望的活动,那么,对欲望满足与否的衡量标准就是顾客是否感到满意。美国著名营销学者菲利普·科特勒对顾客满意的定义如下:顾客满意是指一个人通过对产品(服务)的可感知效果(或结果)与他的期望值相比较后所形成的感觉状态。

从经济学的角度来看,可以利用消费者剩余价值理论来解释顾客满意概念,如霍华德和谢思(Howard & Sheth, 1969)认为满意度是消费者对所付出代价与获得收益是否合理进行判断的一种心理状态。邱吉尔和瑟普丽诺(Churchill & Surprenant, 1982)提出顾客满意是购买者在购买和使用产品后相比较所产生的结果,是由购买者对预期结果的回报与投入成本进行比较从而产生的一种心理状态。伍德拉夫(Woodruff, 1987)认为顾客对满意的判断应该基于顾客在购买前建立的期望价值层次,而期望价值来源于产品的属性、性能及对使用结果的预期。把这样的心理感受价值化,也就是:顾客从厂商的产品(或服务)中所获得的总价值与顾客所付出的总成本之间的差值(可称为顾客让渡价值),若顾客让渡价值为正,顾客就会产生满意,顾客让渡价值越大,顾客的满意程度就越高;若顾客让渡价值为负,顾

国际服务外包园区发展的理论与实践

客就会产生不满意。

从质量管理学的角度来看,质量不仅要符合标准,也要以顾客及其他相关方满意进行衡量,是产品、系统或过程满足顾客及其相关需求的固有特征能力的集合。高质量就是在产品性能、可靠性、安全性、适应性、经济性等方面全面满足顾客的需求,达到或超出顾客的期望,追求顾客满意是质量管理的"目标"。正如著名质量专家朱兰(J. M. Juran)所说的,对顾客来说,质量就是适用性,而不是规格符合性;最终的顾客很少知道规格到底是什么;顾客对质量的评价,是以到手的产品是否适用,并且它的适用是否持久为基础的。

然而到了 20 世纪后期,随着知识经济的崛起,人类对服务业的强大需求和经济全球化加剧,使市场竞争更为激烈和残酷,组织的生存完全取决于顾客。"顾客满意"作为一种新的质量观也就自然形成了,与质量管理相结合运用到各类企业的管理实践中,越来越被组织和顾客所接受,已形成了世界性的潮流。

威廉·爱德华·戴明(W. Edwards Deming)全面质量管理之下的"日本制造"征服全球。戴明管理思想的核心就是提高管理生产率的 14 点,可概括为方向、系统和文化。具有明确的方向,然后建立系统,以驱动行为,并用相应的文化保证系统更好运作。戴明认为,通过降低设计、生产的不确定性提高产品的质量,提高生产率,用高质量、低价格占领市场,企业就可以持续发展。并且,组织不应被以前的文化所限制,应该进行剧烈改革,只有这样才能全面提高产品质量。关于质量的具体改进,戴明提出 PDCA 循环(即"戴明环"):计划(plan)、执行(do)、检测(check)、行动(action)。这个循环没有终点,周而复始。整个企业是大环,各部门是小环,大环套小环,不停旋转,螺旋上升。基于此,"戴明 14 点"成为全面质量管理的重要理论基础,对 ISO9000 的提出也有一定的推动作用。

《质量管理体系基础和术语》(ISO9000:2000)将"顾客满意"定义为"顾客对其要求已被满足的程度"。它非常关注顾客满意,在其质量管理的八项原则中将"以顾客为关注焦点"列为第一项,并且作为一条主线贯穿始终,表现在:条款"通过体系的有效应用,包括体系持续改进的过程以及保证符合顾客与适用的法律要求,旨在增强顾客满意""最高管理者应以增强顾客满意为目的,确保顾客的要求得到确定并予以满足""通过满足顾客要求,增强顾客满意";隐含在某些条款中相关内容,例如条款要求组织不仅要识别和确定"顾客规定的要求",还要确定"顾客虽然没有明示,但规定的用途、已知的预期用途所必须的要求"等。也就是说,质量是由顾客定义的。尽管顾客对质量可能没有一个明确的概念,但是当他们看到或使用高质量的产品和接受高质量的服务时,能够指出这些是优质的。因此,质量是顾客对产品和服务的感受,正是顾客对产品和服务的这种感受,使他们做出是忠于原公司还是选择另外公司的决定。任何公司都必须知道谁是顾客,并且清楚地了解和预测顾客的需求,才能够理解和定义产品和服务的质量。只有不断超越顾客的期望,制定令顾客满意的策略才能达到顾客满意。因此,衡量质量是否"满足要求"只能由顾客来评价而不是由生产者。

而狩野纪昭(Noriaki Kano)教授引申双因素理论,对质量的认知也采用二维模式,即

第二章　服务外包企业和园区的管理理论

使用者主观感受与产品/服务客观表现，提出了著名的 Kano 模型。[①] 他根据不同类型的质量特性与顾客满意度之间的关系，将产品/服务的质量特性分为五类：无差异质量（different quality）、逆向质量（reverse quality）、一维质量（one-aimensional quality）、必备质量（must-be quality）和魅力质量（attractive quality）。魅力质量特性可以被描述为惊奇或惊喜的特性，充分时能够提高顾客满意，不充分时也不会引起不满。在其他相同的情况下，具有魅力质量的产品或服务更加吸引顾客，更易培养顾客忠诚，从而形成竞争优势。魅力质量原理预见到产品特性是动态的，也就是说，过一段时间，一种质量特性会演变成无差异质量特性、魅力质量特性、一维质量特性或必备质量特性。

从生产企业（供方）角度来看，对于要理解某一用户或某部分用户的爱好，并着手为满足用户需要做出相应努力，从市场调查了解用户的需求开始，就应该及时把握顾客需求的变化，然后再在设计、制造、销售、服务的过程中迅速把需求的变化变成"产品与服务"的质量标准，努力去满足用户的需求，实现顾客满意，获得企业长期的生存与发展。

（二）顾客满意与服务质量

一般而言，服务是生产和消费同时进行的、无形的、顾客主观感觉和认识服务质量的过程。顾客与服务供方之间在一系列关键时刻发生的相互接触，即所谓的买卖之间的相互接触，会对顾客的服务质量感觉和认识产生重要影响。所以，许多学者认为服务质量是以顾客满意程度的高低为标志，认为服务质量的产生是顾客本身对服务的预期与实际感受比较的结果。

嘉文（Garvin，1984）认为服务质量是一种感知性的质量，并非客观质量，而且服务质量是顾客对于事物的主观反应，并不以事物性质或特性进行衡量。美国质量协会（ASQC）及欧洲质量管理组织（EOQC）将服务质量定义为产品或服务的总体特征及特性满足既定需求的能力。

李维斯（Lewis，1990）认为服务质量是衡量服务水准传递符合顾客期望的程度。

PZB 服务品质缺口模式（Parasuraman，Zeithaml & Berry，1985）将服务质量更深层地定义为在服务传递过程中即服务提供者和顾客互动过程中所产生服务的优劣程度，而且强调服务质量由顾客评定。

美国营销科学研究院（Marketing Science Institute）针对服务质量所从事的大规模市场调查指出，服务质量是"一个相对标准，而非绝对观念，顾客对企业服务质量是否满意，乃决定于其事前所持有的期待与实际所感受到的服务（知觉绩效）之间的比较"。若所提供的服务使顾客感觉超过了其事前期待，则顾客满意度高，为高水平服务质量，顾客可能会再度光顾；如果实际评价与事前期待相似，顾客认为受到了普通服务，不会留下特别的印象；当实际评价低于事前期待时，该顾客必定不再光临。

[①] 王明涛，师文文. Kano 模型在高校食堂服务质量管理中的应用研究 [J]. 中国管理信息化，2018（5）：103-106.

国际服务外包园区发展的理论与实践

嘉龙如斯（Gronroos, 1984）根据服务传递方式，将服务质量区分为技术质量与功能质量。

（1）技术质量指提供的服务是什么？即实际顾客接受的服务结果是否能满足顾客要求。

（2）功能质量指服务是如何被提供的？也就是服务传递的过程与方式是否能达到顾客满意。

贝利（Berry, 1985）认为服务质量可分为过程质量与结果质量两种。前者为顾客在服务过程中所判断的服务水准，后者则为顾客在服务完成之后所判断的服务质量。

贝利认为顾客对服务质量的评估，不只是依据服务的结果，也包括服务传递过程的评估。而顾客对服务质量的感知，乃来自顾客期望与实际服务绩效的比较。因此，顾客对服务质量的满意被定义为：将对接受的服务的感知与对服务的期望相比较，也就是顾客的满意主要取决于服务满足顾客期望水准的程度。

还有学者提出了服务供应链的概念，如科享（Motris Cohen）认为，随着许多企业对服务战略的重视，它们也越来越意识到服务供应链的重要性，服务供应链能够将供应商、顾客、存储包括与顾客的交流等联系起来，他认为，如果服务类企业要想在那些为顾客熟知的产品中降低成本，提高竞争力，就必须关注服务供应链。

同时，服务供应链管理也应运而生，并将顾客作为生产流程的积极参与者。詹姆斯·A. 菲茨西蒙斯（James A. Fitzsimmons）和蒙纳·J. 菲茨西蒙斯（Mona J. Fitzsimrnons）认为区别服务供应链管理和一般供应链管理的关键是：服务供应链管理是双向的充分利用、产品不易保存及能力和需求的同时管理。而追求的双向最优化指当服务供应商和顾客对于服务传递的时间达成一致时，也要考虑到双方的需要，也就意味着在服务企业最优的同时做到对顾客最好的可能性。

（三）顾客满意与生产性服务外包管理

在 ISO9000：2000 中有关顾客定义的注释：顾客可以是组织内部的或外部的。也就是说，顾客不仅存在于组织的外部，也存在于组织的内部。内部顾客是指与企业进行间接交换的个人或组织，主要是企业的员工和对公司经营有决定力的股东。实际上，企业内部的上级与下级、部门之间、上工序与下工序之间都存在着供方与顾客之间的关系。更重要的是，内部顾客是满足外部顾客的基础人员，故对企业而言，他们是具有多重身份的群体，是更需要首先满足的群体。

生产性服务外包过程就是生产性服务供应商实现和满足制造企业自身内部顾客需求的过程。而制造企业自身内部顾客又可分为两部分：制造部生产员工和企业高层管理决策者。

制造部生产员工作为企业生产一线的工作者，是企业生产设备和设施的直接使用者，他们在一定的生产设施环境中，通过对生产设备的使用和操作，完成生产任务。同时，他们也是外包服务供应商提供服务过程的直接对象，可以直接体会、检验和评价服务质量。制造部生产员工作为顾客的期望包括两方面：一方面是生产设备运转的技术要求，也就是说，承包方需要严格遵照生产员工所了解的特定的技术要求去提供适当的服务，包括满足各方面的技术参数，在响应时间和服务时间安排方面尽可能降低对员工工作的影响；另一方面是员工个

第二章 服务外包企业和园区的管理理论

人的喜好，每个员工由于个人对生产性服务认识和理解的差异，对供应商的服务过程，尤其是与个人相关的过程，有个性方面的期望，要求承包方能够分析期望的差异，找出平衡的方法。

企业高层管理决策者作为企业外包战略的制定者，对外包战略发展和达到的效果有着长期和短期的期望。他们了解行业发展的状况，了解自身企业发展存在的问题和不足，希望通过发展生产性外包战略来实现企业发展的目标。同时，他们对于竞争对手在生产性服务方面的状况也有清楚的认知，希望保持本企业在这方面的优势或者缩小这方面与其他企业的差距。正是基于对自身发展方向的把握、对生产性服务外包市场的认识和对竞争对手策略方面的了解，企业高层管理决策者制定了生产性服务外包的决策，这些决策因素会一直影响到外包服务供应商在具体服务策略选择上的侧重。

所以，生产性服务外包管理需要综合考虑制造企业生产员工在服务过程方面的期望，和高层管理决策者在服务结果方面的期望，选择有效和合理的服务策略和方式来满足两部分顾客的要求。同时，也要求发包企业生产性服务外包管理部门和人员在考核外包商的服务质量方面，重视对服务过程和服务结果双方面的评价，降低外包风险，促进外包绩效。

二、零缺陷质量管理理论

（一）零缺陷的基本理论

"零缺陷"是美国质量管理大师克劳士比创造的一套系统的质量管理理论，其质量管理哲学的关键是如何建立一种预防性的企业文化，以达到"第一次就把事情做对"的目的。他倡导了"零缺陷""质量就是符合要求""预防系统""第一次就把事情做对""不符合要求的代价"等观念。[①]

克劳士比的零缺陷理论着重强调人们心智的改变，而没有具体在企业里可以操作的步骤，即使是他提出来的14条步骤，企业实际实施起来也比较困难，具体如下。

（1）管理阶层的承诺：让大家明白管理层对于质量的态度。
（2）质量改进小组：以团队行动，主持推动质量改进方案。
（3）质量衡量：将质量问题进行客观地评估，并展示出来。
（4）质量成本：把质量成本的要素定义出来并且加以解释，以作为管理的工具。
（5）质量意识：提高员工对质量的正确认识和质量观。
（6）改进行动：提供一种有系统的方法，以便永远解决前述步骤所发现的问题。
（7）零缺陷计划：探讨正式发起"零缺陷"活动方案所必须进行的各种活动。
（8）主管教育：确定工作主管所需要的培训种类，以便他们能够积极地执行所负责的质量改进方案。
（9）零缺陷日：创造一项盛会，让所有的员工通过亲自的体验，了解到公司已经有所改变了。

---

① 王卫东．"零缺陷"质量管理的工作方法［J］．中国质量，2007（5）：86-87．

（10）目标设定：鼓励员工为他们自己以及他们的团体建立改进的目标，以便把他们的保证和承诺转换成实际行动。

（11）消除错误成因：在质量问题上，建立起员工和管理层的沟通方法。

（12）奖励：对参与者表示感谢和赞赏。

（13）质量委员会：定期将专业质量人员聚在一起，以便进行有计划的沟通。

（14）持续改进：强调质量改进方案是永无止境的。

但是，其四个基本原则还是有重要指导作用的，具体包括：

（1）质量的定义是符合要求；

（2）质量源于预防；

（3）质量的执行标准是零缺陷；

（4）质量是用不符合要求的代价（price of nonconformance，PONC）来衡量的。

一般认为，质量水平越高（即缺陷越少），则成本也越高，即高的质量意味着高的成本；但是，零缺陷理论认为高质量恰恰意味着低成本，如公司的质量水平达到六西格玛（6Sigma）甚至更高时，质量成本会降到很低。

此后，美国摩托罗拉公司和GE公司在企业管理追求零缺陷目标的过程中，逐渐摸索出了"工程师及统计学家用来精确调整产品及生产过程的高技术方法"——六西格玛方法，这是一种把公司的定位转移到更好地满足顾客需求的状态方法，以此获取更大的利润和更强的竞争力，是一种迅猛的"企业文化变革"。它以数据和统计技术为基础，不断地改进产品、服务以及过程，不断地减少缺陷，以期达到6sigma水平，即3.4ppm（每百万次机会3.4个缺陷）的质量水平，亦趋近于零缺陷。

六西格玛方法把预防性成本项目中不增值部分、鉴定成本中用于分析问题而并不增值的部分，加上内部损失成本和外部损失成本称为劣质成本。劣质成本不能为企业流程增加价值，在六西格玛管理系统中称其为"隐藏工厂"，它存在于企业的各个层面，例如加班过多、上门服务支出过多、文件延迟、对现状缺少跟踪、报价或结账错误、未按时完成销售订单、人员流动过于频繁、顾客赔偿、产品开发失败、计划延迟、顾客投诉、设备闲置、利用率低等。

六西格玛管理的关键就在于减少不增值的活动，也就是降低劣质成本，通过有效的手段，降低非符合性成本，找出符合性成本中的不增值部分，加以改进，消灭隐蔽工厂，从而降低成本。实现六西格玛管理的核心目标为提高顾客满意度和降低资源成本。

（二）零缺陷与生产性服务外包管理

"零缺陷"可以说是在结果上提出的一种要求或者期望，具体能否实现取决于对过程的管理和控制的强弱。制造企业将生产性服务外包给专业的供应商，将内部业务外部化，依靠企业间的合作实现对生产的支持和保障。原本就复杂烦琐的服务过程，由于服务提供者发生了变化，使得制造企业在很大程度上失去了对服务过程的控制能力，这也是外包风险的一个重要部分。这个隐患能否解决，是生产性服务外包能否成功的关键，需要从两方面做出努力：一方面是发包方对承包方各个阶段的服务结果进行监控；另一方面是承包方内部加强管

第二章 服务外包企业和园区的管理理论

理,保证服务各阶段的服务过程顺畅有效。

由于承包方企业内部有独立的管理体系,发包方不方便对其进行直接的干涉,这不利于双方合作的进展,所以,发包方可以通过加强对各个服务阶段结果的评价程度,及时发现存在的问题,保证服务过程的稳定和有效,努力达到服务过程的"零缺陷",最终实现服务结果满足各方面要求。根据零缺陷质量管理的核心要求,发包方和承包方在充分沟通需求和服务能力的基础上,制定切实可行的服务措施和制度,使得服务流程规范化、程式化,继而在此基础上要求服务提供者严格地执行,保障服务过程的稳定和有效,最终实现过程的零缺陷,以此达到预期的服务效果。

但是,由于任何管理行为和控制过程都是需要成本的,也就是需要有专门的员工或者兼职的员工占用工作时间对服务过程进行检查和评估,在这个过程中,有可能需要中断生产性服务过程,在保证前面步骤有效执行的基础上才能再次启动服务过程。在这个过程中,一方面,会增加人力资源的成本,制造企业内部有专业的员工在各过程节点进行控制;另一方面,由于会中断服务过程,延长服务时间,也就意味着生产过程中断的时间可能会延长,产生机会成本。同时,由于外包服务供应商提供的是专业的服务,而制造企业可能缺乏专业的工程师,不能完全胜任对服务流程的控制职责,尤其是对重点环节的监控,所以发包方可能还需要引入第三方对服务流程进行控制,检查关键的流程节点。第三方的加入同时可以解决双方责任的认定问题,保证双方合作过程的公平和公开。这个过程中产生的成本可以归纳为服务质量成本中的预防成本和鉴定成本,也就存在一个成本优化的问题,在一定的消费者风险条件下,如何选择抽样检查的方案也是一个需要解决的问题,这也是本书要解决的问题。

三、供应链管理理论

(一) 供应链管理的基本理论

企业可以采取纵向、横向一体化以及多元化经营的办法,彻底"完全"地以企业内部交易体制代替市场交易体制,但却会因为缺乏市场竞争机制的压力而引致企业专业化动力的缺失。

因此,逐渐摒弃"单纯市场竞争"或"单纯一体化企业"的运作观念,通过选择连续谱系中间的某些组织结构,即通过企业间有意识地相互合作去寻求单纯"战争式"竞争(win-lose, lose-lose)所得不到的经营效果以及避免单纯合作组织形态(一体化)的"压力"缺失。竞争之中有合作,合作之中蕴涵着竞争。国外学者把这种基于"双赢"(win-win)的经营模式称为"合作竞争",后逐渐发展成了供应链竞争。

随着社会分工的深入,企业之间合作的机会越来越多,很多学者从企业间关系和价值链的角度来定义供应链,典型的如下:

"供应链是通过前馈的信息流和反馈的物流及信息流,将供应商、制造商、分销商、零售商直到最终用户连成一个整体的模式。"

"供应链是包括供应商、制造商、销售商在内,涉及物流、资金流、信息流的企业网络系统。"

国际服务外包园区发展的理论与实践

"供应链是围绕核心企业,通过对信息流、物流、资金流的控制,从采购原材料开始,到制成中间产品以及最终产品,最后由销售网络把产品送到消费者手中的将供应商、制造商、分销商、零售商,直到最终用户连成一个整体的功能网链结构模式。"[1][2]

有学者(New & Payne, 1995; Payne, 1995)把供应链描述为连接从原材料供应、产品制造到最终用户使用过程中所有实体的链。供应链管理则是在整个价值链上从原材料提炼到产品使用寿命结束的整个过程中的物料供需管理。

克里斯托夫(Christopher, 2012)指出,在企业的"价值链"中,各环节之间相互联系、相互影响,一个环节的运行质量直接影响到其他环节的成本和效益。任何企业都只能在"价值链"上某些环节拥有优势,而不可能拥有全部的优势。为达到"双赢"的协同效应,企业需要在各自的优势环节展开协作,以求整体收益最大化。

显然,供应链含义的演变反映了企业管理模式从局部到整体,从纵向到横向的一种转变过程,而这种转变实质上反映出"对最终顾客实际需求的绝对重视是供应链发展的原则和目标"。

自20世纪80年代到现在,供应链管理的发展经历了三个阶段。

(1) 20世纪80年代,供应链管理萌芽阶段,这个时期注重企业内部和外部的过程集成。

(2) 20世纪90年代前半期,供应链管理初步形成阶段,这个时期实践取得了长足发展,但信息不能完全共享成为最大障碍。

(3) 20世纪90年代后半期至今,供应链管理开始强调合作伙伴关系。供应链管理的未来将更强调合作伙伴关系、以顾客为中心、基于信息技术,向敏捷化、虚拟化、全球化、绿色化方向发展。

进入21世纪之后,供应链管理面对的机会与挑战,主要包括以下三个方面。

(1) 持续以顾客为中心,精确预测供应链需求。兰乔尼(Lancioni, 2000)认为"持续改进"是供应链管理强调的一个最重要的元素。供应链需要在许多方面持续不断地改进,例如提高生产率、改进服务水平、低的运输价格、减少运输损失、加快订单处理和对客户抱怨更加敏感。

(2) 优化供应链设计。供应链的优化设计是供应链管理的另一个关键因素。供应链设计依赖于经济、市场和竞争条件。由于市场的动态性,必须设计柔性的、快速响应的供应链,从而使供应链具有更强的竞争力。

(3) 供应链需要具有敏捷性。市场的动荡和反复是未来供应链管理必须面对的一项挑战。因此,未来供应链设计必须具有敏捷性。供应链需要对顾客需求和竞争需求的变化做出迅速的反应。

(二) 供应链管理与生产性服务供应商关系

供应链管理要求企业的采购改变传统以供应商竞争机制为主的管理方式,转变为建立较

---

[1] 马丽娟, 霍佳震. 基于用户满意度的供应链绩效评价指标体系研究 [J]. 物流技术, 2002 (2): 27.
[2] 卢震. 供应链管理中集成与协调模型及其优化研究 [D]. 东北大学博士论文, 2003.

第二章　服务外包企业和园区的管理理论

稳定的采购—供应商关系。但是在供应链中，只不过是众多生产要素之中的一组契约（a set of contraets among factors of production），各种生产要素的所有者被自我利益所驱动，他们不但要收回各自投入的成本，还会为索取"合作"剩余而产生纷争，因此企业的目标应该是利益相关者目标最大化状态。实际上，对于企业外部的利益相关者来说，处理好与供应商的关系，与政府和社区的关系、与银行的关系，甚至与企业竞争对手的关系等，本质上是一样的，即力争达到"共赢"的状态。

在生产性服务外包过程中，要达到所谓的"共赢"状态，进而保持与外包商的稳定合作，促进双方合作的发展，不断将外包服务质量提高到新的高度，从供应链管理的角度来看，处理好企业与外包商之间的关系非常重要，只有明确了企业和外包商之间的关系，企业和外包商都对自己在合作关系中有了一个明确清楚的定位，双方才有可能从合作中获益。这就需要进行服务供应商关系管理，它建立在对企业的服务供应商以及与服务供应相关信息完整有效的管理与运用基础上，对服务供应商的现状、历史、提供的服务、沟通、信息交流、合同、资金、合作关系、合作项目以及相关的业务决策等进行全面的管理与支持。

但是，所谓的生产性服务供应商关系不是稳定的、一成不变的，是随着双方合作内容和深度的变化以及具体行业外包市场的变化而变化的，可能出现以下变化。

（1）外包商与其他供应商建立联系。随着生产性服务外包内容的不断扩展和深入，使承包方在发包方企业承担的业务越来越重要，发挥越来越大的影响作用。其中可能不仅包含承包方与发包方企业之间的合作，也有可能产生承包方与发包方企业所在供应链上其他成员，如发包方企业的供应商或者客户等的合作。此时，承包方所面临的不仅是与发包方企业之间的双边合作，也可能是和发包方企业、发包方企业客户之间的三边合作或者是多边合作，甚至还有可能出现供应链上两家企业的外包商之间相互合作的情况。在相关部分业务外包出去之前，发包方单独和其供应链上其他企业合作，在供应链管理的框架内解决这一问题，但业务外包出去后，问题就变得复杂起来，有可能对整个原有的供应链产生结构性影响。

（2）同一服务外包供应商在供应链多家企业承担外包业务。供应链上的多家企业可能共同地认为某些业务属于非核心业务，出于寻找最优外包商的目的，多家属于同一供应链的企业可能将相关业务进行整合外包给共同的供应商。这时，如果能将供应链管理和业务外包结合起来，将更有利于发挥业务外包的规模效应，提高外包服务水平，另外也有利于增强供应链绩效。

（3）生产性服务外包中"供应链"。随着外包程度的不断加大，有些业务可能无法仅由一家外包供应商提供，而是由几家外包商共同完成。这样，几家外包商就形成了一条小型的"供应链"，共同向企业提供这一业务的服务。另外，这些外包商也分别拥有自己主导的供应链，分别拥有自己的上级供应商，因此，发包企业存在可以寻求整合服务供应商主导的供应链资源的可能。

因此，制造企业在进行生产性服务供应商管理的过程中，要考虑供应链环境对双方合作关系的影响，借助供应链管理的理念优化外包商管理。

四、小结

本章提出了进行生产性服务外包管理的三大主要理论基础：顾客满意理论、零缺陷质量管理理论和供应链管理理论，分别从顾客需求挖掘、生产性服务过程控制和服务供应商关系管理三个方面阐述三大理论对生产性服务外包管理模式构建的指导作用：顾客满意理论要求企业进行顾客需求挖掘，无论是内部顾客需求还是外部顾客需求，保证管理出发点方向上的正确性；零缺陷质量管理理论要求企业对整个生产性服务过程进行全程控制，尽可能早些发现问题，保证服务质量；供应链管理理论要求企业以"双赢"作为生产性服务供应商管理的基础，以双方长期稳定的合作促进生产性服务质量的不断优化提高。

第二节 服务外包园区的特点及构成要素

服务外包园区是指以各种服务外包企业为核心，得益于包括金融机构、大学与研究机构、中介机构和政府等在内的创新网络系统各内在节点间的相互作用和协同发展，通过畅通的渠道来集聚、开发和利用地域内外的各种创新资源，不断向外转移高新技术与推出高新技术产品和服务的网络体系。

鉴于中国服务外包产业布局极不均衡的严峻状况，张桂钢（2012）指出，应当加快产业链条的升级延伸及产业布局的优化重组，大量建设综合性服务外包园区，更好地释放和发挥此类园区的集聚及辐射效应。同时，以类别化、差异化、针对化的政策优惠举措，更多更好地覆盖和扶持本土企业发展，建立健全公共服务平台体系，深挖产学研一体化的人才培养及产品开发模式的巨大效力。包诗若（2012）提出，应当坚定地走好"集群化发展"道路，以示范城市和示范园区为支点，以区位优势、行业特色、龙头企业、知名品牌为抓手，在巩固已有比较优势领域的同时进一步开拓新的更广的业务领域。

一、服务外包园区的特点

一般而言，产业集群具有互惠共生性、协同竞争性、资源共享性和地方结网性特征，服务外包园区创新集群也不例外。但是，与一般创新集群不同，服务外包园区创新集群的特征具体包括以下几个方面。

（一）创新范围更广

制造业创新集群的创新可通过原始创新、模仿创新和集成创新等多种形式表现出来，并最终体现在有形产品上，进而通过多种特色来吸引消费者。与之相比，服务外包提供的则是无形产品——服务，模仿创新和集成创新很难促使服务明显地区别于竞争对手，因而更需要原始创新。只有真正在技术、人才和知识等方面实现创新，才能在市场竞争中领先竞争对

第二章　服务外包企业和园区的管理理论

手。因此，创新对服务外包产业园创新集群的产生和发展而言，意义非同一般。

（二）对人文禀赋等软要素更为看重

创新的关键在于人，但对于制造业创新集群投资者而言，因其创新的多样性和便利性，投资要素备受关注，尤其是廉价劳动力、便捷的物流设施、可得能源、低成本原材料以及最低限度的环保规则等要素。由于创新对服务外包产业园创新集群的特殊重要性，服务外包投资者更为重视当地高等教育的集聚程度，公共平台的可获得性，知识产权保护，信息安全，稳定不间断的多路电力供应，快捷安全的网络以及工时、海关、签证和外汇等规则的灵活性。其中，人才要素的重要性尤其凸显（见图2-1），因此，创建并发展服务外包产业园，需要更加关注以人的需求为主线的软环境建设，积极引进人才培训机构，提供更加人性化的配套服务。

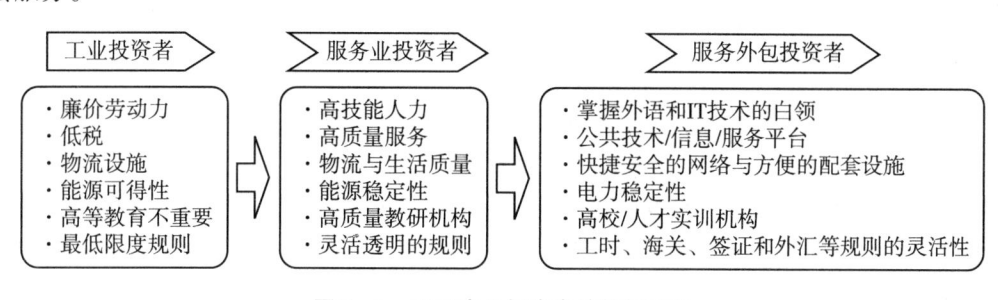

工业投资者	服务业投资者	服务外包投资者
·廉价劳动力 ·低税 ·物流设施 ·能源可得性 ·高等教育不重要 ·最低限度规则	·高技能人力 ·高质量服务 ·物流与生活质量 ·能源稳定性 ·高质量教研机构 ·灵活透明的规则	·掌握外语和IT技术的白领 ·公共技术/信息/服务平台 ·快捷安全的网络与方便的配套设施 ·电力稳定性 ·高校/人才实训机构 ·工时、海关、签证和外汇等规则的灵活性

图2-1　不同产业投资者的偏好漂移

资料来源：尤佳，毛才盛，孙遇春. 服务外包产业园创新集群特征、系统结构与运行模式研究[J]. 科技进步与对策，2012（20）.

（三）公共服务平台尤其重要

创新人才的培养离不开高等院校、研究机构、人才培训机构和专业服务机构等公共服务平台的支撑。这些公共服务平台的发展水平和服务水平直接影响创新人才的数量和质量。不同于制造业创新集群，公共服务平台的建设及发展水平对服务外包产业园创新集群的创建与发展尤为重要。因此，服务外包产业园创新集群应针对企业需求，结合本地的优势和特点，搭建高等院校、研究机构、人才培训机构和专业服务机构等更高层次服务水平的公共服务平台，并提供更加人性化的服务体系，形成与国际需求接轨的服务外包逐级转移链条。

二、服务外包园区的构成要素

（一）企业

结合服务外包产业园的发展现状与特征，服务外包产业园创新集群的构成要素可以分为外包产业园系统内部要素和外包产业园系统外部要素（环境要素）。内部要素主要包括主体要素、服务与支持要素。主体要素包括服务外包企业，服务和支持要素则包括大学，同时，

国际服务外包园区发展的理论与实践

企业必须识别和利用市场机遇才能实施创新。当企业自身难以识别和利用市场机遇时，联盟是最有效的弥补方式。企业进入联盟有两种动机：一是创造和利用新知识；二是对现有知识的利用和延伸。第一种通过探索性联盟来实现，是从事研发活动而导致技术创新的联盟；第二种主要通过应用性联盟来实现，是将现有技术商业化的联盟。在探索性联盟中，通过隐性知识共享以及知识创新来提升价值链上游的价值；在应用性联盟中，通过商业化或营销活动提升价值链下游的价值。通过应用性联盟，现有技术得以延伸，运作效率得以提高，维持了现有竞争优势，而探索性联盟则主要通过新知识引用和创造来保持长期竞争优势。因此，作为服务外包创新集群主体的企业，要先通过园区企业入驻门槛的质量把关。建立服务外包企业联盟是企业实现创新、提高集群创新能力的有效途径。短期内应该尽快建立入园企业的统一标准，整合实力，建立服务外包企业动态联盟；从长期来说，应解决规模问题，实施大公司战略，实现与国际接轨。

（二）大学与研发机构

实践表明，大学和研发机构对集群创新能够产生巨大影响，如北卡罗来纳的研究三角（research triangle park，RTP）。这主要归结为大学和研发机构充分发挥其在集群发展和创新中的功能，与集群内企业建立良好的合作创新网络，能够形成良性的交互体系。因此，我国服务外包产业园创新集群的发展，离不开大学和研发机构功能的发挥以及其与服务外包产业园内企业的交互作用。大学和研发机构对服务外包产业园创新集群发展的作用，由大学的三项任务衍生而来，但针对不同集群，其作用的表现形式也会不同。比较有影响力的解释是亨利·埃茨科威兹和罗伊特·雷德斯多夫（Etzkowitz, Henry & Leydesdorff, Loet, 2000）于20世纪90年代提出的三螺旋（triple helix）理论，即创新主体——大学、企业与政府，以经济发展需求为纽带而连接起来，透过组织结构性安排和制度性设计等机制，使三者力量交叉影响，最终形成呈螺旋式上升到三重螺旋的新关系，以此达到三者资源的共享和信息的充分沟通，实现各自效应的最大化。其核心在于，在以知识为基础的社会中，改善创新条件的关键是大学、企业和政府间的相互作用关系（见图2-2）。他们认为，大学处于三螺旋的核心，三螺旋的组织规则是期望大学在社会中起更大作用。他们甚至还提到，在一个共同的社会创新结构中，大学正日益成为领导性机构。随着知识经济的来临和知识要素重要性的日益凸显，大学、研发机构的功能从最初的教学和科研拓展出第三项日益重要和备受重视的使

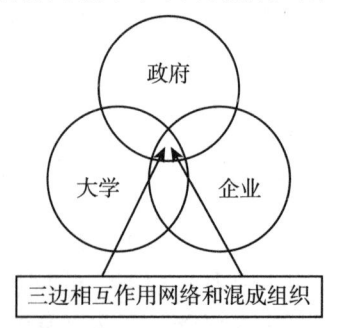

图2-2 三螺旋社会结构

第二章 服务外包企业和园区的管理理论

命——服务于社会，这一角色的衍生推动了大学和研发机构在服务外包产业园创新集群系统中的重要作用，使其在区域产业化进程和科技创新中担当重任。与此同时，在大学、研发机构与服务外包产业园企业的合作交流中，建立以外部市场交易和产权为纽带的多种交互机制，使大学和研发机构创造培养的知识、人才、思想和文化扩散进入服务外包产业园创新集群内部，能够推动技术创新和集群的发展。

（三）金融机构

金融机构为服务外包产业园创新集群发展提供资金支持，是服务外包产业园创新集群加速发展不可或缺的因素。美国硅谷的成功，除有全球一流大学、科研机构、高素质移民和创新型企业领军人物集聚等因素支持外，风险资本及其管理也发挥着决定性作用。世界其他地区创新集群发展的实践同样表明，金融机构提供的融资资本为创新集群的发展提供了坚实的资金基础和支撑。从融资来源来看，政府性基金、机构投资者资金和风险投资构成了创新集群发展的主要资金来源。风险资本不仅能为新创企业提供金融支持，还能为新创企业的快速成长带来管理和专业知识，对产业集群的创新能够发挥重要作用。由于高技术产业具有高风险和高收益的特点，风险投资会更多地投向高技术产业，由此使研究者将目光更多集中于高技术企业及其产业集群发展与风险资本的关系上。随着世界经济环境的变化和国际风险投资的发展，风险投资投向的产业领域不断扩大，也必然会由高技术产业向服务业和传统产业扩散，风险投资也必将对服务业和传统产业集群的发展发挥重要作用。

（四）中介机构

田耕等（2011）认为，外包能给企业带来好处，诸如精简机构、降低企业成本、优化产业链、提升企业核心竞争力、获得专业化服务以及快速响应市场需求变化等，因此，外包成为近20年企业的常用策略。服务外包中介机构是指在服务外包的供求市场中，为企业与外包服务供应商提供服务、沟通、协调和监督等中介服务的机构。服务外包中介活动具体包括：为企业提供外包诊断服务、评估选择外包服务供应商、推动合作双方谈判并签署服务外包协议、监控管理外包业务、信息传递与协调、外包企业资质认证等。外包全过程以外包契约签订为界，可分为外包决策和外包执行两个阶段。在外包决策阶段，企业需要对内部业务进行评估，通过服务外包中介机构，凭借外包中介机构对外包服务供应商的评估和选择迅速做出决策，选择适合本企业的外包服务供应商。对企业而言，可以节省过高的调查成本和决策成本，规避由于逆向选择而导致的风险。同时，服务外包中介机构能够为企业提供外包诊断服务，帮助企业正确选择外包业务，避免做出错误的外包决策。在外包契约的签订阶段，凭借外包中介机构的专业化知识，可以帮助企业与外包服务供应商谈判并签署服务外包协议，签订一个有效而相对完善的外包契约，帮助企业与外包服务供应商减少谈判成本，节省时间，避免陷入外包锁定风险中。在外包的执行阶段，通过服务外包中介机构的监督和管理，对外包服务供应商采用绩效评估的形式，分阶段地考核外包服务供应商的服务质量和服务水平，有效监督外包服务供应商履行外包契约的各种要求，能够为外包服务供应商进行资质认证提供评估参考。

国际服务外包园区发展的理论与实践

目前,从我国服务外包中介机构的情况来看,主要问题在于外包中介机构的服务质量与信誉度。服务外包中介机构的发展应从企业与外包服务供应商的需求出发,建立健全服务外包中介机构的内部组织和运行制度,从内部体制和制度上保证其高效运行和自律管理。同时,政府应从政策和法律上规范服务外包中介机构的运行,以法律形式确定服务外包中介机构的责、权、利,制定服务外包中介机构管理法规,加强对服务外包中介机构的法律监管。

(五)政府

大多数研究者都认为,政府在产业集群发展和创新中是不可或缺的组成部分,并认为政府对产业集群的发展和创新发挥着重要作用。世界各国政府相继出台了促进产业集群发展的政策或项目,其实际效果也很明显。如英国政府建立的集群和孵化挑战基金、法国政府推动并资助的本地生产系统(SPL)、德国政府实施的生物区(BioRegio)等项目,都大大促进了产业集群的发展。我国服务外包产业园的建立、发展与创新,也是各级政府政策作用的结果。政府角色及其定位是影响我国服务外包产业园创新集群的重要因素。政府在集群发展和创新中扮演着参与者和管理者的双重角色。除企业化经营模式外,政府是产业集群的直接缔造者,这在我国产业集群发展中尤为明显。我国各级政府是很多开发区的规划者、建立者和参与者,服务外包产业园也不例外。与此同时,政府还发挥着管理职能,在服务外包园区的发展和创新中扮演者"运动员"和"裁判员"的双重角色。因此,应从以下两个方面加强政府的管理职能。

1. 明确政府在创新集群中的作用。

政府在服务外包产业园创新集群发展中应处于从属地位,扮演服务型政府角色。在服务外包产业园创新集群发展中,核心主体是企业,其中企业加快创新、创造竞争优势才是关键,作为政策制定者,政府的作用则是次要的。尽管有时政府是服务外包产业园创新集群的上级,但其在服务外包产业园创新集群活动中应该是"接生婆"而不是"产妇"。

2. 政府应搭建服务外包公共服务平台。

通过人才培训、技术支撑、国际认证、国际接发包和就业创业功能,促进集群创新能力的提高。政府搭建的公共服务平台应体现以下五大功能的创新:(1)人才培训功能。以微软、IBM、英特尔、惠普和赛灵思等著名厂商的技术标准和成熟课件为基础,结合面向欧、美、日外包所需的国际商务、职业素养和外语口语等课程进行集成创新,建成国际上先进的服务外包人才培训基地。(2)技术支撑功能。满足产业集群发展的公共研发服务和公共测试服务需求,通过技术创新和平台创新,增强国际竞争力。(3)国际认证功能。结合企业认证和人才的双重需求,集聚权威机构,为服务外包企业提供便捷、高效及优质的考核和认证服务。(4)国际接发包功能。与成熟服务外包公司等组成国际联盟,结合政府的政策鼓励、诚信担保和知识产权保护,增强面向欧、美、日的接发包实力和信誉度。(5)就业创业功能。以解决大学生的就业和创业为导向,提供面向服务外包产业的岗位需求、人才推介、孵化培训、种子基金、创业导师和中介服务。通过整合各类教育培训资源,打造非学历的服务外包和创新创业适用人才的培训、储备、评估、交流和经纪平台。服务外包产业园创

第二章 服务外包企业和园区的管理理论

新集群外部要素主要表现为一系列能够影响系统内部要素发展的环境要素，这些环境要素既可以成为园区内部要素的发展动力，也可能成为园区内部要素的压力。

总之，无论是园区系统的内部要素还是外部要素，它们之间总存在千丝万缕的联系，通过相互影响、相互作用而形成一个互动的开放系统，构成服务外包产业园创新集群的系统结构模型（见图2-3）。毛振华（2012）指出，政府部门要积极发挥好政策主导作用，各类企业要扮演好市场主体角色，更多地借力于政府拉动型产业发展模式和官助民办型产业发展模式的巨大效用，从而促进各地区服务外包产业的均衡化发展。突破中国企业长期徘徊于服务外包产业中低端领域的尴尬境地实属当务之急。

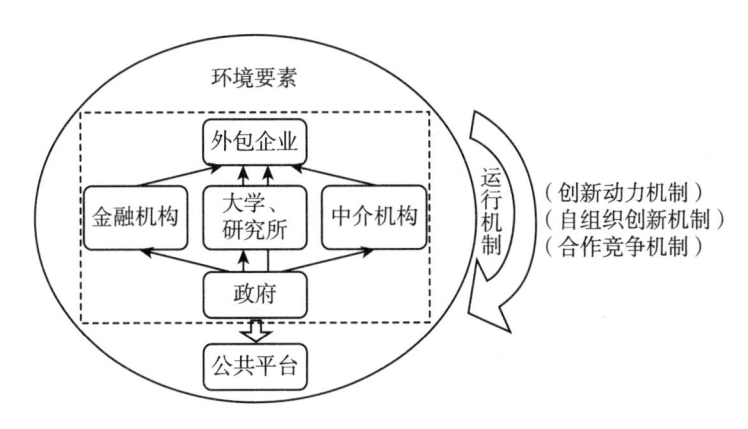

图2-3 服务外包产业园创新集群系统结构模型

第三节 服务外包园区存在的问题

目前，我国服务外包产业园区虽然已取得很大成绩，但也存在诸如发展极不均衡、产业规模呈阶梯分布、无法实现真正的产业集聚、园区外包企业总体质量不高、缺乏有实力的企业、园区软环境有待改善等问题。造成这些问题的原因是多方面的，但主要是对服务外包产业园区创新集群的系统性认识不足，对其系统结构和运行模式研究不足，忽视系统思想，照搬照抄一般创新集群的运作模式，无视服务外包产业园区自身的特点，影响了服务外包产业园区创新集群的建设和发展。

一、园区内服务外包企业发展欠缺

首先，园区内企业规模普遍较小，实力有限，承接大规模外包业务的能力弱，缺少龙头企业和知名品牌，无法实现真正的产业集聚，一些园区的业务方向无法获得现实市场与企业核心能力的支持，处于为发展而发展的阶段。入园企业档次相对较低，难以培育园区主导产业和龙头企业，影响园区的竞争力提升和可持续发展。其次，园区服务外包企业聚集性弱。以黑龙江省哈尔滨市为例，服务外包企业分散地分布于哈尔滨高新技术产业开发区、哈尔滨工业大学、哈尔滨工程大学、黑龙江大学、省地理信息产业园、动漫基地等多个软件园区，并未形成城市整体形象和企业集聚效应。最后，由于激励政策的缺失，导致服务外包企业缺乏自主创新的动力和能力，缺少创建自主知识产权和自主品牌及提供高增值服务的意识。

二、园区内基础设施薄弱

目前，大多数服务外包园区的管理服务职能发挥得不够充分，大多数园区只提供基础行政服务，其公共服务设施并不能满足绝大多数企业的运营需要，这就大大降低了园区的服务质量和对投资者及人才的吸引力。此外，园区的管理质量和水平相对于国内先进服务外包示范城市较低，不利于园区内企业的培育和发展，如黑龙江省地处我国东北偏远地区，经济发展较为缓慢，地域特点决定了交通设施发展不足，这些都严重制约着服务外包园区的建设，尤其是制约园区内服务外包企业的发展，影响了产业集群效应的发挥。

三、政府支持力度较弱

虽然我国各省份政府依据《国务院办公厅关于促进服务外包产业发展问题的复函》等文件规定，结合本省份实际情况，在服务外包园区内实施税收减免、工时制度、人才培训、资金补贴、外汇结算、融资信贷、电信服务等方面的特殊扶持政策，但是，各省份的支持力度仍然无法与印度等国媲美，对投资者吸引力不大。此外，在园区的建设方面，各省份并没有制定专门的政策来进行指导、支持、管理和监督，使园区发展没有法律保障，这也严重制约着服务外包园区的建设和发展。一些地方政府给予企业比国家统一优惠政策更优厚的招商条件，催生了经济候鸟与政策寻租现象，直接导致财政税收的极大损失和资源的浪费，不利于地方经济的发展。

另外，多数园区虽在观念上已认识到高端人才的重要性，但在实际行动中对高端人才的引进与培育工作的落实还不到位。

第四节　服务外包园区的管理模式

服务外包园区集群离不开组织和管理创新过程为其提供必需的组织管理保障，尤其是以一体化战略和协同战略等为代表的关系要素，以及以人力资源和知识市场等企业间合作与联系为代表的创新要素。要想使集群创新网络保持持续的集群创新能力，关键在于实施协同战略和一体化战略，这是重要的创新优势所在，是进行集群创新和创新成果市场转化的前提条件。同样，产业园区集群人力资源及知识的内部互动机制，也会对集群创新产生深刻影响，是构成集群创新系统的重要因素。总之，只有实现了组织创新和管理创新，为生产技术和生

第二章 服务外包企业和园区的管理理论

产力等要素提供必需的组织保障和管理支持，才能从集群功能和结构层面优化整合，为服务外包企业和项目提供必要支撑，保障集群系统的创新过程。根据服务外包园区开发建设、经营管理主体以及入驻企业之间存在的各种联系，总结归纳出以下几种服务外包园区开发建设与管理的模式。

一、政府应该参与决策

由于服务外包园区是按区域发展规划建立的，还要体现政府对于服务外包行业的发展规划，园区不是完全意义上的企业，因此，政府不能完全放弃对园区的控制，任其自由发展。但是，政府如何参与园区管理值得研究。如果按照计划经济时代政企不分的方式进行管理，政府对园区事务无论大小一概控制，把园区办成一级政府，由于政府人员往往缺乏市场意识，对服务外包行业管理并不擅长，势必造成管理僵化，影响园区的发展。政府部门可以派代表进入董事会，参与重大事项的决策，体现政府宏观发展意图，而不必参与园区的具体经营活动。

二、服务外包园区开发经营的租赁—开发—经营模式

服务外包园区开发经营的租赁—开发—经营模式是政府将土地或现有设施设备以租赁或出让的形式给企业或企业联合体，而后由主导企业或者企业联合体进行服务外包园区的开发建设，再由主导企业或者企业联合体进行服务外包园区的管理组织。与前一种模式相比，两者具有的共同特点是主导企业进行开发建设与经营管理时也是独担风险。如果主导企业资金雄厚、积极寻求向开展服务外包活动尤其是高端外包服务转型，其经济区域内的服务外包量较大，竞争企业相对不足或互补特征明显，政府扶植支持的优惠政策较为充裕的情况下，可以考虑此种模式。

三、服务外包园区开发经营的建设—经营—转让模式

建设—经营—转让模式相对于传统意义上的此种方式有所不同，可以被视为一种变形。政府或主导企业及联合投资进行服务外包园区服务相关基础设施的投资建设，然后委托给一个或多个服务外包设施管理能力较强的企业，由其在政府制定的较为优惠的使用政策框架下进行经营管理，并以一定比例提成。这种模式的主要优点是可以规范化运作服务外包园区，即使入驻方与建设方重叠也不会导致不正当竞争。缺点是物流园区运作中的利润分配易出现分歧，并且服务外包园区管理企业易受到开发主体的干扰。

四、服务外包园区开发经营的建设—租赁模式

由园区开发商进行服务外包园区的道路、仓库和其他基础设施及基础性装备的建设和投

资,然后以租赁经营的方式进行服务外包园区相关设施的经营和管理。类似一些物流园区的管理模式。如全球最大的工业房地产投资开发商普洛斯就是这种经营方式,普洛斯在中国的投资已覆盖华东、华南和华北地区,投资开发和管理约2.02亿美元资产,共计54万平方米物业,其中包括普洛斯西北物流园、上海普洛斯临港国际物流园、普洛斯苏州物流园、普洛斯广州保税物流园、深圳盐田港普洛斯物流园、普洛斯北京空港物流园和普洛斯天津保税物流园等。[①]

五、服务外包园区开发经营的综合模式

这种模式是服务外包园区的开发建设与经营主体的多方融合模式。政府联合众多投资者进行服务外包园区的开发建设,服务外包园区的经营管理机构也由多方主体共同组成。本着开发建设与经营管理分工明确、遵循市场化操作的原则,按照《中华人民共和国公司法》的规定对服务外包园区各项工作进行规范的管理。这样风险共担、收益共享,符合市场竞争的需要。综上所述,对于服务外包园区建设和经营管理模式的选择,主要应在投资能力、业务基础、盈利能力等方面综合分析的基础上来确定。

第五节 提升服务外包园区管理水平的路径

一、创新路径

提升服务外包园区广利水平的原动力是创新,服务外包园区要想获得持续发展,必须着眼于创新,并且不单是企业创新,而是政府、企业、大学、科研机构、服务组织等多元协同的园区集群式创新。服务外包园区集群式创新离不开政府的参与,但并不是政府随时随地都参与,应有所为与有所不为。政府作为的"缺位""越位""时机不当"对园区创新都是不利的,政府需要基于园区集群周期确定合适的介入时机与介入程度。政府的职能体现在产业引导、制度供给、公共产品供给、公共服务供给、市场监管等诸多方面的合理定位与体制创新上。园区内的企业应通过集体学习,以及通过知识溢出、消化吸收、转化应用、创新提升的知识创新路径,推动园区集群演化升级,提升园区竞争力。实践证明,大学与科研机构等在园区创新中作用关键、不可或缺,因此服务外包园区必须加强与大学科研机构的联系和合作,充分利用大学科研机构的创新型人才、知识技术与科研成果等智力资源的有效供给,发挥大学科研机构在园区创新中的推动作用。园区与社会服务机构的配套服务功能应进一步拓展创新,如为服务外包企业开展技术平台、国际合作、市场拓展等配套服务。

---

① 普洛斯中国宣布其临港物流园动工[OL]. 中国桥网新闻中心 http://www.chinaqw.com/node2/node2796/node3475/node3486/userobject6ai265956.html.

第二章　服务外包企业和园区的管理理论

二、要素路径

（一）人才要素

积极引进服务外包高端人才。服务外包园区尤其是软件外包产业的发展不仅要求人才数量的扩张，更迫切需要服务外包人才质量的提高。政府可通过制定政策引导、加强宣传推广，吸引高端人才和留学人员回国发展。他们可为服务外包园区发展带来新观念、新技术、新信息和新知识，有利于进一步提升服务外包园区竞争力。着力培育服务外包实用技术人才。要针对具体情况，对不同发包国、不同承接地区、不同行业、不同类型人才构建有针对性的培训体系与方案，为承接大规模、不同类型服务外包业务提供全方位的高质量实用人才。不同发包国的外包项目有着不同的要求和规范，所需的专业知识和语言技能也不一样，因此要有针对性地开展培训工作。各承接城市的人力资源状况、商务成本差距较大，各城市发展的服务外包产业也会有较大差异，因此政府部门和培训机构应针对不同的城市分工情况设置人才培训课程，进而培养适合本城市的服务外包人才。服务外包企业可建立培训机构，重点培训计算机应用人才、系统分析员、开发管理人员及营销人员等。

（二）资金要素

近年来，国家与地方政府都投入了一些政策性资金用于促进服务外包业的发展，但仅靠政府资金支持是远远不够的。园区应该加强研究服务外包产业的特点，加快企业信用体系的建设，积极向银行与资本市场披露服务外包产业发展信息与宣传服务外包产业发展潜力，加强与金融机构的合作，促进金融业、投资业与服务外包企业的对接。在国家政策扶持和政策性贷款支持的同时，鼓励各类金融机构将服务外包产业纳入业务范围，大力参与服务外包产业的投资、融资或资本运作，为服务外包产业提供方便快捷的融资渠道，促进服务外包产业与园区发展。同时，创造条件使服务外包企业在国内外上市，进而拓宽企业筹资渠道。

（三）基础条件要素

服务外包产业的发展建立在信息技术基础上，对相关信息技术基础设施条件有较大的依赖；发展服务外包产业需要密集的商务往来，因而国际商务旅行的基础设施和交通便利性也是重要条件。我国在通信、航空、道路、旅店等方面的整体硬件水平不高，尤其是电信网络的国际联连和信息传输能力相对不足，国际大容量数据传输速度较慢，企业应对网络突发问题能力不足。国际通信资费偏高，对于服务外包企业，通信资费占全部成本份额显著，这显然会影响我国服务外包企业与园区的竞争力。因此，需要进一步加强基础设施建设，同时提升航空、旅店等服务水平，还要着力完善电信网络运营体制，降低国际通信资费等。

（四）企业能力要素

首先，提升企业产品与服务质量。随着服务外包产业发展的日趋成熟，服务外包不再是一个国家内部的竞争，而是全球范围内各国之间的竞争，竞争的决定性因素逐渐由成本演变为质量。因此，服务外包企业应及时转变经营理念，满足客户个性化和多样化的需求，为客户提供更多有价值的外包服务。另外，企业需要加强对发包国文化的理解，进而能与客户达成默契，实现高质量的沟通，提升服务质量与效果。其次，加强企业自主创新。服务外包企业要努力提升技术、团队、管理等方面的能力，积极开展专业认证，积累经验，逐步树立自主创新品牌，增强自主创新能力。没有自主创新，就不会创造出更大的附加值，只能停留在"专业代工"层次。最后，扩大企业规模与构建企业动态联盟。加快服务外包企业整合、推动规模扩大和能力提升是服务外包园区发展壮大的必然选择。具体模式有：一是强强联合，优势互补；二是较大企业购买较小企业实现规模扩张；三是与发包商所在国的企业合并，为争取更多外包业务创造机会。另外，服务外包企业可通过构建企业联盟来实现自身能力提升。

三、运营路径

（一）重视服务外包园区功能规划

高水平的产业集聚需要有相配套的生产生活环境。服务外包园区作为大中城市的功能区，应具备明显的城市或城区属性。未来园区必须对产业发展、生态保护、人居环境、人文生活等因素进行全盘考虑，进而将其融入城市的整体空间规划中。因此，在园区规划上，必须从城区社会配套的角度，提出居住、生活、娱乐、交通等可行方案。

（二）实施差异化与专业化的发展战略

服务外包园区是服务外包产业竞争的核心主体，园区间竞争日趋激烈，差异化与专业化发展是园区的必然选择。各地区应改变服务外包园区同质化的发展现状，创新园区建设模式、管理模式、开发模式与服务模式等。根据本地的区位优势、产业基础等特点制定有针对性的发展策略。尤其要从要素驱动发展模式向创新驱动发展模式转变，使园区成为创新集群的载体，加快创新型服务外包园区的形成。

（三）构建服务外包园区的产业集聚品牌

我国服务外包园区发展与竞争的重心逐渐从政策、服务向品牌转移。园区产业集聚品牌的创建依赖于园区内的主导产业，主导产业的管理水平、经济规模、市场占有率等决定园区的特色与形象。因此，园区应选择有比较优势的细分产业重点发展，并通过组织博览会、推介会、媒体宣传等形式，打造出具有自身特色的园区产业集聚品牌。

（四）完善服务外包园区招商与企业准入机制

对服务外包园区来说，招商引资工作是一项长期系统工程，不仅是吸引外部合作伙伴的进入和投资，而且需要为合作伙伴提供更好的服务。园区要与政府部门合作，共同优化招商环境，推动招商工作的持续开展。另外，国内一些园区虽然已初具规模，但难以做大做强，其中一项重要原因是没有建立科学的企业准入机制。建立科学的准入机制，有助于提高园区

第二章　服务外包企业和园区的管理理论

企业实力与园区整体竞争力。

一个产业聚集区的行为由一系列的活动构成，这些活动相互联系、相互制约（见图2-4）。

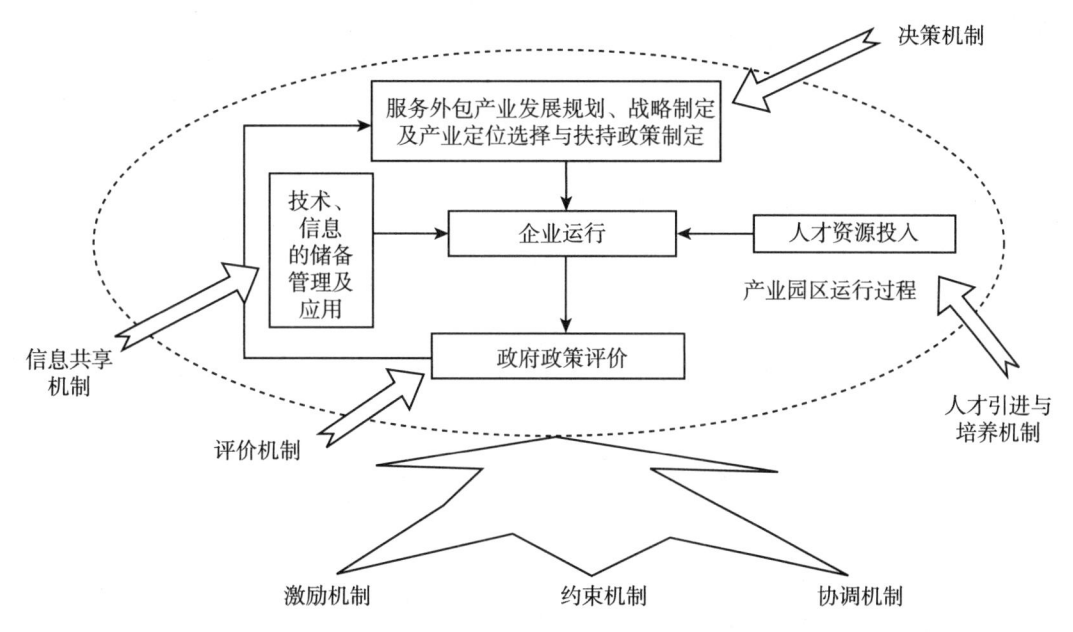

图2-4　服务外包产业园区管理运行机制系统框架

四、服务路径

（一）政策支持服务

（1）政府应积极出台和完善有关支持政策：一是税收优惠政策；二是金融政策倾斜，如建立服务外包企业贷款、信用担保快速通道等；三是通过资金优惠和出口补贴，鼓励服务外包企业走出国门，自建海外运营中心，实现国际化；四是国家与各地政府积极搭建面向全球的服务外包平台，树立中国服务外包产业的良好国际形象与提高园区国际知名度。

（2）知识产权保护服务。中国服务外包产业发展的主要障碍是知识产权保护不力的问题。我国政府颁布了《知识产权保护法》，但在具体实施过程中存在不少问题，当跨国公司看到中国市场的盗版现象时，势必产生顾虑和怀疑，这在很大程度上影响中国服务外包产业与园区发展。政府应及时完善现有知识产权保护制度，细化有关规定和条款，特别是在涉及侵犯服务外包知识产权方面制定严厉措施。另外，要强化服务外包企业的知识产权保护意识，明确知识产权保护是双方合作的前提和基础。

（二）公共平台服务

通过建立全国性公共平台，能够有效整合和配置公共技术服务资源，提供涵盖共性技术支撑、人才培训服务、国家公共品牌建设、信息发布与市场推广等在内的各项公共服务，形成支撑产业发展的公共服务体系，从而促进产业资源共享与高效利用，充分发挥区域特色优势，推动我国服务外包产业发展迈上新的台阶。另外，各地应进一步加强服务外包信息网站的建设，以保证服务外包企业及时把握外包市场动态，以及拉近发包商与服务外包企业之间的距离；同时改进服务外包协会运营模式，使其成为由企业主导的协会，真正代表服务外包企业利益，并为政府制定政策提供建议，成为企业与企业、企业与政府之间沟通的纽带。

园区的"产业通道式"服务。服务外包园区应全面整合政府资源与市场资源，成立业务解决中心、外包解决方案中心、基础设施解决方案中心、人力资源解决中心、企业服务中心等专业化解决方案机构，打造高效专业的全方位、一体化、立体式产业通道式服务体系。例如，政府沟通，企业可以通过园区与政府进行有效沟通；政策咨询，面向入驻企业提供相关优惠政策咨询和服务；中介服务，为入园企业注册提供工商、税务、法律等中介服务；人才服务，面向企业需求开展人才培训及人力资源服务；金融投资，园区通过与国内外金融机构的合作，为企业寻求融资、贷款等方面的协助；市场拓展，园区可组织与国外的市场拓展活动，使园区企业资源共享、联合发展，共同扩大国际市场。

第六节 服务外包园区的管理实践

一、产业园区管理的案例分析——新加坡裕廊产业园区管理经验分析[1][2]

裕廊位于新加坡岛西南部的海滨地带，距市区10多千米，面积为60平方千米。此地区原本为荒芜之地，大部分地貌是沼泽和丘陵，但是具有建设现代化工业区的良好自然地理条件。1961年政府计划在裕廊划定6 480公顷土地发展工业园区，并拨出1亿新元进行基础建设。1968年园区内的厂房、港口、码头、铁路、公路、电力、供水等各种基础设施建设基本完成，同年6月新加坡政府成立裕廊镇管理局（JTC），专门负责经营管理裕廊工业区和全国其他各工业区。

为了使产业园区得到更好的发展，新加坡政府对裕廊产业园区的管理进行了革新。

（一）适当的制度安排

首先，是中央和地方政府合一的单一层次体制。园区建设是一项地方性工作。建设速度在很大意义上决定了交易的成本。一站式服务与其说是一种实际的服务方式，不如说是在投资决策过程中支持商业的一种表示。裕廊工业区的真正优势在于，与政府相关的交易成本很低，其中包括投资许可、营业执照、城市规划与建设设计许可、劳动力、税收、进出口报关服务和其他监管活动。特别是在一些特殊工业领域的政府投资、集群政策、人力资本政策、资本合作和劳动力合作等，机构之间的协作变得简易。信息流动被极大地简化了，交易速度快于包括中国香港在内的几乎世界上所有地区。纵观国际上的主要城市，公共管制结构都要

---

[1] 刘友建. 新加坡开发裕廊工业区的经验以及对我国的借鉴［J］. 中国商贸，2013（19）：181-183.
[2] 田伯平. 新加坡开发裕廊工业区的经验与借鉴［J］. 国外社会科学情况，1994（06）：1-4+21.

第二章　服务外包企业和园区的管理理论

比新加坡更为复杂。东南亚国家联盟的全国、省级和市级政府的结构模式就不能享受这种优势。因此为工业区的发展奠定了良好的制度保障。

（二）放权给工业区管理局

裕廊工业区的管理机构是于1968年6月1日成立的裕廊镇管理局，该局成立后，接管了新加坡所有工业地区的规划、建设、租赁和管理工作，当然也包括裕廊工业区在内。新加坡裕廊镇管理局有很高的自主权，只要符合新加坡政府的工业政策，就有权吸引各种类型的投资者，尽管裕廊镇管理局从本质上看只是一个房地产开发商，但是园区管理委员会有批准项目、批准城市规划以及园区规划的权力，同时能发放居民暂住证、管理贸易和市场、征税、发放商业许可证等。它不仅是园区的开发者，同时也是工业区招商引资的推广者。委员会同时还提供警察、税收、海关、社会保障、教育、计划生育、全民体育运动，以及社区发展、劳工等多项公共服务。同时，裕廊镇管理局还控制着工业用地、科技园区和商业园区设施的供给。裕廊工业区的制度安排保证了较好的规模经济，提供了较大的经济发展空间，带来了租金的下降，缩减了一些公用设施的成本，提供了免费的公共服务，有效率地推广战略和品牌、持续性和诸如创新的便利设施，更好的基础设施等良好的供给前景。

（三）合理长远的规划和发展

新加坡政府从一开始就将裕廊定为全面发展的综合型工业区，合理妥善地规划。根据地理环境的不同，将靠近市区的东北部划为新兴工业和无污染工业区，重点发展电子、电器及技术密集型产业；将沿海的西南部划为港口和重工业区；中部地区为轻工业和一般工业区；沿裕廊河两岸则规划为住宅区和各种生活设施区。为充分发挥裕廊工业区的综合功能，新加坡政府于1969年9月在裕廊码头内设立自由贸易区，使裕廊工业区既是工业生产基地，同时也是转口贸易的活动场所。在整体发展建设过程中，环境保护问题也要同时兼顾到，从一开始就有计划地保留10%的用地来建设公园和风景区。2011年已建成10多个公园，其中有世界著名的飞禽公园、中国式公园、森林公园等，使裕廊成为风光别致的工业区兼旅游区，被称为"花园工业镇"。

（四）重视民生设施，保证基础建设完善

国际上工业区基础设施建设一般有两种模式：一是先招商建厂，根据生产的需要和扩展情况逐步解决交通、供水等问题。此种模式的优点是针对实际需要建设，切合性强，投入成本和风险小；缺点是基础设施往往分散零乱，效率不高，阻碍生产的发展。二是从整个工业区发展全面出发，按照总体建设规划的要求，先投入主要力量建成一个完整的基础设施，为工业区的发展打下坚实基础。这种模式的优点是计划性较好，效率高，并可迅速改善投资环境；缺点是投入成本和风险也较大。裕廊工业区是采取后一种模式，从一开始就把基础设施建设作为发展的重点，投入大量资金，形成基础设施系统，对裕廊工业区的发展有重要的推动作用。同时，各种社会服务设施也同步发展，兴建了学校、科学馆、商场、体育馆等，使

国际服务外包园区发展的理论与实践

裕廊工业区成为生产和生活综合体。生产和生活相得益彰,对工业区的人才储备起到了非常大的促进作用。

二、国外服务外包园区的管理

随着全球经济一体化的深入发展,国际间产业转移也随之加快,印度和菲律宾等国家是服务外包发展最为成功的几个国家,从表2-1中可以看见,印、菲两国服务外包产业占GDP比重达到5%左右,为本国解决就业和创业的问题,大力提升本国出口产业,促进本国经济发展。分析印、菲两国服务外包园区的管理经验,对促进我国服务外包业加快发展具有重要意义。

表2-1　　　　　　　印、菲两国服务外包产业关键指标对比

国家	产业产值（亿美元）	GDP比例（%）	出口值（亿美元）	出口企业（家）	就业人数（万人）	人均产值（美元）
印度	762	6.4	590	5 000	250	30 440
菲律宾	90	4.7	89	数百家	52.5	16 952

资料来源:印度为2011财年数据,印度软件和服务企业协会NASSCOM网站数据;菲律宾为2010年数据,KPMG BPAP&Teamasia2010网站数据。

(一) 设立研究机构和社会中介组织管理服务外包产业

菲律宾政府非常重视其服务外包行业发展的总体规划制定与产业政策研究和调整,隶属菲贸工部的投资署(BOI)作为投资政策的制定者和促进者,负责监管整个外包服务市场。2004年7月,菲律宾设立商业流程协会(Business Processing Association of the Philippines,BPAP),负责协调政府和民间涉及服务外包的各部门和企业,统一对外宣传,介绍菲律宾服务外包产业的总体发展规划、产业政策走向、政府扶持措施、行业市场规模、企业具体情况等。负责服务外包产业中各个行业研究的机构包括:对外服务研究所(Foreign Service Institute,FSI),主要为菲律宾各级政府官员提供服务外包业务培训;菲律宾发展研究院(Philippine Institute for Development Study,PIDS),就菲律宾经济发展的中长期政策(包括服务外包产业发展中长期政策)进行研究;亚洲管理政策研究中心(Asia Institute of Management Policy Center,AIM),就经济全球化、技术市场变化、基础产业设施重组为菲律宾带来的机遇和挑战进行研究。

印度在政府支持下组建了软件和服务外包领域极有效的中介机构——全国软件和服务公司协会(NASSCOM),该机构是印度软件和服务外包行业的贸易组织和商会,致力于通过主动措施促使其成员采用世界一流的管理手段,构建并维持最高的质量标准,进而拥有全球竞争力。在印度软件和服务外包产业发展中,NASSCOM的会员企业是产业发展的主角,其在1988年创立时有38个会员企业,这些会员企业占全国产业总收入的65%,截至2008年底,

第二章 服务外包企业和园区的管理理论

NASSCOM 会员企业数超过 1 300 家，占全国产业总收入的比例超过 95%。[①] 该机构免费为成员提供年度市场分析报告、供应商档案等信息，组织到重要服务发包国开展商务推介，在打击盗版、提升印度国际品牌、建设数据资料库等方面也发挥了重要作用。

（二）适应时代建立新的专业型服务产业园区

现在服务贸易大国纷纷紧跟时代发展步伐，适时发展新的服务贸易科技园，以适应服务输出国的需要。产业集聚应多为专业性园区，如制药园区、农业园、汽车园等，专业园区最大的好处就是在一个园区里面，同类企业聚在一起，形成产业配套的环境，实现零库存、零运输，从而降低成本，提升产品竞争力。这些产业园区由传统的大而全向现代的小而美转变，打造专业化、精致化的园区。

印度政府紧跟世界最新技术，建立了印度工业信贷投资银行（ICICI）科技园，该产业园位于海德仙巴市，是印度生物科技产业群的重要组成部分，被称为印度的"基因谷"。该地区采取公私合营的方式运行，引入欧美国家发达的生物公司，借以发展自己的生物产业。爱尔兰在都柏林建立的数据处理机构是在欧洲构建的第一个"云计算"中心，这一中心还将向中东和非洲提供服务，科技园内企业能够使用 IBM 的许多硬件和应用软件。

（三）政府"守夜人"的角色

从发展动力和基础条件来看，印度和菲律宾服务外包产业的快速发展是扩大对内对外开放，特别是扩大服务业开放。现阶段，成本竞争仍是中国服务外包产业竞争力的主要来源。加强竞争，增加优质低价的支持性服务供给，是有效降低运营成本和解决融资问题的根本手段。此外，从国际经验来看，电信、金融等服务部门构成外包服务需求主体，扩大开放将直接释放大量本土需求，为服务外包产业发展提供支撑（姜荣春，2012）。1991 年，印度政府允许园区注册为独立机构，这样做可以避免当地政府的不必要干预，科技园区的主管拥有广泛的权利，其服务意识亦很强，同时他们也履行作为信息数据来源的职责，园区与产业界一直保持很好的关系。全球化倾向的经济改革大大放宽了对外资的限制。投资环境改善之后，许多外国跨国公司第一次将目光瞄准印度。自 20 世纪 90 年代以来，印度批准的外国直接投资总额不断上升，外国直接投资实际流入数成倍增长。为了使印度更快地融入国际社会，印度政府还在一些地区和部门进一步放宽了对外资股份的政策。

1986 年，菲律宾政府开始减少管制，鼓励私营企业发展和出口，服务产业得到较快发展。进入 20 世纪 90 年代，特别是拉莫斯总统上台之后，采取了一系列经济开放与改革的重大举措，推动银行业和电信业开放，实施贸易自由化和鼓励外国投资，为服务外包产业加快发展提供了动力。2000 年以来，阿罗约政府高度重视服务外包对拉动经济增长、提供就业和扶贫的作用，实施了一系列财政和非财政类支持性政策，继任的阿基诺政府延续了上述支持性政策，推动了服务外包产业的持续繁荣。

---

① 印度软件和服务外包产业发展情况分析 [OL]．豆丁网，https：//www.docin.com/p-1265505592.html．

（四）法律法规的协调机制

需要政府保护知识产权，保护企业和消费者的信息安全，这些是服务贸易产业发展的命脉。

爱尔兰软件产业的成功与软件产业发展的协调机制密切相关。在爱尔兰，软件产业的协调机制包括法律协调、工会协调和行业协调。在法律协调方面，为规范、协调信息产业的健康发展，爱尔兰政府颁布了相关法律，即《隐私与数据保护法及其修正案》。为使消费者和企业能够轻松而稳妥地从事电子商务活动，爱尔兰政府于2000年颁布了《电子商务法》，这部法律是国际信息产业领域最具影响力的法律之一，第一次对电子签名作了明确的定义。另外，为了使资本市场更加健康地运作，爱尔兰政府于1989年、1993年和1999年先后颁布了《爱尔兰商法》《公司破产法》《企业融资法》《爱尔兰收购和兼并法》。

印度为了保护知识产权，保护企业和消费者的信息安全，为信息服务纠纷解决提供法律规范，也在不断地完善相关法律：1994年出台了严格的《新权法》；2000年通过了《信息技术法》和《半导体集成电路设计法》。此外，为了保证软件公司的规范运作，印度国家软件和服务公司协会还规定，凡拥有10名以上员工的软件公司必须达到ISO9001标准认证。

三、国内服务外包园区的管理

国内服务外包园区的管理处于学习创新国外经验阶段。园区发展的阶段不同，采取的管理模式也不同，但政府的支持和干预不可或缺，企业和科研机构的参与至关重要。总的来说，在管理体制上采取"小机构，大服务"的组织原则。

（一）园区管理公司提供更加全面的服务

中国服务外包园区主要依靠园区管理公司管理。传统服务外包园区运营过程中，园区管理者充当"房东"角色，负责园区的设施建设、环境维护、治安管理、物业管理等基础服务，为企业提供"物质"供应。随着外包产业的发展和外包企业需求的升级，园区提供的基础"物质"服务已经无法成为吸引企业和扶持企业的特色。外包园区必将融入企业运营的各个环节，创新服务模式，为企业和产业发展提供支持甚至决策作用，由此带来园区发展模式的转变。即服务外包园区将整合各类行业资源、创新服务及发展模式，由原来单纯的管理服务机构发展成为集园区开发、产业投资和增值服务等多项功能为一体的新型园区，从服务商向综合投资商转变。

"十二五"期间，我国服务外包园区进入以专业化经营为核心标志的产业发展时代：立足地区独特竞争优势的产业定位，打造专业化园区，进行标准化管理。目前，服务外包园区专业化发展已经初见雏形，各类金融后台、呼叫中心等专业化园区蓬勃发展。但基于垂直行业的水平细分专业化园区并不是专业化的唯一诠释，各地应根据自身禀赋发展地方特色，打造真正的专业化外包园区。

第二章　服务外包企业和园区的管理理论

（二）"小政府，大市场"成为服务外包园区管理的主流观点

对于早期的服务外包园区和开发区来说，政府和服务园区管理者是同一个经济主体，管理公司作为政府的特殊机构从事工业区开发；从开发决策到成本收益核算、招商引资均体现了地方政府的意志。一旦开发出现亏损，也会由政府最终承担处理。但是政府并不是经济活动的直接参与者，它不能长期干预产业园区的发展，否则不但违反市场经济的基本原理，还会造成资源浪费、社会效率低下，培养出来的企业大部分不能适应市场竞争，这已成为中国服务外包产业园区发展的通病。参照世界各国产业园区的发展历史，未来的产业走向本来就具有比较大的不确定性，该如何选择、如何发展，即使出现问题，也是企业承担后果，而不是政府和其委托的管理公司。随着中国服务外包园区的不断升级发展，政府管理逐渐向三方面转变：（1）以竞争为核心的市场式管理。（2）减少烦琐法规。（3）分权和放权。

我国各类服务外包产业园区在各个方面的优势和不足是不尽相同的，因此园区进行管理时需要对园区现有产业基础和未来产业发展定位有一个明确的规划。如中关村软件园采用二级土地开发管理模式。第一阶段由北京中关村软件园发展有限责任公司（以下简称软件园公司）受北京市政府委托，对中关村软件园实施土地一级开发及物业管理，是中关村软件园在规划设计、征地拆迁、市政基础设施、环境和配套设施建设、招商、综合服务等方面的主体。第二阶段采用市场运营机制，由多元化投资主体来进行二级开发管理，以便更好地在园区现有发展基础上，集约利用资源以提高效率。而对苏州工业园区的开发管理来说，实施的是一个全新的商业化管理模式，这在中国的开发实践中是第一次，以合资公司江苏米勒医疗科技有限公司（CSSD）为建设规划的管理主体，能够与管理主体管委会相分离，同时能够对整个开发区做好总体规划，整体开发好土地，在今后的数年中基本严格按照总体规划发展。这样有利于管理区利用新加坡企业先进的管理经验。

（三）建立服务外包园区乏力保障管理机制

全国有很多服务外包园区都分别出台针对服务外包企业的知识产权保护政策，研究制定保护知识产权和个人信息安全的地方性法规和行业规范。如苏州工业园区，首先，建立个人信息安全管理办法等；其次，加强行政管理，设立市级"保护知识产权举报投诉服务中心"，并在园区建立"保护知识产权举报投诉点"，集中受理对服务外包知识产权侵权的举报投诉和咨询服务，加大服务外包知识产权保护的执法力度，采用行政管理的手段实施无盗版园区战略，确保园区内所有服务外包企业所使用的开发工具及运行平台均基于正版软件；再其次，推行"中小企业知识产权保护推广计划"，提高中小企业的知识产权保护意识；最后，苏州市政府也应该引导企业诚实守信，严格履行合同，保守客户机密，遵守国际上的信息保密规则。同样，杭州市为了保护本市的服务外包行业健康发展，实行《杭州市服务外包知识产权保护若干规定》，实施品牌战略。对服务外包企业开展自主品牌建设、培育发展出口名牌，符合国家及本市有关规定的，可享受外贸发展基金中安排的出口品牌发展资金的优惠政策。

第三章 服务外包园区企业的竞争力

第一节 服务外包园区企业竞争力理论

一、服务外包园区企业——企业集群

根据企业集群的定义,服务外包园区企业可以定义为:由大量的服务外包企业聚集于一定的地域范围内,与政府、中介机构、科研单位或大学等组织通过相互之间的紧密联系、资源共享等而形成的相对稳定的、具有持续竞争优势的集合体。服务外包企业集群建立在信息技术高速发展的基础上,是专业化分工、外包需求增加、外包经济发展的必然产物。除了具备一般企业集群的特性之外,它还具有以下特点:(1) 横向的企业集群,微观上存在纵向合作,宏观上具有纵向发展的潜质;(2) 对信息技术的依赖性强,对基础设施的高要求加剧了服务外包企业的聚集;(3) 对自然资源没有过高的要求,很多服务外包企业集群是人为建立起来的,初期并没有经过自然的流动、转移和累积的过程。

二、企业集群竞争力的概念

竞争力是参与者双方或多方进行角逐,通过比较而体现出来的综合能力。它是一种相对指标,必须通过竞争才能表现,笼统地说,竞争力大小和强弱之分,要真正地、准确地测量是比较困难的。本章给出竞争力的理解为:(1) 竞争力是在随着竞争变化的同时又通过竞争而体现的能力;(2) 竞争力包含在研究对象的现在能力中,但它是其未来可以展示的能力;(3) 测定竞争力需要确定测定时间。

关于企业集群竞争力具体的定义,目前还缺乏明确、统一的观点。林恩和富尔维娅(Lynn & Fulvia, 2000)认为企业集群竞争力就是集群的能力,并且以企业的创新能力最为突出,最能代表企业集群竞争力的大小。李君华等(2003)也提出类似的观点:集群内企业之间的竞争关系与非集群企业之间的竞争关系不同,它们有分工、有合作,也有竞争,这种特殊的竞争性治理机制加速了集群企业之间的知识溢出速度,进而推动企业集群产生持续创新能力,即企业集群竞争力。张辉(2003)把企业集群竞争力理解为集群企业之间相互学习的能力、对区域内现有资源的整合利用能力以及规避那些不利于集群发展的多种因素的能力。佩卡(Pekka, 2004)强调衡量产业集群竞争力的大小应该从五个方面分析:是否提

第三章　服务外包园区企业的竞争力

高企业的生产率和集群的创新绩效、是否对专业化产生了积极的作用、是否具有外部经济而产生知识溢出、是否提高了企业间的协同效应、是否扩大了全球市场占有份额。孙任等（2006）认为集群内企业和组织通过它们之间建立的社会网络体系实现知识的学习和累积，产生协同效应，提高创新能力等，而企业集群竞争力就是指集群对网络及其中产生的正效应资源的整合能力。

企业集群是一个具有持续竞争优势的集合体，企业集群竞争力顾名思义就是企业集群整体对外呈现的竞争能力，具体可以定义为：以集群内的各种资源要素（企业、环境、技术、基础设施、网络关系等）为基础，通过构成单元之间的分工和协作，在全球市场中形成企业集群持续竞争优势的能力。这种竞争力主要包括三个方面：（1）集群内企业与集群外分散企业相比体现的竞争力——企业聚集的原因；（2）不同区域的同类企业集群相比体现的竞争力——效率低的企业集群会被淘汰；（3）不同行业的企业集群相比体现的竞争力——资本和人才的流动。

三、企业集群竞争力的来源

交易费用理论的代表人物科斯、威廉姆森、斯科特、张五常、杨小凯等认为：众多企业在一定区域内的集聚，降低了空间交易成本，提高了信息的对称性，抑制了交易中的机会主义行为，大大降低了交易费用，企业集群竞争力来源于交易费用的降低。区位理论代表人物杜能、韦伯更详细地分析了区位优势给企业集群所带来的竞争力，具体的主要来源为原材料成本、劳动力成本、运输成本等。新经济地理理论的典型代表克鲁格曼是第一位把国际贸易因素纳入企业聚集研究的知名经济学家，他认为企业集群竞争力主要来源于规模报酬递增、运输成本、劳动力市场和低成本供应商的共享。新经济社会学理论肯定了企业集群竞争力来源于经济因素的观点，即企业的集聚产生了外部规模经济，节约了企业之间的空间交易费用等。新经济社会学理论学者们更加看重集群内构成单位之间的非交易关系，地理位置的接近减少了信息的不对称性，再加上长期的交流合作，彼此之间建立了信任，物以类聚，人以群分，聚集在一起的企业形成相似的习俗和文化，共同的价值观产生的非编码的知识将促进企业的创新，鼓励企业家精神，进一步降低交易成本。企业集群竞争力就来源于这种社会文化的区域根植性。以迈克·波特为代表的竞争优势理论学者们认为集群的竞争力来源于地理位置的集中、集群组织结构的优化、群体协同效应、集群文化、技术创新系统等。

企业集群竞争力不等于集群内成员竞争力的简单叠加，它具有"1+1>2"的集群效应。企业集群竞争力来源于集群内固有的资源（包括硬资源和软资源），及在此基础上通过成员之间的分工和协作产生的协同效应（包括知识外溢、关系网络、技术创新等）。

四、企业集群生命周期及其竞争力特征

（一）企业集群生命周期

提奇（Tichy，1998）提出企业集群与企业组织一样，同样存在自己的生命周期，并将

其分为诞生、成长、成熟和衰退四个阶段。

（1）诞生阶段，集群内产品或服务刚刚形成特色，企业聚集在一起，通过信息网络、分工协作和资源共享等所产生的外部经济来获取竞争优势。

（2）成长阶段，集群迅速发展，增长率高，集群内资源（技术人才、成员数量等）规模扩大，创新竞争优势明显。

（3）成熟阶段，产品或服务及其流程走向标准化，同类企业间竞争加剧，个体利润下降，创新速度放缓，存在"过度竞争"的威胁，集群整体竞争力的上升空间不大。

（4）衰退阶段，有大量企业退出集群，集群对市场的反应能力下降，发展的动力趋于衰退，竞争优势日益减弱。

（二）企业集群不同生命阶段的竞争力特征

在企业集群生命周期的每个阶段，竞争力都呈现出不同的发展状态，其力量来源也不尽相同（见表3-1）。

表3-1　　　　　　　　不同生命周期阶段的集群竞争力特征

生命阶段	集群竞争力特征	表现
诞生阶段	竞争力初步显现，但缺乏稳定性	专业化水平高，成本优势明显；经济活力强；创新能力足；网络效应较差，受环境影响大
成长阶段	竞争力迅速提升	灵活性和专业性更强；网络趋于稳定并发挥作用；创新能力提升，品牌优势凸显；适应环境和利用资源的能力增强
成熟阶段	竞争力巩固	实行了标准化，技术和人才大量聚集；自主创新能力强；占有市场份额；品牌商誉度较高；商务成本下降；能灵活规避风险和捕捉市场机会
衰退阶段	竞争力下降	受各种风险冲击，发展活力不足；产品创新、参与国际竞争和适应环境能力明显下降；逐步失去竞争优势

第二节　服务外包园区企业竞争力影响因素

一、服务外包影响因素理论回顾

虽然有关服务外包的理论远落后于生产外包理论，但研究服务外包供应商区位竞争力影响因素的理论特别多。从发包方的角度考虑，研究区位、服务商竞争力的影响因素，可以为发包商对外包目的地和服务商的选择提供决策依据。从服务商的角度考虑，准确掌握服务外包企业、集群、区位等竞争力的影响因素，能有效地满足发包方的需求，从而在激烈的竞争

第三章　服务外包园区企业的竞争力

中获胜。回顾国内外有关服务外包企业、行业、区位竞争力影响因素的理论，根据研究层面的不同可以分为以下三类。

（一）微观视角

支持此类理论的学者主要是站在服务外包供应商的立场上，研究单个承接服务外包的企业以及影响其竞争力的企业内部影响因素。

莱维娜和罗斯（Levina & Ross，2003）最早从供应商视角阐述服务外包企业可以从人力资源开发、项目管理与交付流程、客户互动技能等方面发展其核心能力，提高竞争力，从而实现与客户之间的长期协作及共赢。

金（Kim，2003）从成本结构、学习曲线及质量技术水平三个方面评价和考察服务商，研究了如何根据其降低成本方面的改进潜力选择接包商。

埃希拉吉（Ethiraj，2005）基于对印度服务业的数据收集，使用严格的统计分析方法，得出项目管理能力、客户互动能力与离岸软件项目收益正相关，并且项目管理能力相对而言更为显著。

菲尼等（Feeny et al.，2005）基于对从事 BPO 业务的服务外包企业的研究，提出服务外包供应商能力评估模型。

居中华（2003）提出服务外包供应商评价因素包括：生产成本差异性、技术能力、供应商声誉、语言能力、文化兼容性、IT 人才储备和教育体系、项目与质量管理水平、现场交付能力、外包的合同管理能力等。

卡内基·梅隆大学信息服务测评中心（ITSqc）提出的 eSCM-SP（esourcing capability model）模型是最具有代表性的服务外包供应商能力评估模型。eSCM-SP2.0 版一共有 84 个实践，用三维构造组织在一起，分别是外包阶段、能力领域以及能力级别。每一个外包阶段都有特定的关键成功因素，也有一些更为宏观的因素贯穿整个外包阶段并且极大地影响着整体满意度。这些至关重要的成功要素包括：建立以诚信为基础的外包合作关系、管理客户预期、确保远程与当面交涉过程中客户正面的评价、减小文化与组织上的差异、保护知识产权、监管二级承包商以保证质量和服务水平、杜绝信息沟通不畅、保持雇员满意度、保证各团队间知识的共享与传递、衡量服务绩效和客户及员工的满意度（见图 3-1）。

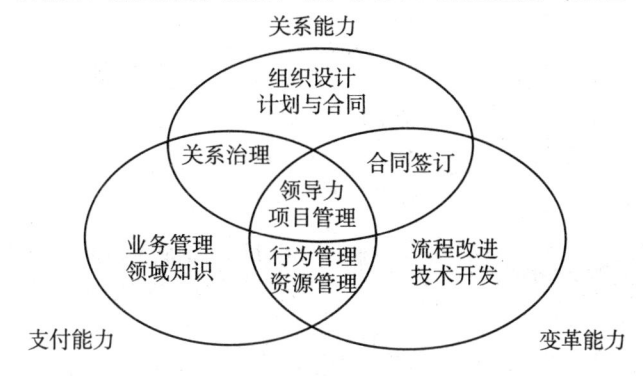

图 3-1　服务外包供应商能力评估模型

国际服务外包园区发展的理论与实践

对外经贸大学课题组（2007）从竞争性成本、语言文化、客户互动技能、行业知识、项目与流程管理、服务交付等微观企业层面入手，探讨了提高中国服务外包供应商竞争能力的途径手段。

复旦大学博士宋丽丽（2008）认为服务外包承接商具有战略属性和组织属性，即硬能力和软能力。具体来讲，战略属性主要包括服务承接企业对IT基础设施的投入程度、人才可供性、外部支持环境、成本竞争能力、综合服务能力。组织属性主要包括国际经营经验、组织声誉、组织文化相容性以及管理技能和行政效率。

孙晓琴、黄静波（2009）提出，服务外包企业必须保证服务质量、人力资本优势、技术、管理水平、营销能力以及国际化的企业文化才能获得竞争力。

（二）中观视角

学者们主要基于对某一个或某几个地区服务外包产业发展的考虑而做出的服务外包行业或服务外包企业集群竞争力影响因素的研究。

格罗斯曼和赫尔普曼（Grossman & Helpman, 2004）认为，服务外包承接方必须有吸引人的效率、足够的规模、合同的完备性、较低的工资水平，才可能获得发包方的信任。同时，他们还指出，倘若接包方拥有良好的基础设施、高超的技能，且有高效率的法律系统确保合同的顺利进行，发包方愿意付出高工资。

朱晓明（2006）提出了服务外包产业竞争力函数表达式 $\phi = F(X, Y)$，其中，X表示商业软、硬环境，Y表示服务外包提供商的成本、能力要素。

裴瑱（2007，2008）认为服务外包中发包方选择接包方的因素主要有综合环境因素（社会安全稳定因素、投资环境、政府税收政策、基础设施、高速公路及机场、能源供应、高档宾馆和写字楼的供应等）、人才、企业本身（战略策划、项目管理、组织领导、外包方案专业策划及运作能力、交流能力等）、成本、中介组织、诚信度、区位优势、文化适应性。

郭丽丽（2008）基于对中国服务外包现状的研究，较为细致地分析了服务外包竞争力的影响因素，详见表3-2。

表3-2　　　　　　　　　服务外包竞争力影响因素

外生因素	政府政策	产业规划发展政策、竞争政策、技术创新政策、产业平台搭建、教育与人才培训政策、税收优惠政策、企业发展政策、FDI促进、外包中介机构
	国家风险	政治（政局、与其他国家的矛盾冲突）、经济（开放程度、通货水平、汇率波动、利润汇回限制制度）
	基础设施	信息通信、商务旅行
催化因素		地理距离、时区差异、文化兼容性、人力资源储备、语言环境

第三章　服务外包园区企业的竞争力

续表

商业环境因素	成本	工资、基本设施成本（办公用房、信息和交换成本）、税收成本、其他成本
	知识产权保护和信息安全	
	服务提供商技能	技术、成产、管理、质量水准、国际检验

魏倩（2009）在对中国服务外包示范城市服务外包产业竞争力的研究中提出了28个影响因素，以数据是否可收集为标准，确定18个具有代表性的因素，并按照因子分析法，将其划分为三类：服务外包企业综合竞争力指标、经济环境指标和文化政策环境指标。具体见表3-3。

表3-3　　　　　　中国服务外包示范城市服务外包产业竞争指标

类别	指标	类别	指标
服务外包企业综合竞争力	航空运输客流量	经济环境	实际利用外商直接投资
	移动电话普及率		互联网普及率
	服务外包从业人员数量		用电总量
	软件产业比重		服务外包企业数量
	电子信息产业比重		服务外包企业密度
	每百万人平均专业授权比重		产值密度
	服务外包企业员工平均工资		服务外包收入
	办公场地平均租赁费用	文化政策环境	本科以上人数
	入驻本市的世界500强企业		政府支持力度

殷国鹏、杨波（2009）通过对国内外有关服务外包供应商能力文献的综述和整理，提出了基于价值链的服务外包供应商能力模型，如图3-2所示。

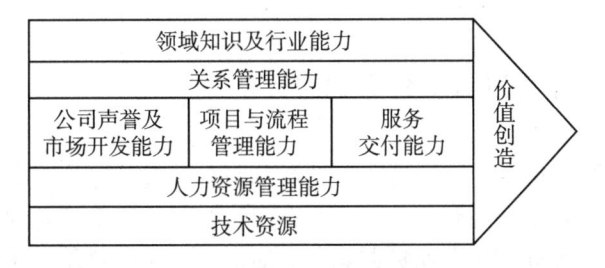

图3-2　服务外包供应商能力模型

他们还指出，影响服务外包产业竞争力的因素主要有三个方面：服务外包提供商的能力因素、服务外包承接地的财务成本结构、基础商业环境。其中，服务外包提供商的能力因素

国际服务外包园区发展的理论与实践

包括相关人才和技能、项目管理能力、客户互动技能、服务交付能力；服务外包承接地的财务成本结构主要由人员薪资成本、税收优惠、土地与房屋租赁费用、通信费用等构成；基础商业环境分为硬环境和软环境，硬环境是指地理位置、交通与通信设施、行业成熟度，软环境是指政治经济的稳定性、区域语言文化、知识产权及相关法律环境。

王伶俐（2009）认为影响服务外包产业发展能力的因素主要有产权、企业自身（声誉、信誉、企业规模、交付能力、服务质量水平）、人才、政府政策及基础设施（税、电信设施、平台、中介机构、协会）等。

（三）宏观视角

服务外包的迅猛发展及其所带来的巨大经济利益使其迅速成为全球的新焦点，无论是发达国家还是发展中国家都想在这次服务贸易的角逐中获取更多的利益，站在国家立场上研究服务外包竞争力影响因素的理论便应运而生，它们主要考虑的是相对宏观的因素。

理查逊和马歇尔（Richardson & Marshall，1999）认为发包商选择外包目的地时应考虑的主要因素包括：通信设施、通信成本、高素质劳工的数量、劳工成本、政府的扶持政策、适宜的人居环境和交通的便利。

拜洛（Bailor，2005）从文化的角度对外包活动进行研究，结论是地区间文化差异过大会对外包产生不利影响。

克谢特里（Kshetri，2007）从制度的角度提出影响外包目的地选择的因素包括：知识产权和隐私方面法律制度的完备程度、专业组织协会（类似于印度国家软件与服务行业协会）的积极参与、管理现代化的发展程度等。

格拉夫和穆旦比（Graf & Mudambi，2005）提出了外包地点决策模型，模型包含基础设施、地区风险、政府政策和人力资源四个自变量，企业因素和环境因素两个内涵变量。

何骏（2008）对服务进行了全面的研究，指出影响服务外包的因素主要集中在综合环境、人才、产业集聚、制造业优劣势四个方面。其中制造业优劣势将会影响服务外包的发展，这是一种新的视角，也是值得大家深思的一个因素。

曹钊（2009）通过对菲律宾服务外包产业的研究，提出服务外包产业竞争力的影响因素主要有地理和历史、语言和文化、人才和成本、政策扶持和政治环境等。

二、服务外包企业集群竞争力影响因素

能否准确掌握服务外包企业集群竞争力的影响因素是有效评价其竞争力大小的前提。服务外包企业集群不仅包含众多的服务外包企业，还包括与之关系密切的政府、中介机构及科研单位或大学等，所以服务外包企业集群竞争力的影响因素应涵盖上述相关理论中微观、中观、宏观三个层面的影响因素。

宋丽丽（2008）采用频数统计的方法对服务外包影响因素相关理论和文献进行整理，得出服务外包影响因素统计（见表3-4），将在22篇文献中出现的频数即"合计"项大于等于"3"的服务外包影响因素纳入研究范围，其中"合计"项低于"3"的影响因素

第三章 服务外包园区企业的竞争力

已经被删掉，所有涉及的宏观因素已经根据文献具体内容拆分到其所涵盖的相对微观因素中。

表 3-4　　　　　　　　　　　　服务外包影响因素统计

影响因素	1	2	3	4	5	6	7	8	9	10	11	12	13	14	15	16	17	18	19	20	21	22	合计
人力资源管理	√			√	√				√		√		√		√				√				9
项目管理能力	√		√	√	√		√		√		√	√		√					√	√			13
服务交付能力	√			√	√		√	√		√	√				√	√			√				10
客户互动能力	√		√	√		√	√				√	√							√	√			12
成本		√			√		√		√	√	√	√	√	√		√	√					√	14
创新学习能力		√		√		√		√		√	√			√									6
服务质量		√			√	√			√			√				√				√			8
技术水平			√		√			√	√						√					√			8
合同管理能力				√	√				√		√	√			√	√		√	√				10
专业知识水平				√			√	√				√			√								5
企业声誉						√									√	√							3
语言能力				√		√				√		√					√				√		6
文化兼容性				√	√	√	√			√		√					√	√	√	√	√		15
诚信						√			√	√					√		√	√	√				7
知识保护						√			√	√		√		√	√	√	√						8
通信设施									√	√	√	√	√	√	√	√	√		√	√			12
人才供应							√		√	√	√		√	√	√	√		√		√	√		11
政府政策									√	√	√	√	√	√	√	√	√		√		√		11
经济开放度											√	√			√		√						4
企业规模						√		√						√		√				√			5
营销能力												√			√								3
社会安全稳定性							√			√	√	√		√		√		√	√	√			7
中介机构										√	√		√	√		√				√			7
地理位置											√	√		√	√	√		√	√				8
行业协会													√	√		√	√						5
交通设施							√	√	√	√	√		√	√				√					9

对统计表中所列的服务外包影响因素进行简单的分类。分类的原则是兼顾所有因素且避免因素之间所涵盖内容的交叉。具体见表3-5。

表3-5　　　　　　　　　　　　服务外包影响因素分类

一级指标	二级指标	三级指标	一级指标	二级指标	三级指标
微观因素	企业能力	项目管理能力	中观因素	行业成熟度	行业协会
		服务交付能力		行业相关环境	中介机构
		客户交互能力		硬件	地理位置
		创新学习能力			交通设施
		合同管理能力			通信设施
		营销能力	宏观因素	软件	成本
		语言能力			人才供应
	企业状况	企业规模			诚信
		企业声誉			知识保护
		服务质量			文化兼容性
		技术水平			政府政策
		专业知识水平			社会安全稳定
		人力资源管理			经济开放度

第三节　服务外包园区企业竞争力评价模型

一、服务外包园区企业竞争力评价模型

（一）钻石模型

迈克·波特（1998）在《国家竞争优势》一书中提出钻石模型，具体的因素及框架如图3-3所示。波特认为企业集群竞争力取决于相互关联的六个因素：要素条件，需求条件，相关及支撑产业，企业的战略、结构和竞争，机遇以及政府。其中，要素条件主要是指包括人力、自然、资本、基础设施、政府支持等方面的资源，是集群参与竞争的资源基础；需求条件是指集群所能提供产品和服务的市场需求情况，是集群存在的根本；相关及支撑产业是集群参与国际竞争的关键因素；企业的战略、结构和竞争是集群中比较灵活的要素，处于核心位置；机遇和政府都会对集群的发展产生重大影响。

第三章 服务外包园区企业的竞争力

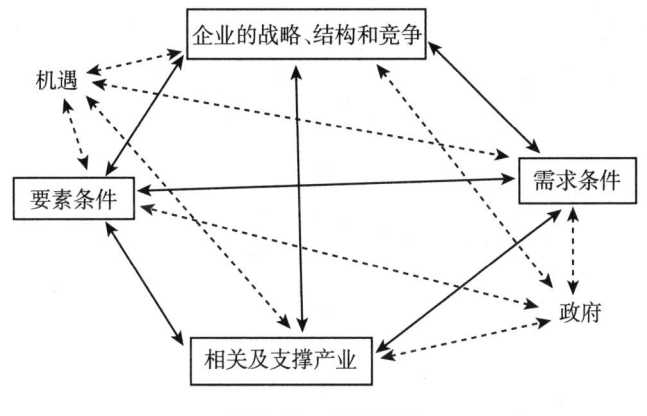

图 3-3 钻石模型

（二）GEM 模型

加拿大学者帕德莫和吉博森（Tim Psdmore & Hlervey Gibson，1998）在"钻石模型"的基础上提出了 GEM 模型。GEM 模型确定了影响集群竞争力的六大因素，并把它们分为三个因素对："资源"与"设施"合称为"因素对Ⅰ"——基础（grounding）；"供应商和相关辅助行业"与"公司的结构、战略和竞争"合称为"因素对Ⅱ"——企业（enterprises）；"外部市场"与"内部市场"合称为"因素对Ⅲ"——市场（markets）。具体如图 3-4 所示。

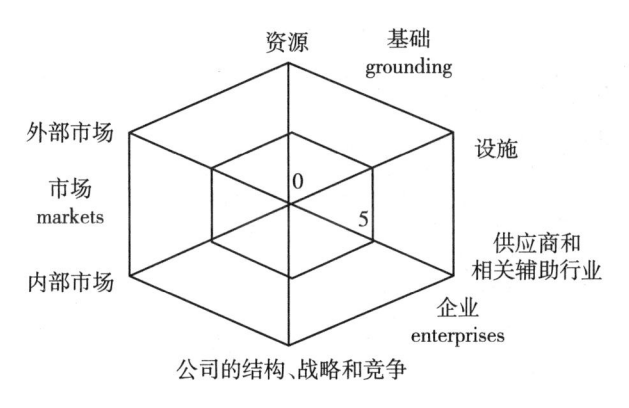

图 3-4 GEM 模型

（三）GEMN 模型

刘友金（2007）引入创新网络因素，对 GEM 模型进行了改进，并在其基础上提出了 GEMN 模型，如图 3-5 所示。GEMN 是基础（groundings）、企业（enterprises）、市场（markets）、网络（networks）四个"因素对"的简称。GEMN 模型显示，产业集群竞争力取决于八大因素：资源，设施，外部市场，内部市场，供应商和相关企业，公司的结构、战略和竞争，内网，外网。

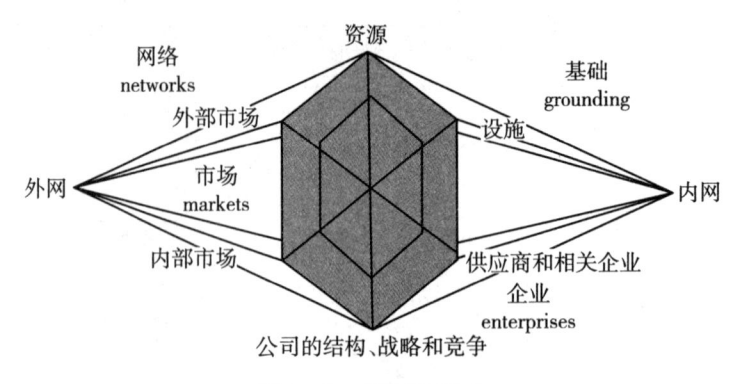

图 3-5　GEMN 模型

(四) 层面结构模型

袭双红 (2007) 把产业集群竞争力的影响因素分为三个层面：政府层面、集群层面和企业层面。具体如图 3-6 所示。

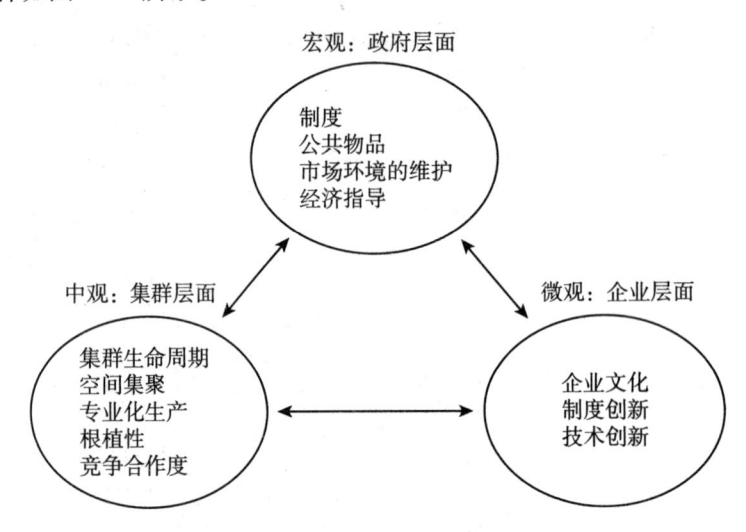

图 3-6　产业集群竞争力层面结构模型

二、服务外包园区企业 3M 模型构建

波特的钻石模型主要是用于国家竞争优势的研究，且属于定性分析，不太适合对服务外包企业集群竞争力的研究，不过模型中提到的六个影响因素是值得借鉴的，特别是"企业的战略、结构和竞争""政府"与"要素条件"三个因素。

GEMN 模型虽然是 GEM 模型的改进，但是所勾画出的三维结构模糊了八个因素之间的关系，并且模型中提到的"内网"和"外网"因素如何评价也是一个问题。该模型的具体操作性较差。

第三章 服务外包园区企业的竞争力

相较而言，适宜用于服务外包企业集群竞争力研究的模型就是 GEM 模型和层面结构模型。但是两者的建立都是基于对制造业集群竞争力的调查研究，模型中涵盖的影响因素需要根据服务外包企业集群的特点加以修改。以 GEM 模型为原型，以其他模型和表 3-4 中的影响因素为参照构建服务外包企业集群竞争力研究模型，如图 3-7 所示。

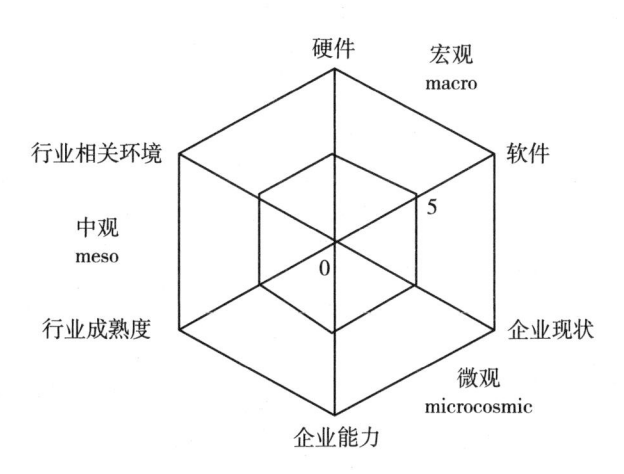

图 3-7 服务外包企业集群竞争力研究模型

因为该模型的一级指标宏观（macro）、中观（meso）和微观（microcosmic）的英文都以 M 开头，可以称为 3M 模型。3M 模型中存在三个因素对，即企业现状和企业能力、行业成熟度和相关环境、硬件和软件。每个因素对中的两个因素存在一定的替补性。例如，宏观的硬件条件不好，可以用较高水平的软件条件来弥补；企业现状不容乐观，可以依靠企业的能力提高。

三、服务外包园区企业 3M 模型量化

为了更清晰地了解一个服务外包企业集群竞争力的大小，可以对 3M 模型中的影响集群竞争力的各个因素进行量化，并最终求出企业集群竞争力的大小。这种定量的分析方法更能直观地反映服务外包企业集群竞争力的大小。具体的量化步骤如下。

第一步，赋值。赋值的过程就是对各种指标进行主观评价的过程，具体的评价标准见表 3-6。

第二步，计算因素对分值，PAIRS CORE = $(F_{2i-1} + F_{2i})/2$，PAIR SCORE：因素对分值；i 取值于大于 1 小于因素对个数的自然数，3M 模型中 i 取值为 1，2，3；F_{2i-1}、F_{2i} 指每个因素的得分值。因素对分值显示服务外包企业集群宏观、中观、微观层面的竞争力水平。

第三步，计算集群竞争力分值，$3M = [\Pi_{i=1,3}(PAIR\ SCORE)]^{1/3}$。其中，集群线性分值（LINEAR CLUSER SCORE）= $\Pi_{i=1,3}(PAIR\ SCORE)$，表示因素对之间存在相互影响，一个或几个因素对分值过低都会导致集群线性分值较低，进而使集群竞争力分值较低。

表 3–6　　　　　　　　　　　10 点量表及具体描述

分值	概括描述	具体描述
10	非常优秀	具有世界级的竞争力，在世界范围内数一数二
9	优秀	具有世界级的竞争力，在世界范围内排前五名内
8	良好	具有本国范围内独一无二的优势
7	不错	具有本国范围内的竞争优势
6	及格	具有超过全国平均水平的实力，但没有竞争优势
5	适当及格	具有与全国平均水平相当的实力
4	水平有限	具有略低于全国平均水平的实力
3	水平很有限	与全国平均水平有一定的差距，这种差距可能影响到整个集群的发展
2	水平较差	离全国平均水平有较大距离，这种差距对集群造成的影响已经显现
1	很差	离全国平均水平有较大距离，这种差距已经严重阻碍集群的发展

四、服务外包园区竞争力模糊综合评价模型

（一）服务外包园区竞争力识别指标建立原则

服务外包园区指标体系建立是综合评价自身水平的基础，指标选取的好坏直接影响最终结果，因此，在指标建立过程中除要遵循指标建立的一般原则（代表性、独立性、可行性）外，还要结合服务外包园区自身发展及企业需求的特点遵循以下原则：(1) 科学性原则。识别指标体系的科学性是确保评估结果准确合理的基础，指标的建立要遵循评价本身的规律，从不同侧面设计若干反映园区竞争力状况的指标。(2) 实用性原则。在识别指标体系建立的过程中，每个指标设立都必须保证其实用性，最大限度满足实际评估数据在园区竞争力评估中的真实、可靠。(3) 可比性原则。识别指标体系的设计当中要充分考虑业内企业对服务外包园区指标数据评比的差异，在具体指标的选择上也必须是各园区共有的指标，统计口径和范围尽可能保持一致，以保证指标的可比性。(4) 前瞻性原则。对园区竞争力的测定不仅要分析现实的竞争力，还要研究企业潜在的和未来的竞争力。(5) 定性指标和定量指标相结合原则。由于定性是模糊界限，定量则是有清晰的数据分析，应根据实际情况采用定性指标和定量指标结合。

（二）服务外包园区竞争力识别指标体系建立

通过发放问卷调查表的形式，依据业内服务外包企业自身需求，同时结合本地区政府、

第三章　服务外包园区企业的竞争力

院校等多方因素，建立三个一级指标和十二个二级指标对本地区服务外包竞争力进行模糊综合评估。（1）禀赋竞争力指标。园区自身所具备的天然属性，选用三个二级指标：一是区域竞争力；二是城市竞争力；三是基础竞争力。（2）环境竞争力指标。即一项考核园区自身评价的核心指标，对园区竞争力及招商引资占有较大比重，选用五个二级指标：一是人力资源竞争力；二是成本竞争力；三是市场竞争力；四是政策竞争力；五是交付安全竞争力。（3）投资竞争力指标。具体选择四项二级指标：一是规划竞争力；二是品牌竞争力；三是招商竞争力；四是服务竞争力。

五、模糊综合评价模型

（1）评价指标集分为两个层次：第一层次为总目标因素，u =（u1，u2，u3，）；第二层次为目标因素集，u1 =（u11，u12，u13），u2 =（u21，u22，u23，u24，u25），u3 =（u31，u32，u33，u34）。

（2）评价集的确认：V =（V1，V2，V3，V4，V5）= {非常满意，比较满意，一般，不太满意，很不满意}

（3）综合评价。评价向量 Bi = Ai·Ri =（bi1，bi2，bi3，bi4，bi5），i = 1、2……在进行模糊运算时，可以选择不同的算子，一般情况下有：M(∧，∨)，M(·，∨)，M(∧⊕)，M(·⊕)。前三种用于突出主要因素，被称为主因素决定型、主因素决定Ⅰ型和主因素决定Ⅱ型。后一种被称为加权平均型，在这里我们采用加权平均型，即 M(·⊕)。

（4）进行归一化处理。令 $C_i = b_i / \sum_{i=1}^{5} b_i$。

六、结果分析

针对模型和指标的建立，可以找出本地区服务外包园区与沿海发达城市的总体差距，提出缩短差距的几点思考：（1）继续发挥先天优势，加大人力资源建设，系统构建并鼓励各方资源建立人力资源体系，形成人力资源创新培养优势。（2）重视招商引资，园区的招商竞争水平还很"一般"，应进行产期的产业规划设计，立足长远核心竞争力的培育。同时应"抓大放小"，将政策、服务和招商等工作有所侧重。（3）完善服务体系建立，解决企业成长过程中的各种问题，以服务为导向，通过人力资源培训、公共服务平台、投资环境、行业组织立足企业的培养和培育体系建立，为企业成长提供更好环境。（4）品牌策划，应树立本地区核心竞争力，弥补发展"短板"，重点打造"人力资源"品牌，完善适合服务外包产业发展的基础设施。树立园区是城市战略的实施主体，城市—园区一体化发展路径。（5）清晰产业定位和发展战略，服务外包主要分为 ITO、BPO、KPO 三种类型，本地服务外包产业在竞争中胜出的关键在于找准位置、形成特色。根据自身独特性，制定符合本地的发展战略，从而形成产业聚集。

第四节 服务外包园区企业竞争力案例[①]

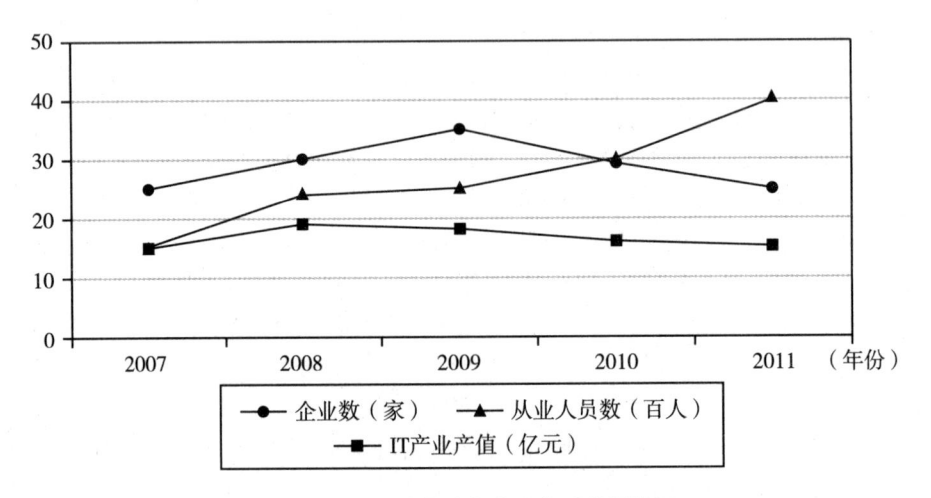

一、延边服务外包企业集群发展现状

延边服务外包企业按照调查的情况来看,自 20 世纪 90 年代陆续有企业专门从事或凭借其技术优势对外承接软件开发、数据中心、平台维护等业务,但当时的服务对象多是本地或本省企业,少数企业主凭借其海外关系或国外工作经历承接离岸外包业务。

2006 年,商务部"千百十"工程的出台和实施,是我国很多城市服务外包企业发展的转折点,服务外包正式以产业的形态迅速发展起来。延边为了有效整合人才、信息、技术和资金等要素资源,维护行业竞争秩序,形成发展的合力,调动和发挥业内骨干推动事业进步的积极性,成立了延边信息产业协会;同时为了发挥专家在产业规划、项目评估、人才培训、对外交往等方面的重要作用,经自治州政府同意,聘请了延边大学、延边科技大学、吉林省信息产业厅 9 位专家作为延边朝鲜族自治州信息产业发展专家咨询委员会成员,其中,有韩国籍 4 人,美国籍、英国籍各 1 人。

延吉 IT 产业园依照政府的规划于 2007 年 2 月 12 日如期正式开园,虽然当时的入驻企业只有 7 家,但这标志着延边服务外包企业集群的形成。

2008 年 3 月,延吉 IT 产业园以其 32 家的集群规模(实际上服务外包企业有 24 家)和 2007 年 2.5 亿元的产值获评为吉林省省级示范园区,同时更名为"中韩软件园",延边服务外包企业集群发展迈上一个新台阶。延边服务外包企业集群的具体发展情况如图 3-8 所示。

图 3-8 延边服务外包企业集群发展情况

注:延吉 IT 产业园产值无统计数据。此处用延边地区 IT 产业产值代替,数据来源于政府官网。

[①] 宋丽丽. 延边服务外包企业集群竞争力研究 [D]. 延边大学硕士论文,2012.

第三章　服务外包园区企业的竞争力

二、延边服务外包园区企业提升竞争力的建议

（一）宏观环境方面

延边服务外包企业集群宏观因素对分值是三个因素对分值中最高的，宏观因素具有相对优势，但仍然略低于全国平均水平，需要进一步加强宏观因素建设。

1. 宏观硬件。

延边拥有在我国范围内具有竞争优势的地理位置，是其发展服务外包业的优越条件，应充分发挥。基础设施对服务外包企业集群竞争力的贡献较大，因此，高水平的基础设施建设就成为吸引服务外包企业和人才的关键。良好的交通设施可以加快企业和人才的集聚，优美的环境和便利的配套设施能使人久安，延边的基础设施建设还处在略低于全国平均水平的位置，有待于进一步提高。

2. 宏观软件。

相对于宏观硬件而言，延边的宏观软件建设较弱，需要从以下几方面进行改进。

（1）延边的专业人才供应相对重要且水平较低，全面提高专业人才的供应数量和质量将会明显提升企业集群竞争力水平。延边拥有国家"211"工程高校资源，保证了专业人才的供应数量和质量，可以从两个方面入手将其转化为现实：一是加强企业与高校的交流与合作，形成产学研一体化机制，既解决了高校毕业生就业问题，又提高了服务外包专业人才的供应水平；二是对服务外包专业人才的就业实行政府补助制，既提高企业招聘人才的积极性，提升企业自身素质，又保持人员成本优势，吸引服务外包企业的聚集。

（2）加大政府支持力度。政府支持力度的大小不能用相关政策文件制定的多少来衡量，例如前面提到的对服务外包专业人才的就业实行政府补助制就是政府支持力度较大的体现。另外，延边政府还可以与其他地方政府之间建立相对灵活的交流机制，使服务外包相关政府部门之间的交流、学习和合作更加便利、顺畅，为服务外包企业集群的发展提供良好的指导和监督；政府拿出一定比例的资金设立服务外包企业集群发展专项基金，并制定相关的税费扶持政策；在现行税费优惠政策的基础上对服务外包企业实行区别对待，对于大规模的、知名度较高的、前景被看好的服务外包企业或项目从资金、用地、税费和服务等多方面进行重点扶持，间接带动整个服务外包企业集群的发展。

（3）加强对知识产权和数据安全的保护，建立积极有效的反馈机制，制定严格的奖惩制度，并以颁奖晚会或通报等方式公开化，促进良好企业、行业诚信氛围的形成，为提高延边服务外包市场占有份额奠定基础。

（4）充分利用具有全国范围内独一无二竞争优势的文化融合性资源，提高对韩、日等国的业务量，增加离岸外包比率，为提高园区的等级水平、早日享受国家优惠政策打基础。

（二）行业环境方面

1. 行业成熟度。

行业成熟与否在一定程度上影响了企业集群竞争力的大小，延边服务外包企业集群行业

国际服务外包园区发展的理论与实践

成熟度偏低,提高行业成熟度势在必行。

(1) 强化行业协会的作用。印度服务外包行业的成功很大程度上得益于印度国家软件和服务公司联合协会完善服务功能,延边信息产业协会及各个专家组或服务外包研究机构需不断完善其服务功能,提高其服务水平,为集群内部及对外提供一个良好的交流平台,加强对集群的规范管理,及时掌握行业最新动态,为企业和集群提供正确的发展方向,有效维护集群利益,协调好集群内各方之间的关系,不断完善集群网络体系,为集群成员提供交流、学习、合作的平台,力争成为集群的信息技术窗口。

(2) 制定严格有效的行业标准和行业规范,并提高其执行力。行业规范和行业标准的形成与完善并非一朝一夕之事,特别是在服务外包企业集群刚刚形成的延边,我们需要充分借鉴服务外包发展良好地区的行业标准和规范体系,结合企业在经营运作过程中的实际情况,制定切实可行且有效的行业标准和行业规范,并在集群成员的监督下由专门部门或单位严格执行,对执行结果及时反馈,进行评估,不断完善行业标准和行业规范,以约束和指导企业的经营行为。

2. 行业相关环境。

行业相关环境的总体建设还低于全国平均水平,但是产业园区设施、中介机构、金融市场、生活环境四个构成因素的发展水平非常接近,重点应放在产业园区设施水平的建设上,生活环境和中介机构的服务水平也不容忽视。

延吉中韩软件园的通信设施水平已经高出全国平均水平,关键是产业园区配套设施的建设仍需加强,这也是导致产业园区设施自我评价水平较低的原因。例如,可以增加公共健身、休息、娱乐场所的建设,为产业园区员工提供减压场所。

生活环境是人才聚集的基本要件,延吉的自然环境资源良好,但服务外包企业对其评价并不高。例如,延吉已经建成办公大楼,但由于地处开发区,周边的生活必要配套设施几乎没有,很多闲置,存在严重的资源浪费现象。

中介机构的数量和服务水平很大程度上影响服务外包企业的正常运作。例如,在人员成本处于较低水平前提下,从事专业技术人才的培训机构较少,不能有效满足服务外包的需求。

(三) 企业自身方面

1. 企业能力。

企业是集群竞争力提升的实施主体,提高企业能力是企业推动集群发展的必要条件。

(1) 充分发挥语言能力。延边服务外包企业的语言能力在本国范围内具有竞争优势,企业应充分认识到这一点,并将其发展成为自己的核心竞争力优势,承接能发挥语言优势的业务,例如呼叫中心、语言培训等。

(2) 提高企业的学习创新能力。服务外包企业往往按照发包商的要求提供服务,创新意识和创新能力往往会处在逐渐消退的过程中,一旦失去客户,企业将会出现生存危机。集群企业应拿出销售收入一定比例的资金用于企业的创新,建立完善的创新激励机制,积极推动员工开展创新活动的积极性,制定科学的员工培训培养计划并严格执行,整体性地提高员工素质水平;同时鼓励与高校、研发机构等单位之间相互学习,在集群内形成浓厚的学习氛

第三章　服务外包园区企业的竞争力

围,扩大知识溢出。

(3) 提高市场开发能力。市场规模的大小意味着对服务外包企业生产的产品和服务需求量的多少,而需求正是企业生存的根本,没有需求,企业就没有存在的理由。服务外包企业业务的获得不能完全依赖客户或合作伙伴的给予和集群集体市场的开发,应该着重培养和储备自己的市场开发人才,提高自身的市场开发能力,抓住每一次机会提高市场占有份额,为企业规模的扩大奠定基础。

2. 企业现状。

集群企业应依托自身能力,充分利用现有资源,改善企业现状,为集群发展争取更多的优势力量。

(1) 增强员工稳定性。员工构成企业的命脉,人才赋予企业灵魂,员工稳定性是延边服务外包企业的软肋。企业应在自身承受能力范围内,充分利用政府政策,提高服务外包人才的物质待遇,对其进行必要的精神奖励,为其提供广阔的发展空间。企业为员工提供的不仅是一个职位,还是一个实现理想的舞台。

(2) 扩大企业规模。企业规模对提升集群竞争力贡献较大,而延边服务外包企业规模处在较低的水平,企业在业务需求扩大的基础上有针对性地扩大企业规模可以较快地提升集群竞争力。企业可以通过招兵买马扩大企业规模,也可以通过合并、并购等方式整合集群内外资源,快速扩大企业规模。

(3) 提高企业声誉。延边拥有全国范围内独一无二的地理位置、文化、语言等资源优势,服务外包集群企业应结合自身的成功经验,利用好每个宣传自我的机会,通过各种渠道和媒介,提高自己的美誉度和知名度,加快集群的发展。

(四) 集群因素方面

1. 集群规模[①]。

延边服务外包企业集群初步形成,处在生命周期的诞生阶段,包含的服务外包企业不足40家,与全国平均100余家的集群规模相比差距较大,规模效应不明显,目前亟须通过各种渠道扩大服务外包企业集群的规模。

(1) 吸引国内外服务外包企业的加入。充分利用延边地理位置、文化融合、语言等资源优势,以"中国软件和信息服务交易会""中国服务贸易大会""中韩IT服务外包论坛""美国Gartner外包峰会"等国内外展会和洽谈活动为媒介,做好延边服务外包企业集群发展的宣传工作,吸引国内外服务外包企业的加入。

(2) 州内服务外包企业向产业园区集聚。据不完全统计可知,延边州内拥有150余家服务外包企业,利用优惠政策吸引其在一定区域范围内聚集,有利于统一指导、监督和管理,且能形成较大的规模优势,相对其他渠道而言较为容易。

(3) 鼓励大学生创业。提供优厚的创业条件,鼓励有梦想、有服务外包才能的专业人才在产业园区内创业,既能扩大集群规模,为集群注入新鲜血液,又能解决州内大学生就业

---

① 宋丽丽. 延边服务外包企业集群竞争力研究 [D]. 延边大学硕士论文, 2012: 43.

问题，一举两得。

2. 集群效应。

虽然在已有文献并没有体现集群效应的因素，但是，若集群构成体之间联系密切，协同效应较大，服务外包企业对其自身外的因素评价分数自然会升高，低于全国平均水平4.02分的分数充分说明延边服务外包企业集群的集群效应有待于进一步发挥，集群企业间网络关系的和谐可有效促成集群效应的发挥。

（1）加强集群企业间竞争合作关系。通过政府和集群内部搭建的平台加强集群内外的交流与合作，与集群内外客户建立长期的伙伴关系；避免集群内企业之间内耗性的竞争，应针对自身的优势或对环境的把握，做好定位，形成自己的特色，整个集群内形成差异化、错落有致的竞争格局。

（2）实现集群信息化，构筑企业集群的"血脉"。衡量集群集成程度的两项很重要的指标就是资源共享程度和关系网络的密集程度，而集群实现信息化就可以促进集群构成单位之间的交流、学习和合作，提高集群资源共享程度和关系网络的密集程度。

（3）推动集群企业与其他成员的合作。充分利用当地现有的技术性和知识性资源，与大学、科研机构、专业培训机构等建立互补性协调发展的机制，争取实现产、学、研一体化经营模式。

三、哈大齐工业走廊服务外包园区产业集群竞争力[①]

随着经济全球化的不断推进，经济服务化趋势不断增强，服务外包是继全球制造外包之后兴起的又一轮新的国际产业转移。在全球范围内，服务外包产业发展表现出良好的前景，我国在承接国际服务外包业务领域也表现出很好的发展势头。哈大齐工业走廊作为黑龙江省重点建设的八大经济区之一，是黑龙江省经济实力最强、工业化水平最高、经济辐射力最大、科技人才优势最明显的地区，这些优势为哈大齐工业走廊发展服务外包产业奠定了良好的基础。哈尔滨和大庆作为国家级服务外包示范城市，通过多种渠道和方式，全面加强服务外包产业集聚区的建设，产业集聚效应已初步形成。可以预见，哈大齐工业走廊服务外包产业集群将会以更快的势头发展。

那么，哈大齐工业走廊服务外包园区产业集群的竞争力如何？它在发展过程中利用了哪些优势？还存在哪些劣势？如何提升哈大齐工业走廊服务外包产业集群的竞争力？针对这些问题，矫萍和姜明辉（2015）以 GEM 模型为基本理论框架，结合哈大齐工业走廊服务外包产业的实际情况，分析哈大齐工业走廊服务外包产业集群竞争力的优势和劣势，得出的结论有助于认识和推动哈大齐工业走廊服务外包产业集群的发展。

（一）GEM 模型的理论构架

加拿大学者帕德莫和赫维·吉布森（Tim Padmore & Hervey Gibson，1998）在波特钻石

[①] 矫萍，姜明辉. 基于 GEM 模型的哈大齐地区服务外包产业集群竞争力分析［J］. 首都经济贸易大学学报，2011，13（6）：60-64.

第三章 服务外包园区企业的竞争力

模型的基础上，结合多年研究产业集群的经验，提出了一种分析产业集群竞争力的"基础（groundings）—企业（enterprises）—市场（markets）"模型，简称 GEM 模型。

在 GEM 模型中，产业集群竞争力取决于三要素六因素。三要素分别是"基础""企业""市场"，模型中的每一个要素又是由特定的一对因素构成，因此，三要素又被称为三"因素对"。其中，基础要素被称为"因素对Ⅰ"，是整个产业集群的供给要素，由"资源"和"设施"两个因素构成；企业要素被称为"因素对Ⅱ"，是整个产业集群的结构因素，由"供应商和相关辅助产业"和"厂商结构/战略"两个因素构成；市场要素被称为"因素对Ⅲ"，是整个产业集群的需求因素，由"本地市场"和"外部市场"两个因素构成。GEM 模型的结构如图 3-9 所示。

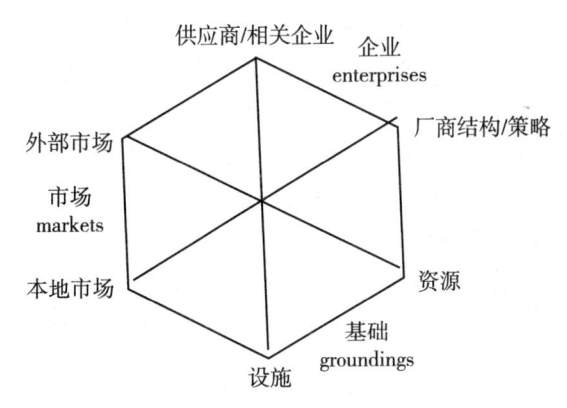

图 3-9 分析产业竞争力的 GEM 模型

GEM 模型不仅为评价产业集群竞争力提供了理论分析框架，而且还描述了进行量化衡量和计算的具体方法。由于哈大齐工业走廊服务外包产业集群尚处在初始发展阶段，正规、官方的统计相对薄弱，统计方法和统计口径还不规范，相关数据获得难度很大，所以这里放弃对该产业集群的量化分析，而采用根据"因素对"分类的方法进行定性分析。

（二）基于 GEM 模型的哈大齐工业走廊服务外包产业集群竞争力的实证分析

本部分将按照三个"因素对"的划分对哈大齐工业走廊服务外包产业集群竞争力进行考察。

1. 资源与设施。

"基础"即供给要素，指产业集群外部为集群内部企业的生产过程所提供的要素。其中，"资源"主要包括地理位置、自然资源、人力资源和资金资源等方面。

（1）地理位置优越。从东北亚来看，哈大齐工业走廊地处东北亚中心位置，是通往朝鲜半岛和日本海的重要通道，也是通往俄罗斯最大的、历史最悠久的口岸地带，是全国对俄经济技术合作、东北亚区域合作的重要战略支撑点，有发展对韩、对日、对俄服务外包的区域地缘优势。从东北地区来看，哈大齐工业走廊位于东北地区生产力布局一级"T"型轴的连接枢纽点上，又是黑龙江省南联北开的支撑点，正是这一地缘优势为本区域发展服务外包产业提供了明显的区位优势。

国际服务外包园区发展的理论与实践

（2）自然资源丰富。哈大齐工业走廊土地面积广阔，开发潜力巨大，尤其是该区域拥有未利用的集中连片重度盐碱地资源，在国家严格的耕地保护政策下，为该区域建设大规模的服务外包产业集聚区和服务外包产业示范园区提供了宝贵的土地资源。另外，该区域能源、矿产资源在资源储量、种类及人均占有量方面具有一定优势，特别是石油储量居全国首位，这些丰富的自然资源为发展服务外包产业提供了雄厚的物质基础。

（3）人力资源丰富，综合成本相对较低，但专业人才的储备和供给与行业发展需求不一致。哈大齐地区拥有包括国际知名的哈尔滨工业大学在内的40多所高等院校，占黑龙江省高校总数的72.7%，集中了全省大部分科研骨干力量，每百人中有5人接受过专科以上教育，人均教育资源在全国排第5位，科技人才实力在全国排第7位，而且劳动力成本仅为中国上海的43%、北京的46%，印度的70%，美国的12.5%。哈大齐工业走廊位居全国前列的科技人才实力为发展服务外包产业提供了人才保障。但是，区域内缺乏具有外包经验、熟悉客户语言文化背景、精通国际外包规则、具有国外市场开拓能力的中高端复合人才，软件和服务外包从业人员外语水平不高，难以满足欧美等国家的外包企业对从业人员普遍利用英语和发包国语言进行工作的能力要求。[1]

（4）从资本投入上来说，政府参与度很大。黑龙江省财政厅每年安排3 000万元专项资金用于支持服务外包产业发展；2007年哈尔滨市财政安排1 000万元启动资金，服务外包示范园区所在地区财政各安排1 000万元专项资金，以后每年度根据国家、省政府安排专项发展资金1：2比例配比，设立哈尔滨市外包服务产业发展资金，用于支持软件外包服务企业的项目研发、人才培养、国际市场拓展、基础设施建设、贷款贴息补助和对服务外包企业与人才的奖励等，并确保不低于2007年额度；大庆市政府设立支持服务外包产业发展专项资金，每年从市级财政中安排不少于3 000万元用于支持和鼓励服务外包产业的发展。另外，为助推区域内服务外包产业发展，各级政府积极与银行、担保公司等方面建立更加紧密的协作关系，帮助服务外包企业解决制约其快速发展的资金瓶颈。例如，服务外包企业享受优惠利率的信贷支持，并享受由国家出口信用保险机构提供的信用保险。[2]

（5）"设施"包括硬件设施和软件设施。硬件设施主要是指交通、通信网络及电力基础设施。软件设施则是指政策法规、科研体系、行业协会等方面的内容。

（6）交通、通信网络及电力基础设施完善。目前，哈大齐工业走廊已形成了以哈尔滨航空港为中心枢纽，以大庆和齐齐哈尔机场为区域枢纽，以哈大、滨绥、滨州等铁路干线，哈大、哈绥公路干线，松花江水运干线为网络的四通八达的交通运输体系，为发展服务外包业务提供便利的交通条件。由于服务外包企业对通信网络和电力设施要求较高，因此，对外通信网络的畅通高速和24小时不间断供电尤为重要。哈大齐地区网络出口带宽近100G，可以保证最短的网络时延、最低数据丢包率，双路双备份的设计最大限度保障更快、更可靠的网络连通，为发展服务外包产业提供足够的通信网络基础保障。区域内电力供应平稳，电力供应能力总体富余，大多数服务外包产业园区建有双电源并配备柴油发电机，保证24小时

---

[1][2] 矫萍，姜明辉. 基于GEM模型的哈大齐地区服务外包产业集群竞争力分析 [J]. 首都经济贸易大学学报，2011，13 (6)：60-64.

第三章 服务外包园区企业的竞争力

不间断供电。

（7）政策环境较好，但政策法规仍需完善。商务部实施的服务外包"千百十工程"、积极的财政政策和优惠的税收政策对哈大齐工业走廊服务外包产业的发展起到重要的推动作用。同时，黑龙江省政府、哈尔滨市政府和大庆市政府也相继出台了若干优惠政策和鼓励措施，以促进该区域服务外包产业的迅速发展。但是，现有的政策和法规基本上是鼓励和促进服务外包产业发展的政策及法规，尚未从根本上解决服务外包企业十分重视的数据安全和知识产权保护问题。

（8）科研体系初步形成。在科研方面，区域内产业集群初步形成了以哈尔滨工业大学、黑龙江大学、哈尔滨工程大学、哈尔滨商业大学、黑龙江测绘局和各大企业为主体的科研体系，为服务外包产业的创新和发展提供了有力保障。

（9）行业协会发展迅速，但其中介作用不够突出。2006年12月，12家服务外包企业作为理事单位成立了黑龙江省服务外包产业联盟，目前联盟成员达到62家企业（王晓佳、董萌，2014）。该联盟与多个国外协会团体建立了友好同盟关系，如"美籍亚裔专业人士协会""南加州中华科学家和工程师协会""美中工商协会"等；联盟还举办了多次大型研讨会，例如，哈尔滨—微软开发者技术交流活动、BPO研讨会等，为联盟企业提供了交流和合作的平台。尽管服务外包行业协会的发展较迅速，但是其建设仍然处于培育成长期，许多应该由行业协会来完成的咨询、招商、指导、培训等工作都是由政府在做，行业协会在市场体系中的中介作用不够突出。

2. 供应商与相关辅助产业及厂商结构/战略。

"企业"即结构要素，决定着产业集群的生产效率。"供应商和相关辅助产业"主要指产业集群内部供应商的发展状况、专业化生产程度及相互关联的企业数量。

（1）供应商能力较弱，专业化生产程度低。产业集群的健康快速发展，往往要求供应商多样化、高质量、低成本和专业化，买卖双方需要建立长期的合作关系。近年来，区域内服务外包企业的规模扩展迅速，但缺乏能够面对面与国内及全球性公司竞争的服务外包企业，在人员素质、客户资源、服务交付、品牌建设等核心能力上均存在较大差距。而且，大多数企业各自管理各自的生产，缺乏企业间的合作，导致专业化分工程度低。

（2）相互关联的企业数量较多。服务外包作为新兴产业不是孤立发展的，它是以制造业、服务业为依托，具有很强的产业关联度。作为东北老工业基地之一，哈大齐工业走廊制造业基础雄厚，工业生产体系较为完善，与服务外包产业相互关联的企业数量较多。区域内哈尔滨市的精密机械制造、飞机制造、工业机器人、大型发电机组等行业在全国居领先地位；大庆市是我国最大的石油工业基地和重要的石油化工生产基地；齐齐哈尔市拥有齐一机床、齐二机床、一重集团、齐轨道交通、齐重数控等重型机械企业，是我国重要的装备制造业基地，这些都为哈大齐工业走廊承接国内生产型服务外包创造了有利条件。此外，哈大齐工业走廊的服务外包企业还向黑龙江省和国内一些制造业企业提供相关的商务服务，如战略咨询与管理、研究开发、产品设计、物流、金融等，从而延长了制造业的产业链。

"厂商结构/战略"涉及集群内企业的规模、管理模式和创新模式等内容。

（1）企业规模偏小。对于服务外包企业而言，只有上规模才会有大发展。例如，三度

国际服务外包园区发展的理论与实践

荣登"亚洲新兴外包10强"榜首的东软集团员工已达到1.8万人,印度最大的外包公司印度塔塔咨询有限公司(Tata Consulting Services,TCS)员工已超过11万人,而哈大齐区域内的大多数服务外包企业规模普遍较小,员工数通常在500人左右,难以承接大规模的外包业务,需要更长的时间培训人才、扩大规模、满足客户增长的需求[①]。

(2)综合管理水平偏低。产业集群的综合管理水平主要体现在管理技能和行政效率上,尤其是在承接大规模服务外包业务时,服务发包商在挑选服务供应商时,把承接企业的管理技能和行政效率作为一个考察标准。哈大齐地区服务外包集群内企业的中高层管理人员在战略策划、项目管理、组织领导、沟通谈判、市场开拓等方面的能力较弱,基层工作人员的工作效率偏低,区域内的服务外包企业几乎都不具备全球营销的销售经验和能力。

(3)技术水平低,缺乏自主创新能力。企业的技术水平和外包承接能力将影响服务外包的实际效果。与沿海地区相比,哈大齐地区在吸引跨国公司研发机构和鼓励外资企业增加科技投入以增强自己的科研能力方面不具有优势,而且缺乏专业的服务外包技术人才,加之其金融环境不及国内沿海地区,中小型服务外包企业贷款较难,企业资金的短缺使其难以在技术上进行创新。

3. 本地市场和外部市场。

市场是产业集群的需求因素。对于服务外包产业而言,本地市场和外部市场的竞争程度将会极大地影响到产业集群的竞争力。

(1)来自国内城市的竞争。在国际竞争中,成功的产业必然先经历国内市场的优胜劣汰,迫使其进行改进和创新,海外市场则是国内市场竞争力的延伸。由于哈大齐工业走廊地处偏远,在市场意识、信息、与国外交往的频率及服务外包产业的整体规模等方面落后于南方和国内经济发达城市。在国家设立的21个服务外包示范城市中,北京综合情况占优且战略地位重要,长三角城市产业集群作用明显,深圳、广州国际地缘优势明显且产业经验丰富,大连已成为与硅谷、班加罗尔、都柏林齐名的全球软件和服务外包发展集中区,这些城市服务外包产业的飞速发展为哈大齐地区服务外包产业的发展带来了不小的压力。

(2)来自印度等新兴经济体的竞争。目前,北美国家、西欧国家和日本等发达国家是全球主要的发包国家。在哈大齐工业走廊所拥有的200余家软件服务外包企业中,绝大部分企业从事着对欧美市场的服务外包业务,这是哈大齐工业走廊抢占并拓展欧美市场的有利基础(矫萍、郭力、李爽,2011)。此外,区域内各城市与日本很多城市之间在经济贸易和文化等方面保持着十分密切的联系,大批日资企业在该区域设立了分支机构,发展对日服务外包。但是,在国际市场上,哈大齐地区的服务外包企业既面临着印度、爱尔兰等国家成熟外包企业的竞争,也受到菲律宾、越南等新兴国家的成本压力。由于从事服务外包业务的时间和积累上的差异,哈大齐地区的服务外包企业在语言、计算机软件以及服务外包的交付流程方面明显比上述国家的企业落后。目前,区域内服务外包企业所承接的国外业务量只占很小比重,还存在着广阔的上升空间。

---

① 相关信息来自《中国服务外包行业研究报告(2010年)》。

第三章　服务外包园区企业的竞争力

（三）结论与建议

运用 GEM 模型对哈大齐工业走廊服务外包产业集群竞争力进行分析与评价，得出如下结论：从总体上来说，哈大齐工业走廊服务外包产业集群竞争力在国内处于中游水平。该集群的发展有一些得天独厚的优势，如地理位置优越，自然资源和人力资源丰富，交通、通信网络及电力基础设施完善，相互关联的企业数量较多等，加上政府重视和大力支持，已兴建了一批条件完备的服务外包产业园，所有这些都促进了哈大齐地区的服务外包产业集群迅速发展。然而，在集群化的过程中，哈大齐工业走廊服务外包产业仍处于比较初级的阶段，企业明显集聚，但是企业规模偏小，供应商能力较弱，专业化生产程度和综合管理水平偏低，自主创新的氛围尚未完全形成，且面临着国内外市场的激烈竞争，此外，服务外包行业协会在市场体系中的中介作用不够突出，与服务外包产业相关的政策法规还不完善。这些劣势都会影响到哈大齐工业走廊服务外包产业的发展及其竞争力的提升。

为此，政府、企业和行业协会都应采取有力措施来促进哈大齐工业走廊服务外包产业集群的发展。政府要起引导和保障的作用，完善管理职能，包括加强宏观调控和服务外包市场的规范化管理，建立健全的、有效的保护知识产权的法律法规；在财政税收、投融资、进出口信贷和信用保险等方面加大支持力度；积极推动服务外包人才实训基地和高层次服务外包人才培训基地的建设，及时为企业提供发包国有关服务外包政策和策略方面的有效信息。服务外包行业协会要发挥好中介作用。一方面，要主动配合政府的工作，包括积极宣传、贯彻鼓励服务外包产业发展的政策，研究服务外包产业的发展规律，为政府部门提供基础数据，向政府反映企业的情况和需求；另一方面，发挥好为服务外包行业和企业服务的职能，包括进行服务外包行业标准体系的制定与修改，对服务外包企业进行资质认定，为企业提供人才培养、引进、成长的公共服务，为企业提供国内外最新的信息和研究成果，大力吸引跨国公司到哈大齐地区投资等。服务外包企业要有全局与长远的意识，企业之间要加强合作，明确自己的分工和定位，共同营造知识和信息共享的创新氛围，选用合理的营销方式，挖掘客户需求，逐步扩大市场占有份额，增强企业自身的竞争力。与此同时，企业应围绕服务外包的需求，培养外包方案的专业策划及运作中的具体操作人才，注重管理人员综合素质的培养，提高他们在战略策划、项目管理、组织领导、沟通谈判、市场开拓等方面的能力。

总之，政府部门、行业协会和企业共同努力，相互配合，才能促进服务外包产业集群的健康发展，真正提升哈大齐工业走廊服务外包产业集群的竞争力。

第四章 服务外包园区的发展模式

第一节 国内外主要园区的发展模式与经验

随着服务外包产业及专业化产业园区在中国的持续发展，未来中国的服务外包产业园区将不仅仅是享受优惠政策的特定区域，而是成为整合全球产业资源、聚集产业要素、推动持续创新以及产业发展、形成经济产出的产业载体，国内外园区发展的成功经验对于我国今后的园区发展就有重要的现实意义。

国内主要园区的发展模式一般按政府调控力度划分为官助民办模式、政府补贴开发模式、政府主导开发模式和企业主导模式。按优势来源划分的园区发展模式有核心禀赋模式、前店后场模式、专业化发展模式、区域中心模式和城市战略模式。

国外服务外包产业园区发展成功的经典案例为印度和爱尔兰的相关园区。印度的服务外包产业走的是"以信息技术外包为主要业务内容，发端于低端，完全依赖国外市场"的发展道路；而爱尔兰则是根据国际市场的需求进行研究开发，大力发展中间产品，接受外包工程订单，主攻非品牌软件产品和服务出口。这两种不同的发展模式都取得了举世瞩目的成就，我们可以从其促进服务外包发展的措施中总结出共性经验。首先，为服务外包产业的发展创造良好的外部环境，主要包括基础设施、政府的各种政策、知识产权保护等。其次，注重人力资源的培养和文化因素的运用。人才的素质是选择承包方的重要标准，主要是因为服务外包产业是知识密集型行业，需要大量高素质人才，并且服务外包要求双方进行实时有效的交流，这就要求有高素质的语言人才。另外，不同文化的国家在价值观上有差异，这种差异可能形成服务外包发展的障碍。最后，充分发挥本国的成本优势。一般来说，承包国都具有低成本优势，它直接影响着本国的服务外包的竞争力。

这两个国家的发展模式也各有其不足之处。首先，印度模式中的外包项目处于价值链的低端，缺乏核心竞争优势。印度软件服务外包是利用低成本优势承接发达国家的非核心软件项目，而这些非核心软件项目技术含量低，处于软件产业链的低端，难以形成核心竞争优势。其次，印度模式的外包业务结构不合理，外包市场过度集中。印度服务外包中有很大一部分是软件外包，其占服务外包的比重大约在85%。而服务外包的发展趋势是多元化，商务流程外包等外包方式迅速发展，使得印度模式中的单一软件外包面临较大的风险。最后，印度软件产品的65%要销售到美国，这种对美国市场的过度依赖，使得印度的软件外包也存在巨大风险。对于爱尔兰模式而言，爱尔兰的公司缺乏企业质量体系认证。爱尔兰的企业

第四章　服务外包园区的发展模式

大部分建立较晚，规模较小，对企业质量体系认证的重视程度不够，从而导致其缺乏企业质量认证体系。

第二节　国外服务外包园区的发展模式

一、印度服务外包园区的发展模式

作为当今世界上最具吸引力的外包目的地国家，印度、爱尔兰和以色列在服务外包领域取得了令人瞩目的成就，被称为世界软件外包中心"3I"。得益于服务外包，三国的软件与信息服务及相关行业的国际竞争力不断增强，并在增加就业、带动出口、促进产业升级等方面也发挥了不可忽视的作用。

印度服务外包产业的大规模发展，是经济全球化深入发展、信息技术进步与对外开放的结果，最早始于软件服务离岸外包，当时主要采取海外派驻员工进行现场服务提供的模式。1985 年，德州仪器公司最早在印度建立电路设计与开发中心，随后，通用电气公司开始将部分研发和业务流程服务外包给维布络（Wipro Technologies）公司，开创了离岸服务外包的新模式。从 1991 年开始，印度政府开始全面解除关税壁垒和出口限制、逐步引入外资、扩大对外开放，特别是电信业的开放，既改善了印度远程通信基础设施的质量，又大幅度降低了成本，不但促使通用等先行者与印度逐步建立了更深入的技术合作伙伴关系，而且越来越多的跨国公司巨头如 IBM、DELL、Oracle、惠普、美国运通（American Express Co.）、英国航空（British Airways）等都将部分后台业务转移到印度，引发了跨国公司离岸业务转移的热潮。2000 年前后，全球计算机遭遇千年虫问题，美国等亟须大量印度计算机人才参与解决，成为印度服务外包产业加快增长的发动机，自此，印度服务外包产业进入蓬勃发展期，大批印度企业快速成长起来。

总体来看，印度服务外包产业的主要发展历程可以分为如下几个阶段：一是 20 世纪 70 年代至 80 年代中期的初创期，本阶段的主要特征是出口导向，创始人具有美国教育背景，几乎没有外国资本、政府和国有企业的参与，以系统维护和应用编程等低附加值业务的现场交付模式为主；二是 20 世纪 80 年代中期至 2000 年初的快速成长期，在本阶段，开放和支持性政策、技术变革及西方跨国公司的进入成为促进产业发展的重要力量，企业数量剧增，但常规编程和系统维护等低附加值工作仍占较大比重，现场服务逐步向离岸服务模式转变；三是 2002 年以来的产业成熟期，印度服务外包产业加快转型升级，积极拓宽供应链，进入工程设计、研发和产品开发等高附加值业务领域，离岸交付开始向全球交付模式转型，领先企业加快进军海外市场。到 2010 年，印度服务提供企业已有多家，总产值达 761 亿美元，占比从 1998 财年的 1.2% 增长到 6.4%；出口 590 亿美元，占印度总出口比重（货物和服务）从 1998 年的不足 4% 增长到 26%，直接带动就业达 250 万人，间接创造就业 830 万人。金融危机不但没有削弱反而强化了印度在全球离岸外包市场的优势地位，占全球比重由 2005 年的 49% 上升到 2010 年的 55%（陈怡、杨琴，2006）。

国际服务外包园区发展的理论与实践

印度服务外包产业发展模式的主要特征如下：

一是对外依存度高。印度服务外包产业最早起步于软件出口和离岸接包，逐步扩展至承接跨国公司业务流程外包（BPO）等更广泛的领域，是出口导向型发展模式的典型范例，这一模式延续至今且随着产业规模的扩大继续强化。20世纪80年代，离岸收入占产业总收入比重稳定在50%左右，2007年增长到74%，到2010年，印度服务外包产业761亿美元的总收入中，有588亿美元来自海外市场，占比进一步上升至77.3%，其中北美市场占61.5%。需要注意的是，尽管表面上来看，海外收入仍占主体地位，但随着印度本土企业的实力迅速增强，国际化进程加快，对外投资收入正在逐步突破简单的出口模式，在收入结构中日益占据重要地位。2010年，印度IT-BPO服务已覆盖到全球66个国家和地区，在海外设有500多个全球交付中心，来自海外分支机构的收入高达120亿美元，占到总体收入的15.8%，外籍雇员人数已超过6万人。

二是印度本土企业构成服务供应商主体。发达国家跨国公司（DMNCs）对于印度服务外包产业发展具有重要作用，但这种作用主要体现在需求和示范效应方面。从供给层面来看，在20多年的快速发展中，本土企业始终是印度服务外包产业的主体，2001~2010年，跨国公司收入占产业收入比重显著提高，从2001年的14.5%增长到2010年的30%~40%，但没有改变以本土服务提供商为主体的产业生态结构。事实上，连续20多年的快速扩张，已催生了一大批具备国际竞争力的印度本土服务企业。2010年，印度有4家服务企业年收入高达50亿美元以上，9家超过10亿美元，75~80家收入在1亿美元到10亿美元之间，已有足够能力在全球市场与发达国家跨国公司展开同台竞争（姜荣春，2012）。

三是多元化发展趋势明显。印度外包企业大多起步于简单的IT服务和软件编程业务，伴随着服务客户需求的不断升级，逐步实现多元化发展并已在全球驱动型服务提供领域占据全面优势，特别是2002年以来，印度服务提供商已建立所有垂直市场的端到端服务提供能力，建立了覆盖全产业链的高附加值业务。在ITO方面，从应用软件开发和维护演进为提供测试服务、基础设施服务、咨询与系统集成服务的全方位服务提供商；在BPO方面，向更广泛和深入的服务阶段演进，涵盖价值链的流程再造、基于分析和知识的平台化服务交付增多。2010年，服务仍是增长最快、占比最大的部分，占到全部收入的58%，全球市场的服务占全部收入的70%，在工程设计研发等新兴知识流程外包（KPO）领域，也产生了90亿美元的收入，可合计占到全球市场的34%，详见表4-1（姜荣春，2012）。

表4-1　印度IT-BPO收入行业构成及占总收入比重（剔除硬件）

行业	IT服务	BPO	软件产品	工程设计&研发（ER&D）	其他	总收入
收入（亿美元）	444.20	168.70	47.20	90.00	10.90	761.00
占比（%）	58.37	22.17	6.20	11.83	14.30	100.00

资料来源：姜荣春. 印度、菲律宾服务外包产业发展模式比较研究及启示［J］. 南亚研究（季刊），2012（4）：5+55-62.

第四章　服务外包园区的发展模式

四是加快向产业链中高端转型升级。经过多年发展，许多印度IT服务提供商——特别是领先跨国服务企业，通过建立咨询能力、从事产品设计和开发（特别是嵌入式系统）和提供其他更高端的IT服务，向价值链高端攀升，带动高附加值服务收入占行业收入比重显著提升。从业务类型来看，工程设计&研发收入占产业总收入比重由2001年的10%增长到2008年的21%，而常规编程工作和维护服务占收入比重由68.9%下降至33.7%。在升级路径方面，有些企业有组织地发展这种能力，专注于技术创新提升核心竞争力，从研发投入水平来看，用于创新和自有知识产权的专利技术开发、工程研究和设计中心的投资已占行业总收入的3.5%（姜荣春，2012），大规模研发支出对产业升级起到关键支撑作用；而另一些则通过收购更小的企业，甚至收购来自国家的企业来获取这种能力，仅2010年，印度服务企业先后进行了多起以上的海外并购，支撑印度服务外包产业发展和升级的因素主要涉及以下几个方面：第一，基于要素层面的比较优势，例如低成本技能劳动力的可用性。第二，持续增长的海外需求。第三，良好的创业生态系统，例如殖民时代遗留的资本主义传统、印度人的创业精神和从未中断的私有制体系、海外移民的作用、发达国家跨国公司、基础设施和产业集群、政府政策及其上述因素之间的复杂互动关系。印度经验表明，劳动力要素优势、快速增长的需求以及创业精神是开创服务外包产业的关键力量，但是，在产业升级过程中，西方跨国公司的有效参与，电信、金融和教育以及知识产权方面的政策支持必不可少。

二、爱尔兰服务外包园区的发展模式

爱尔兰以信息技术为主的外包产业始于20世纪70年代末期，经过30多年的发展，形成了自己的特色模式，在欧洲软件市场上，60%的信息技术及其配套产品都在爱尔兰生产加工，其获得了"欧洲软件之都""新的硅谷"等称誉。爱尔兰服务外包产业带动了经济的持续增长，促进了产业结构升级，因此，爱尔兰的服务外包产业发展模式值得研究。

爱尔兰全国建有工业及技术园区99个。软件园区主要集中在都柏林，如南郡商业园、布兰特园区、数字港等。政府对园区的基础设施（包括通信）投资进行补贴，企业租金相对低廉。同时，爱尔兰政府成立了专门机构负责招商引资，简化工商手续，提供优质服务。开办一家软件公司，只需10分钟即可办妥一切手续。为适应国际投资和资本运作的需要，为外国公司提供更加有效和优质的金融服务，1985年，首都都柏林设立了国际金融服务中心，现代化、高效率的环境吸引了世界各大银行及金融机构、财团在此设立分部，使都柏林发展成为又一个世界金融中心。为鼓励私人投资网络和软件开发服务业，政府还于1996年专门设立高新技术产业风险基金，并制定了电子商务战略。

过去爱尔兰对研发投入不足，但2010年以来这种现象大为改观。一方面，建立国家科技园，促进大学、研究开发机构与企业紧密合作，最有代表性的是建在爱尔兰西部的列墨瑞克大学和国家科技园，它们不仅在运行上而且在组织结构上都充分体现了这种产学研"三位一体"的紧密联系。另一方面，政府对战略性技术领域的基础研发和行业研发（例如软件和IT业）的资金投入大幅度增加，包括在大学进行的基础和应用方面的研发项目，以及公司内部的研发和新产品开发项目。为了支持大学进行应用研发工作，政府成立了专门机

国际服务外包园区发展的理论与实践

构,即爱尔兰科技基金会(Science Foundation Ireland, SFI),以促进、支持公司在爱尔兰开展具有世界水平的研发工作。SFI 管理着一笔 4 亿美元的基金,专门用来扶持未来几年基础软件和 IT 方面的研究工作。对于像爱尔兰这样规模的国家来说,这代表着巨额的资金投入,是又一个推动产业发展的必要举措。

爱尔兰研发投入占 GDP 的比例由 1988 年的 0.44% 提高到 1997 年的 1.11%,2003 年已经达到了 1.5%。1997 年爱尔兰本国的软件业研发投入从 460 万爱尔兰镑激增到 3 455 万爱尔兰镑,是外国公司研发投入增加速度的 2 倍多。

这一举措证明,爱尔兰已经充分认识到,如果希望软件产业保持近年的发展水平,那么,爱尔兰必须成为软件研究和创新的主要国家。

(一)重视教育

爱尔兰政府非常重视教育,教育支出占公共支出的 14% 左右,在瑞士洛桑国际管理学院的全球竞争力报告中,爱尔兰被评为欧洲教育质量最高的国家。在各个层次的教育体系中,爱尔兰政府将技术素质的培养放在首位。为培养学生的技术素质,爱尔兰政府在各个学校配置多媒体个人电脑,为每个老师和学生提供因特网接口,投入 3500 万美元建设欧洲媒体实验室等,这为 IT 服务外包的发展奠定了重要基础。

(二)企业恰当定位和开发商成功运作

1. 开发商的成功运作。

香依开发公司设有 11 人的董事会,其任命的执行主席领导知识事业、旅游、运行服务、计划与研发四个部门负责人,全公司仅有 200 人,在负责香依开发区建设运营及外国直接投资的同时,还负责整个香依地区的工业和旅游管理,每年实现 8 000 万欧元的营业额。该公司在建设运营香依开发区过程中,十分强调创新与变革,使各项工作随着园区与区内企业的发展而不断调整,与区内企业的发展目标和利益紧密相关,为企业提供免费的、优质高效的服务支持。

2. 合适的选址及完善的功能配套。

开发区所在的香依地区跨越爱尔兰中西部 5 个郡,拥有便利的水、陆、空交通条件,且风景独特、古迹繁多。香依开发公司不仅不断完善开发区内各种服务设施,还对其周边持之以恒地进行综合性开发,兴建了许多世界一流的高尔夫球场和水上运动中心,同时大力推介当地旅游资源和旅游项目,努力打造世界级的生活、学习和休闲胜地,这些举措进一步提升了开发区所在地区吸引外资的区域性优势,也是香依开发区成立近半个世纪以来吸引外资历久而不衰的秘诀之一。

3. 自我定位的爱尔兰软件企业。

爱尔兰自己的软件企业绝大部分是在 1996~1998 年间创办的,员工人数为几个人到几十个人的企业较多,上百人的规模就算大企业了。虽然在随后的几年间,国内公司和跨国公司在规模上都有了增长,但是本国公司中小公司的数量仍然是比较多的。这些企业的共同特点是:大部分是在原来从事软件咨询与服务业务的公司基础上发展起来的,即为跨国公司进

第四章　服务外包园区的发展模式

入欧洲市场提供咨询与服务；大部分企业在为跨国公司提供咨询服务的后期，找到了自我发展的定位和机会，开始形成了一些产品或产品方向；善于自我包装和宣传，其明显特征就是在公司名称前通常冠以"某某集团"；资金主要来自私人资本、风险投资和少量政府资助。

截至2004年底，爱尔兰拥有软件企业900余家，从业人员达3万人。20世纪90年代初，政府作出了一项重要决议，决定提高软件生产成熟度水平，1991年成立了软件工程中心（The Center for Software Engineering），协助爱尔兰的软件产业发展，使其更加成熟化、标准化。目前，国内对获得ISO9000和CMM认证感兴趣的软件公司越来越多。在软件产业大约900个公司中，有100多个已经取得了ISO9000认证、CMM2或更高级的认证，更多的公司正在采取这些标准进行质量管理。

由于一批大型跨国公司的进驻，带动了爱尔兰本土企业的成长，如AePONA、EWARE、Network365、Telecom、Trintech、Xiam等。爱尔兰本土软件企业有750多家，占总数的84%，但创造出的软件出口额只占6.3%，可见，爱尔兰本土企业规模比较小，而外国企业虽然数量少，却是爱尔兰软件产业的主力军。爱尔兰软件业国内公司的平均员工规模为16人、平均年产值为140万美元，而跨国公司分别为84人和5 500万美元。

第三节　国内服务外包园区的发展模式

随着服务外包"千百十"工程的推进，中国服务外包园区的建设如火如荼，在全国各个省份遍地开花，这对于中国的产业结构调整是具有重要意义的。本节将以我国几个知名园区为例进行分析，对我国服务外包园区发展模式进行研究，并总结我国服务外包园区发展的阶段性经验。

一、模式划分

（一）国内服务外包园区发展的四种模式（以政府调控力度为划分标准）[1]

服务外包产业在我国虽然起步较晚，但以大连为首的服务外包基地城市已开始逐渐形成以下四种模式。

1. 官助民办模式（捆绑式综合开发）。

采用一次性低价或平价出让土地，捆绑式综合开发，完全市场行为，公司独立经营、自负盈亏，区内按功能分块，即软件及教育产业区、信息服务产业区、综合商务区、生活配套区及森林公园。在项目初期，用后三项功能区的盈利，弥补为促进招商而提供的优惠及招商不足导致的办公楼利用率低以及前期因建设贷款等导致负债率高的亏损，以达收支平衡。该种模式的代表园区首推大连软件园，现大庆市也拟采用该种模式。

大连软件园是于1998年由亿达集团出资兴建的专业化软件园区。大连软件园一期规划

---

[1] 该部分大连软件园相关信息均来自《"大连软件园"项目介绍》。

国际服务外包园区发展的理论与实践

面积2.98平方千米，投入资金30亿元，建成50万平方米的产业开发、教育培训设施和20万平方米的生活配套设施。二期工程规划范围为沿旅顺南路两侧，可用地面积约8.6平方千米，规划建筑面积400万平方米，总投资逾150亿元。大连软件园已成功引进软件企业326家，其中41%为外资企业，世界500强企业32家，包括IBM、Genpact、HP、埃森哲、SAP、松下、诺基亚、索尼等著名软件企业，2005年实现软件销售收入84亿元人民币，出口2.7亿美元，初步形成了软件开发、业务流程外包、网络通信、IT教育、信息服务、软件技术研发等专业化的产业格局。

2. 政府补贴开发模式。

采用公司经营、政府入股、公司招商、政府补贴的开发模式。武汉采用该模式进行起步开发。武汉于2006年下半年开始，在没有服务外包产业基础的东湖经济技术开发区，采取与大连软园股份公司合作的方式，以12万平方米左右的国有在建未完工办公楼折价入股，合作共建了光谷软件园，借以启动服务外包产业发展。武汉除制定促进服务外包产业政策以外，为保障软件园初期因招商优惠导致的亏损，还给予光谷软件园亏损性政策补贴。补贴年限以企业开始盈利之日为限。该补贴的计算标准为按当地成本计算，每平方米租金收入不低于1.7元，才可使园区收支达到平衡，故当地政府以1.7元的房租标准，按100%可出租面积计算，与软件园实际租金收入的差额部分由其出资予以弥补，直至企业收入平衡。光谷软件园于2007年4月成功引进了世界500强的EDS公司入驻，建立全球服务中心（GSC）。签订1万平方米的7年合约（前5年免房租）。

3. 政府主导开发模式。

由政府下属的国有公司开发、建设并运营。成都市均采用这种模式。2005年，成都市政府与东软集团在青城山脚下共同开发了学院、产业两结合的服务外包园区。建设模式为：政府以零收益地价（约4.5万元/亩）转让土地约400亩，由政府出资修建包括综合商务区、生活配套区等相关基础配套。2007年初，成都市在高新技术开发区已有20多万平方米办公楼的基础上，又在该区域规划了4平方千米的土地，用于服务外包产业园区的建设，主要设施仍以政府出资建设为主。

天府软件园的建设总投资约110亿元，全部由成都高新投资集团（管委会下属的国有制公司）投资，建设完工移交天府软件园成都天府软件园有限公司（成都高新投资集团的全资子公司）运营，公司实行全额拨款核算方式。天府软件园不负责出售和出租价格，只负责出售率和出租率，相当于只具备物业管理和招商两项职能。即年初由天府软件园上报全年计划，包括宣传、培训、人工费、运营维护成本，提交成都高新区管委会和成都高新投资集团，由上述两家审核后，进行拨款运营。

4. 企业主导、政府配合模式。

此种模式为天津采用。在综合商务、生活配套相对成熟的区域周边，规划2平方千米的土地，建设以企业为主导的服务外包产业园区，在已经相对成熟社区的基础上由政府出资建设提供诸如廉价公寓、部分平价住房、小型高档娱乐设施等相关配套。天津泰达开发区于2007年1月25日推出了操作性强、优惠度高的《促进服务外包产业发展的暂行规定》，引起北京大中型服务外包承接商的高度关注。

第四章　服务外包园区的发展模式

（二）国内服务外包园区发展的六种模式（以优势来源为划分标准）

当前主要的差异化发展模式有核心禀赋模式、前店后场模式、专业化发展模式、区域中心模式、城市战略模式、"双向联动"模式。

1. 核心禀赋模式。

所谓禀赋，在服务外包领域里主要是指园区所处的宏观环境，也就是城市的条件禀赋，具体包括城市的通信和交通条件、区位优势条件、服务业发展状况等。核心禀赋是园区发展的先天优势，主要适用于拥有绝对资源优势的经济中心城市，如北京、上海等。

北京作为中国的首都，拥有得天独厚的资源优势，中关村科技园区被誉为中国硅谷，利用北京的城市品牌，借助其完善的基础设施、丰富的人力资源、雄厚的科技实力，吸引众多外企进驻，采用创新与培育相结合、重点发展高附加值服务外包的发展模式。上海是中国最主要的经济金融中心和对外贸易口岸，借助国际化大都市的影响力，上海形成一批外包产业集聚、规模经济效益明显的服务外包园区，重点打造以浦东新区为代表的国际化综合服务外包园区。

2. 前店后场模式。

这一模式指的是依托资源丰富的中心城市，形成"前店"，充分利用大后方的资源优势，发展细分产业，形成"后场"，这样就形成了"前店"带动"后场"的区域产业联动发展模式，能够合理有效地配置资源，节约成本。像天津这类紧靠国内一线城市的地区发展服务外包就适用于此种模式。天津毗邻首都北京，借助这种地理优势和自身的资源条件，成为北方最大的金融商贸中心和国际航运及物流中心，具备了相当的技术实力，逐步形成了以开发区和新技术产业园区为核心的离岸服务外包产业集群。深圳与中国港澳地区和东南亚为邻，利用得天独厚的区位优势，便利的人才、物资、信息的流动，以及庞大的制造业基础和高度发达的软件产业，主打"深港合作"的服务外包园区发展模式。

3. 专业化发展模式。

专业化发展强调服务外包园区的专业性，园区内服务外包企业专注于某个领域，并且具有绝对的竞争优势，由于业务方向较为单一，便于园区内统一管理并且形成专业配套的产业链，运用产业集群的规模效应达到控制整个园区内企业成本的目的。例如大庆作为国内最大的石油生产基地和重要的石化工业基地，服务外包园区则重点打造"石油石化"产品，采用以高技术、低成本的核心盈利模式为基础的专业化服务外包发展模式。

4. 区域中心模式。

区域中心主要指省会城市，省会城市作为全省经济文化中心，能够快速有效集合全省资源，区域中心模式就是将省会城市作为发展载体，带动全省服务外包产业的综合集聚发展。以济南市齐鲁软件园为代表进行说明。济南市是山东省唯一服务外包基地城市，齐鲁软件园是唯一示范外包园区，它可以充分利用济南市至整个山东省的优秀资源，代表山东省服务外包发展水平，同时也承担着山东省的主要发展目标。

5. 城市战略模式。

城市战略模式是指将服务外包园区的发展放在一个城市战略部署的高度，将外包园区

国际服务外包园区发展的理论与实践

作为城市战略实施的主体，实行"城市—园区"紧密结合的一体化发展模式。这一模式适用于将服务外包列为重点发展对象并且产业结构较为单一的城市，如无锡、大连等。无锡市把大力发展软件与信息服务业作为解决太湖环境污染问题、走城市可持续发展战略的重大举措之一，大力推进服务外包载体建设，形成了太湖科技园、新区创新创意产业园、滨湖创意设计产业园等一批较大规模的产业群体。大连在20世纪90年代初就明确了大力发展软件及信息服务业的战略思想，1998年开始兴建大连软件园，采取"官助民办"的服务外包发展模式，加快产业园区建设，制定各项人才培育和引进的优惠政策，通过定期举办国际服务外包交易会来宣传推广软件园区形象，打造全球软件和服务外包一流的产业园区。

6."双向联动"模式。

立足于区域发展特点，采取园区服务外包与国际投资联动、货物贸易与服务贸易联动、"在岸"与"离岸"服务外包联动的"双向联动"发展模式，对解决园区发展中存在的问题、构建产业科学发展体系、实现园区可持续发展具有重要意义。采取"双向联动"模式的可行性在于：第一，适应我国服务外包产业的发展趋势。当前，我国服务外包产业面临三大转变，即以产业要素培养为主的内生式发展向各要素协同发展转变、以政府为主的政策导向式发展向市场导向式发展转变、以自由成长的发展模式向以投融资为中心的整合式发展模式转变。"双向联动"发展模式是实现产业转型升级的有效途径。第二，符合我国服务外包产业发展规划中"量的增长和质的提升"的要求，对服务外包产业跨越发展、持续发展和协调发展起到积极作用。第三，符合中部地区服务外包产业的自身发展特点。中部地区服务外包园区是现代服务业的聚集区，是吸引物流、商流、人员流的重要载体，与资本、贸易、市场发展密切相关，也是打造服务外包城市群和产业带、发挥特色化和差异化发展优势、构建内陆地区开放型经济区的重要途径。"双向联动"模式将促进中部地区服务外包园区的科学发展，为加快实现产业二次转移起到重要作用。我国中部地区服务外包园区采取"双向联动"模式时，主要以服务创新为支撑，实现服务外包与国际投资的"双向联动"；以产业链建设为核心，实现货物贸易与服务贸易的"双向联动"；以"国际化"为导向，实现"离岸"与"在岸"外包"双向联动"。

二、国内服务外包园区发展的经验

（一）大连软件园的发展经验[①]

1. 大连软件园的发展历程。

"官助民办"模式既是大连软件园经营体制的核心优势及其差别化经营的主要特征，同时也给大连软件园与当地政府沟通带来了一些障碍。大连软件园的经营主体只是一家民营企业，不具备政府派出机构的身份。除大连软件园外，大连市还另设有高新技术开发区，该开发区与国内其他地区的开发区运营模式基本相同，由市政府派驻的管委会负责管理，在区内

---

① 朱枫杰."官助民办"为大连软件园插上腾飞的翅膀 [J]. 中国改革，2003（12）：57-58.

第四章 服务外包园区的发展模式

也聚集了一批有实力的大型服务外包企业,这两个同城园区在招商等方面存在一定的竞争。相比之下,作为政府派出机构,大连高新技术开发区与政府及相关主管部门的关系更为紧密,在与政府协调的某些方面,大连软件园不具备优势。尽管大连市政府十分重视服务外包产业的发展,在国内较早提出鼓励服务外包发展,同时也是国内服务外包产业发展氛围较好、政府行业管理水平较高的城市之一,但随着越来越多的城市及其软件园区或开发区参与承接服务外包的竞争,一些地方政府为争夺项目,给予服务外包企业优惠政策的力度远远超过了大连软件园,这增加了大连软件园发展的不确定性。

大连软件园的成功很大程度上得益于其独特的"官助民办"模式。所谓"官助"是指政府通过政策和资源聚集,在土地规划、国际招商、政策实施等方面给予软件园有针对性的指导和推进;而"民办"则是由企业按照市场化原则,提供软件基地开发、招商引资、商务配套以及面向软件企业的专业服务。"官助"与"民办"充分调动了政府和企业两方面的积极性,一方面体现了政府政策的前瞻性和指导性;另一方面发挥了市场在资源配置中的主导作用,克服了政府行政管理的低效率,为入园企业提供更为全面、高效的服务(见图4-1)。

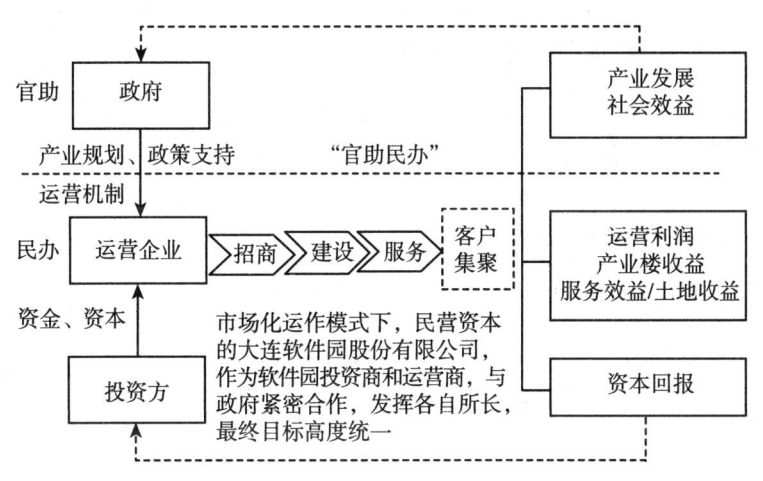

图4-1 大连软件园的"官助民办"模式

资料来源:自大连软件园官网查询整理。

体制创新赋予了大连软件园活力与效率,也使其成为中国服务企业尝试差别化经营的经典实例。在这一独特的经营模式和管理体制下,以民营资本为主的大连软件园股份有限公司作为经营主体,承担园区从土地开发、物业建设到招商引资、物业运营、企业服务的全过程经营管理,以大连高新技术园区管委会、信息产业局为主的政府部门则通过土地规划、政策扶持、环境建设、完善服务体系等功能,为园区及软件企业发展创造良好的环境(见表4-2)。实践表明,"官助民办"模式符合软件和服务外包企业发展所需的园区运营条件,对大连软件园自身以及大连市服务外包产业的高速发展提供了不可或缺的体制保障。

国际服务外包园区发展的理论与实践

表 4-2　"官助民办"模式下 DLSP 与政府相关部门的关系

政府支持主体：高新技术园区、信息产业局	园区开发主体：大连软件园股份有限公司
1. 根据"官助民办"模式，对园区土地开发过程中的土地征用、土地出让金减免、各项税收减免等提供系统支持政策，并严格按照规划进行土地控制	1. 土地开发
2. 为园区开发提供贴息贷款和政府担保，争取国家、省级立项和专项经费支持	2. 园区规划设计
3. 出资邀请权威咨询机构进行产业规划和园区建设规划，协助园区确立发展方向	3. 产业设施设计和建设
4. 利用政府资源组织海外招商活动，帮助园区开拓国际市场，扩大招商成效	4. 物业管理
5. 举办"软交会"，在全国进行形象宣传，在当地营造良好外部产业发展环境	5. 招商引资
6. 制定针对软件行业的专项人才奖励政策和企业保险优惠政策，增强吸引力	6. 生活配套服务区建设
7. 出资且组织有条件的企业集体参加 CMM 评估，搭建园区技术开发平台	7. 投资软件学院和培训
8. 出资且组织国外和国内的巡回招聘活动吸引人才，搭建人才入连的门户网站	8. 构建外包门户业务体系
9. 制定跨国公司投资和大面积租赁物业的补助政策，提高园区招商竞争力	9. 提供人力资源招聘和派遣服务
10. 将入园企业税收地方留成部分按比例返还园区开发商用于产业再投资	10. 建立"一站式"客户服务体系
11. 在园区规划过程中留出专用土地优先给予开发商进行房地产开发，其收入补贴产业投资	11. 建立外包联盟帮助企业发展外包业务
12. 规范人力资源流动、外包业务报价等行业行为，帮助开发商建立服务平台等	12. 以 BOT 模式为跨国公司提供前期业务支持等

资料来源：自大连软件园官网查询整理。

同时，为协调政府和客户之间的关系，大连软件园采取集聚与协作的理念和灵活的方式，在政府与服务外包企业之间架起了沟通的桥梁。一方面，帮助政府了解企业的发展状况和行业动态，使政府主管部门及时掌握企业对投资环境和扶植政策等方面的需求；另一方面，向企业提供国家的产业政策导向、信贷支持等相关信息和咨询服务（见图 4-2）。

第四章 服务外包园区的发展模式

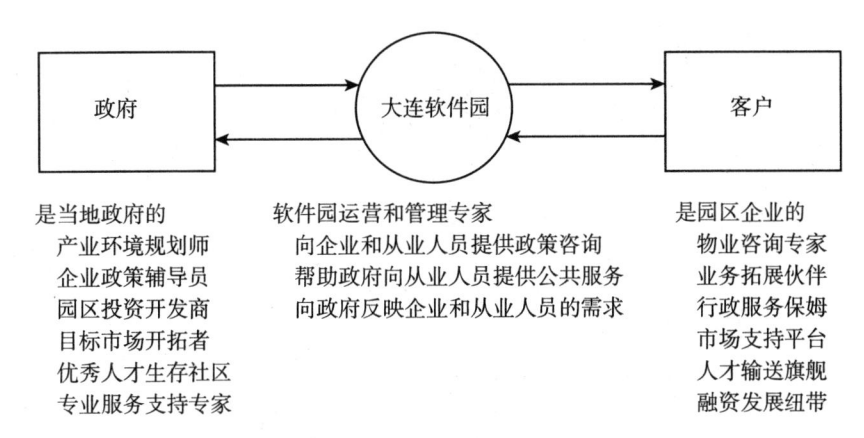

```
     政府  ⇄  大连软件园  ⇄  客户
```

是当地政府的　　　　　软件园运营和管理专家　　　是园区企业的
　产业环境规划师　　　　向企业和从业人员提供政策咨询　　物业咨询专家
　企业政策辅导员　　　　帮助政府向从业人员提供公共服务　　业务拓展伙伴
　园区投资开发商　　　　向政府反映企业和从业人员的需求　　行政服务保姆
　目标市场开拓者　　　　　　　　　　　　　　　　　　　　市场支持平台
　优秀人才生存社区　　　　　　　　　　　　　　　　　　　人才输送旗舰
　专业服务支持专家　　　　　　　　　　　　　　　　　　　融资发展纽带

图 4-2　大连软件园：政府与园区企业之间的桥梁

资料来源：自大连软件园官网查询整理。

2. 大连软件园的服务体系与竞争优势。

大连软件园为入园企业提供的服务有两个突出的特色：一是专业化。服务外包企业对网络设施的稳定性以及数据快速、安全传输等方面的要求较高。同时，服务外包也是高层次、国际化人才集中的领域。针对这些特点，在园区的软硬件条件配备上，大连软件园着力体现行业的发展规律和特点，构建适合承接国际服务产业转移的商务空间和专业支持平台，不断创新和丰富面向客户的增值服务内容，并为服务外包企业提供投融资、业务对接等专业化服务。二是系统化。由于采取企业化运作，大连软件园服务项目的投资和拓展更为灵活高效，能够为服务外包企业提供人力资源支持、基础设施建设、网络设施、物业服务、产业合作等全方位的服务（见图4-3和图4-4）。

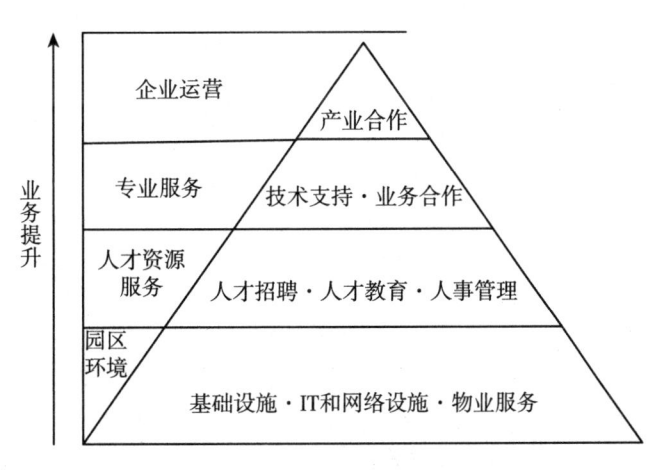

业务提升（金字塔自上而下）：
- 企业运营 —— 产业合作
- 专业服务 —— 技术支持·业务合作
- 人才资源服务 —— 人才招聘·人才教育·人事管理
- 园区环境 —— 基础设施·IT和网络设施·物业服务

图 4-3　大连软件园的服务体系

资料来源：自大连软件园官网查询整理。

89

国际服务外包园区发展的理论与实践

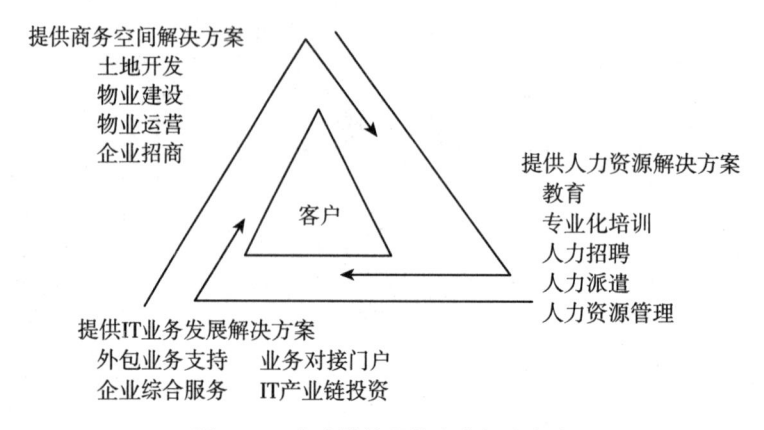

图 4-4 大连软件园的客户解决方案

资料来源：自大连软件园官网查询整理。

  大连软件园的专业化和系统化服务集中体现在其"交钥匙工程"中。"交钥匙工程"即采取"BOT"方式，由大连软件园按照企业的要求提供顾问型定制物业，由企业或软件园进行人员招募、管理和培训，待入园企业正式投入运营后，大连软件园再将所有人员移交给企业。2002年，DLSP 一次性通过 ISO9001 质量管理认证体系，成为国内鲜有的从园区开发到建设、从物业管理到企业服务全业务流程通过该认证的专业机构。作为大连软件园核心能力的重要组成部分，这种"交钥匙工程"为入园企业和软件园区提供了合作共赢的机会，企业可以缩短投资周期，降低风险，而软件园区则可以获得服务的规模效应，提高服务质量（见图 4-5）。目前，大连软件园的服务模式被多个国内服务外包基地城市学习借鉴，特别是定制式物业管理，已在武汉、苏州、天津、成都、济南等城市推行，从而带动了国内服务外包基地和软件园区总体服务水平的提高。

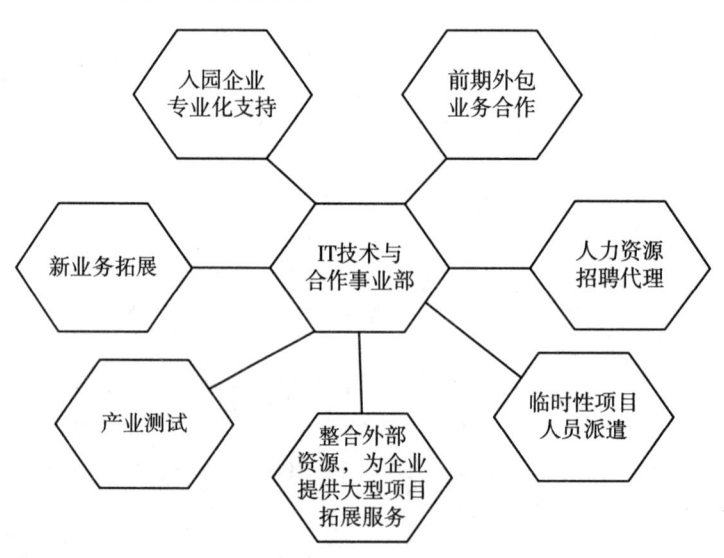

图 4-5 大连软件园的一揽子客户解决方案：BOT 模式

资料来源：自大连软件园官网查询整理。

第四章　服务外包园区的发展模式

不断完善的人才培训体系是大连软件园的又一服务特色，也是其竞争优势的重要表现。服务外包对人力资源的综合素质要求较高，加之行业技术更新快，传统高校教育很难满足服务外包企业的人才需求。为此，大连软件园在国内率先投资软件教育和服务外包专业培训，先后投资参股东软信息学院、交通大学软件学院等民办高等教育机构，投资参股泰克现代教育等专业培训机构，并在苏州工业园建立服务外包职业学院（见图4-6）。其中，东软信息学院是国内最早开设的软件与信息服务专业学院之一，在校生总数约15 000人，并且在四川成都和广东南海设有分校。大连软件园通过与服务外包企业、大学（培训机构）签订三方协议，根据服务外包不同岗位的要求以及行业发展的最新趋势，为企业安排定制式培训，大大提高了大学毕业生的实际工作技能，一定程度上降低了服务外包企业的培训支出及其风险，改善了软件园区乃至大连市服务外包行业的人力资源供应结构。

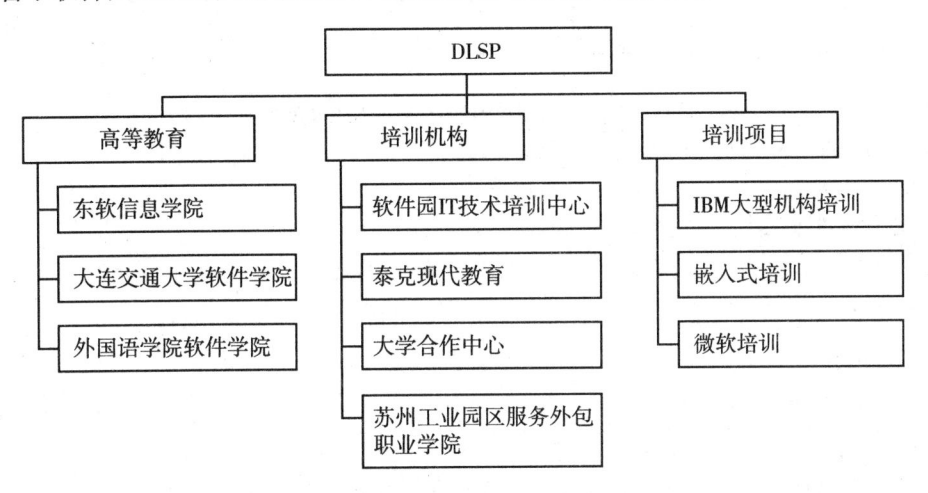

```
                        DLSP
        ┌────────────────┼────────────────┐
     高等教育          培训机构          培训项目
    ┌────────┐     ┌──────────────┐   ┌──────────────┐
    │东软信息学院│     │软件园IT技术培训中心│   │IBM大型机构培训│
    ├────────┤     ├──────────────┤   ├──────────────┤
    │大连交通大学软件学院│     │泰克现代教育│   │嵌入式培训│
    ├────────┤     ├──────────────┤   ├──────────────┤
    │外国语学院软件学院│     │大学合作中心│   │微软培训│
                    ├──────────────┤
                    │苏州工业园区服务外包职业学院│
```

图4-6　大连软件园的培训体系

资料来源：根据大连软件园官网提供的资料整理。

3. DLSP品牌运作的进展。

品牌作为消费者识别商品和服务的重要标志，是构成企业产品差别化或经营差别化策略的主要内容。相对于生产有形产品的制造企业，服务企业的品牌经营难度较大。随着服务领域竞争加剧和全球化程度提高，越来越多的服务企业开展品牌运作。大连软件园在成长过程中不断强化品牌意识，逐步完善DLSP的品牌影响力，并通过品牌运作，巩固提升大连软件园的竞争优势。

DLSP品牌发展主要经历了四个阶段：（1）1998~2002年是DLSP品牌的孕育阶段，这一阶段DLSP品牌以"大连软件园"的文字形式出现，企业发展的重点集中在硬件建设方面，主要关注国际服务外包与本土业务的对接模式，品牌塑造未进入大连软件园的核心议题。（2）2003~2006年是DLSP品牌的形成初期，大连软件园先后提出了建设"中日软件产业合作战略门户""中国IT外包中心""东北亚服务外包中心"的品牌定位，并以国际化的视野谋划软件园的发展。（3）2007~2008年是DLSP品牌的发展期，基于行业发展趋势和市场需求，大连软件园开始整理自身发展模式的发展经验，通过构建输出体系，加快

国际服务外包园区发展的理论与实践

DLSP 模式的域外移植，先后启动了武汉、天津、苏州等软件园项目，并在企业扩张过程中实现了战略调整。(4) 2009 年 DLSP 品牌进入成熟发展期。大连软件园推出了全新的品牌标志，明确提出公司新的经营定位：商务园区经营管理专家。以打造智能环保科技新城为目标，致力于成为全球软件和服务外包企业在中国开展业务的最佳合作伙伴和服务提供商。这一定位将 DLSP 的主要业务归于承接服务外包企业的辅助业务外包，从而由单一的软件园区经营管理者转向更为专业化的综合解决方案服务提供商，进一步突出企业的核心能力（见图 4-7）。

图 4-7 大连软件园的品牌定位和发展架构

资料来源：自大连软件园官网相关资料查询整理。

4. 大连软件园发展面临的挑战。

理论上来讲，实行差别化经营通常需要付出额外的成本。如果企业在经营过程中出现无法形成价值独特性、过度追求差异化，或不能充分了解歧异性经营成本的代价、不能正确认识买方细分市场等问题，都会造成差别化经营的失败。从这一角度来看，采取差别化经营策略的企业必然存在一定的风险。这些风险包括以下几个方面：(1) 差别化经营模式创新的初始投入以及创新失败的风险；(2) 差别化经营模式的外部效果，即竞争对手的模仿和学习；(3) 市场环境的变化有可能削弱差别化经营模式的歧异程度，或使差别化模式不再适用。随着全球服务外包竞争日益激烈以及国内各地方政府发展服务外包积极性不断提高，大连软件园发展的外部竞争压力增大，其独特的经营模式也面临着新的挑战。目前，大连软件园发展主要面临着六个方面的问题和挑战（见图 4-8）。

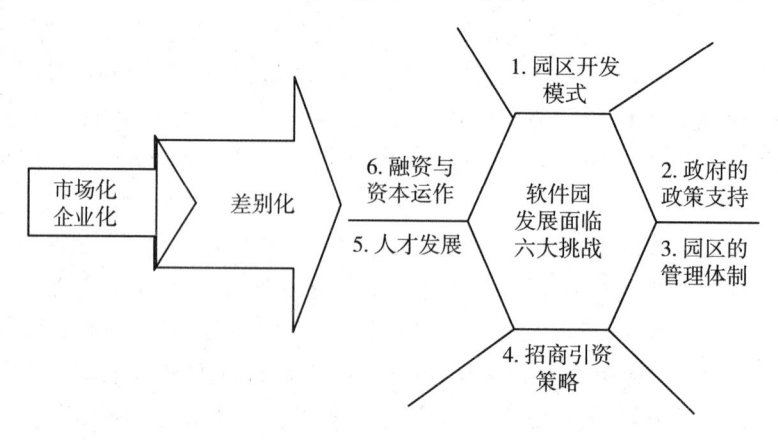

图 4-8 大连软件园面临的挑战

资料来源：自大连软件园官网查询整理。

第四章　服务外包园区的发展模式

（1）园区开发模式。"官助民办"模式既是大连软件园经营体制的核心优势及其差别化经营的主要特征，同时，也对大连软件园与政府的沟通造成了一些障碍。由于大连软件园的经营主体只是一家民营企业，不具备政府派驻机构的身份。除了大连软件园外，大连市还设有高新技术开发区，该开发区与国内其他地区的开发区运营模式基本相同，由市政府派驻的管委会负责管理，在区内也聚集了华信等一批有实力的大型服务外包企业，这两个园区在招商等方面存在一定的竞争。相比之下，大连高新技术开发区与政府及相关主管部门的关系更为紧密，这使大连软件园在与政府的协调方面处于劣势。

（2）政府的政策支持。大连市政府十分重视服务外包产业的发展，大连是国内最早提出鼓励服务外包发展的城市之一，同时也是国内服务外包产业发展氛围最好、政府行业管理水平最高的城市之一。尽管服务外包发展的政策环境不断改善，但由于国家对服务外包仍缺乏战略层面的支持，制约了大连软件园服务外包升级发展。如国家软件与集成电路的支持政策规定，获得国家支持的软件产品或企业必须拥有自主知识产品，由于软件外包企业没有自己的知识产权，因而国家支持政策特别是资金投入不适用软件外包企业。实际上，不少软件企业为承接更高层级的外包业务，在软件开发方面投入巨大，开发能力也逐步提高，但服务外包企业的这些投入却无法获得政府更有效的支持。另外，随着越来越多的城市及其软件园区或开发区参与承接服务外包的竞争，很多地方政府为争夺项目，给予服务外包企业优惠政策的力度远远超过了大连软件园，这使大连软件园的发展面临更多的不确定因素。

（3）园区的管理体制。尽管大连软件园的管理体制在国内各类园区中处于先进水平，也具有差别化的竞争优势，然而，随着DLSP在大连当地的发展及其域外扩展情况，大连软件园在获得规模效应的同时，其管理体制的独特性有可能被弱化。DLSP投资或托管的各园区之间也出现了招商引资、外包项目、人才引进等方面的竞争，加大了DLSP内部管理与协调的难度，加之各地对大连软件园模式学习和模仿所产生的溢出效应，致使DLSP管理体制升级创新的压力增大。同时，"商务园区管理经营专家"的全新定位也给大连软件园业务设置及其管理体制的调整提出了更高的要求。

（4）招商引资策略。作为成熟的服务外包园区，大连软件园已经不再将优惠措施作为招商的主要手段，而是将集聚优质资源、提升招商层次和提高园区空间利用效率作为招商的基本原则。然而，如何适时调整招商引资策略、协调改善招商质量与降低招商成本之间的关系，是大连软件园面临的又一严峻挑战。

（5）人才发展。不论对大连软件园自身还是入园的服务外包企业来说，高素质的人才都是实现可持续发展的基础。由于当地人才培养的规模和水平有限，为适应服务外包急剧扩展的发展态势，大连需要从域外和境外引进大量IT领域的技术和管理人才。目前，虽然大连市仍有一定的成本优势，但不断上涨的工资水平给服务外包企业带来了压力，而总体薪酬低于北京、上海、深圳等城市的现状又加剧了高端人才的流失，大连软件园乃至整个大连市服务外包产业的人才供给状况不容乐观。同时，尽管大连的城市吸引力不断提高，但与北京、上海等国际化大都市相比，在为各类人才提供个人发展机遇、满足高端人才对城市功能的多元化需求等方面仍有一定差距。

国际服务外包园区发展的理论与实践

（6）融资与资本运作。与北京、上海、深圳等金融中心相比，总体来看，大连的金融氛围相对薄弱，先进的金融业态不够丰富，一定程度上制约了大连软件园的融资和资本运作。另外，大连软件园自身的资本运作能力也有待进一步提高。在尝试与国内外投资机构开展合作的同时，应加强监控，对企业资本运作的风险进行有效的预判。不仅通过高质量的资本运作加快软件园自身的扩张发展，而且为入园企业特别是成长型的中小服务外包企业提供融资服务，从而进一步提升 DLSP 的服务能力和层级。

（二）苏州工业园区的发展经验[①]

苏州工业园区是中国和新加坡两国政府的重大合作项目，于 1994 年 2 月经国务院批准设立，同年 5 月实施启动。园区行政区划 288 平方千米，其中，中新合作区 80 平方千米，下辖三个镇。经过 20 多年的开发建设，苏州工业园区已成为全国发展速度最快、最具国际竞争力的开发区之一。

面对服务全球化带来的历史性契机，苏州工业园区凭借雄厚的产业基础，以大量知识型劳动者为依托，率先推动区域经济由先进制造业向现代服务业的转型升级。截至 2011 年底，登录系统的企业累计 554 家，从业人员 5.5 万人，企业获得各类外包相关国际认证 161 项，其中，CMM/CMMI 三级以上认证 50 项，ISO27001 认证 82 项；累计 72 家企业获得技术先进型服务企业认定；入驻园区的全球服务外包百强企业达到 10 家。ITO、BPO、KPO 业务产值的比例为 52∶22∶26。美国、日本以及中国台湾和香港是最主要的离岸业务来源地，来自这四个区域的离岸合同签约额和执行额均占 60% 以上。

1. 打造外包载体和公共服务平台。

园区根据不同产业的特殊需求，精心打造各类服务外包载体，现已形成以国际科技园、创意产业园、腾飞苏州创新园为依托的信息技术外包集聚区，以生物产业园为依托的生物医药外包集聚区，以中新生态科技城为依托的生态科技研发外包集聚区，以中国电信苏州呼叫中心产业基地为依托的呼叫中心集聚区，以综保为依托的商贸及供应链管理外包集聚区，以 CBD 为依托的金融财务外包集聚区，以创意泵站为依托的动漫游戏外包集聚区，以科教创新区为依托的教育及公共服务外包集聚区，以乡镇分园为依托的业务流程外包集聚区，"一区多园"的服务外包载体格局初具规模。此外，园区投资十多亿元相继建设了 SAAS 公共服务平台、软件评测平台、嵌入式软件公共技术平台、中科集成电路设计中心、动漫游戏公共服务平台、综合数据服务中心、生物医药公共实验平台、人力资源服务平台、东沙湖股权投资中心、安全应急中心、市服务外包人才培训基地、呼叫中心实训基地、服务外包交易平台等多个公共服务平台。"中国服务外包第一校"——服务外包职业学院前两届毕业生实现 100% 签约就业。园区通过组团招聘、储备人才库等帮助企业培训和引进人才；园区服务外包协会活动常态化，政企沟通更趋活跃。

2. 引进优质外包及共享服务项目。

园区服务外包招商更加重视质量以及与周边地区的错位发展。继携手全球标准化协会

[①] 服务外包发展的经验和启示 [OL]. 挂云帆，http：//www.guayunfan.com/baike/331069.html.

第四章　服务外包园区的发展模式

（LISA）成功举办"2010 年软件全球化亚洲论坛"之后，又于 2011 年、2012 年与 SSON（全球共享服务外包网络）共同举办了"中国战略共享服务与外包峰会"。引进了世界 500 强企业投资的惠普信息服务中心和 Best Shore 全球外包服务中国枢纽中心、三星半导体（中国）研究开发有限公司、强生亚太财务共享中心、艾默生环境优化技术（苏州）研发中心、博世技术中心、百得电动工具共享服务中心、泰科电子财务共享中心、IBM 全球交付中心；培育及引进全球服务外包百强新宇软件、大宇宙商业服务、思隽（Stream）信息咨询、萨瑟兰全球服务公司等；入驻新电信息、凌志软件、宏智科技、方正国际、万国数据、神州数码、金光纸业研发等一批总部或职能性总部。

3. 壮大外包企业。

通过企业自身的努力，截至 2011 年底，累计有 11 家全球服务外包百强企业入驻园区，72 家企业获得技术先进型服务企业新标准认定。园区服务外包企业获得各类认证（含双软企业、高新技术企业）315 项。服务外包收入超过 100 万美元的服务外包企业 173 家，其中服务外包收入超过 1 000 万美元的企业 35 家。

4. 培养和引进实用型人才。

苏州工业园区每年投入超过 1 000 万元，用于培养和引进服务外包产业所需的实用型专业人才。截至 2012 年底，园区共搭建了 8 个面向毕业生及在职人员的实训基地，涉及软件、动漫、移动通信、集成电路、客户服务、金融财会等园区服务外包产业发展迅速的行业领域，每年培训 1.5 万人次。此外，园区针对企业中高级紧缺人才和高技能人才这两类在职人员的培养需求，提供一定比例的培训补贴，还不定期组织高级管理及技术人员赴海外参加专业培训。为满足企业的用人需求，苏州工业园区与国内各大高校建立紧密联系，以组织专场招聘会、参加展会、购买人才数据库、集中广告等多种形式，帮助企业在国内乃至海外招聘到合适的服务外包专业人才。因此，苏州工业园区服务外包从业人员年均增长 15% 以上，其中 80% 以上来自苏州以外地区，年吸纳超过 2 000 名来自全国各地的应届毕业生，这些毕业生经过数年的培养，将成为园区服务外包产业的中坚力量；从业人员中具有大专及以上学历的占总人数的 76%，其中，硕士、博士、高层次管理和技术研发人才约占从业人员总数的 20%，为园区整体外包行业的快速稳定发展提供了人才保证；从业人员平均年龄 29 岁，其中约 75% 拥有 3 年以上工作经验，其中 4～10 年工作经验的人员成为服务外包行业工龄的主体。为了更好地留住人才，多数企业选择与员工签订 3 年以上的劳动合同，并支持员工参加各类职业培训。

5. 完善地方配套政策。

苏州工业园区于 2007 年编制了《苏州工业园区服务外包产业规划》，并出台了《关于促进苏州工业园区服务外包发展的若干意见》及暂行细则，2010 年 4 月，园区管委会对暂行细则进行修订，出台了《关于促进苏州工业园区服务外包发展的若干意见》，从税费优惠、荣誉奖励、房租补贴、载体建设补贴、人才奖励、员工培训、认证补贴、市场开拓补贴、通信专线补贴等多方面明确了对服务外包企业的鼓励方式。

国际服务外包园区发展的理论与实践

第四节 模式与经验小结

从印度、爱尔兰、菲律宾等国家以及国内北京、大连、成都、西安等城市的经验来看，服务外包发展与其集聚城市形成了良性互动关系。承接外包不仅有利于带动当地相关产业的发展，而且对集聚地的经济社会发展产生了多方面的积极影响，包括提升城市形象、对高端人才形成强大的吸引力、推动地方经济绿色增长和低碳发展等方面。同时，对大连软件园捆绑式综合开发模式的分析表明，以企业化和市场化为导向的园区管理体制和运营模式创新一定程度上促进了服务外包企业的集聚发展，并成为服务外包园区竞争优势的重要来源。但在域外扩张过程中，实行差别化经营策略的企业在获得规模效益的同时，学习和模仿的外部效果有可能削弱服务企业（科技园区）经营模式的独特性及其竞争优势的可持续性。

随着服务外包规模的扩大，尽管总体发展政策环境不断改善，但由于国家对服务外包仍缺乏战略层面的支持，一定程度上制约了服务外包集聚城市及相关园区外包业务升级发展。如国家有关软件与集成电路的政策规定，获得国家支持的软件产品或企业必须拥有自主知识产权。由于软件外包企业没有自己的知识产权，因而国家政策特别是资金支持不适用软件外包企业。实际上，不少软件企业为承接更高层级的外包业务，研发投入巨大，开发能力也逐步提高，但服务外包企业的这些投入却无法获得政府更有效的支持。另外，与国内服务外包高速增长的态势形成巨大反差，不论从政府层面还是企业层面，现阶段对服务外包发展尚未形成长远认识，对中国服务外包的发展模式仍存在分歧和争议，战略支撑的缺位很难通过园区服务功能的完善来弥补。为此，国家应在鼓励服务外包基地城市体制创新和园区多元化发展的同时，制定服务外包发展战略，立足营造产业氛围，塑造有竞争力的市场主体，探索具有中国特色的服务外包发展模式。

一、积极发展本地服务外包企业

（1）园区必须具有对企业提供环境支持能力和支持本地企业创造比其竞争对手更多财富的能力，即园区必须具有将其现有资产和全部资源运用于转换过程而创造更多价值的能力。

（2）园区应加大投入培养本地外包人才，构建全面的行业服务体系，以支持本地企业发展壮大。组织本地的企业联盟，帮助企业开展各种形式的合作，以项目为纽带，帮助企业形成区域内的产业整合基础，为企业提供更多的机会和发展可能。

（3）培育本地龙头企业。筛选一批业务前景好、管理水平高、创新能力强的服务外包龙头企业，对其给予稳定的资金支持，为其招商和宣传推介提供服务，在土地、基础设施建设、项目核准或备案、专项资金、融资担保、贷款贴息、上市融资等方面给予优先扶持，以促使服务外包产业本地化实现跨越式发展。

（4）增强企业自主创新能力，以服务外包为突破口发展服务贸易。服务外包不仅具有

第四章 服务外包园区的发展模式

技术含量高、附加值大、资源消耗低等特点，而且涉及信息服务、金融保险、研发、人力资源管理、会计、客户服务、产品设计等服务贸易领域。因此发展外包对有效剥离生产过程中的服务环节和发展现代物流、金融保险、网络通信、工业设计、品牌营销等新兴服务业，增强企业自主创新能力，完善知识产权保护，营造技术创新的制度软环境建设均具有积极影响，对解决货物贸易与服务贸易中存在的"长短腿"现象，提高服务贸易发展贡献度具有重要作用。

二、加大政府对服务外包园区的支持力度

（1）设立扶持服务外包园区发展专项资金。政府应该设立专项资金用于服务外包园区的基础设施建设、公用设施配套和主导产业培育；设立科技专项资金支持园区内有基础、有条件的企业建立和完善研发中心。

（2）加大财税信贷支持力度。政府可以作为中介，开展多种形式、经常性的银企对接活动，重点推进银企合作。

（3）政府应该加强职能转变，增强服务意识，简化办事程序，提高办事效率，帮助园区加大信息化基础建设力度。在园区的发展中，政府应切实跟踪和监督政策执行的效果，使之能够真正对企业和产业的发展起到预期的促进作用。发挥政府和行业协会的积极性，建立园区服务贸易和货物贸易协调发展机制，提高服务贸易在贸易总量中的比重，适应国际经济向服务业及服务贸易倾斜的发展趋势，将货物贸易已有的优势和服务贸易存在的巨大潜力紧密结合，达到产业结构和贸易结构的优化目标，实现中部地区经济、政治、社会和文化共同发展。完善离岸外包发展环境，提高示范城市的服务外包承接力，吸引跨国公司转移外包业务。服务外包园区建设应注重必备的硬性和软性平台建设：建立标准化办公楼、相关配套公共基础设施；规范承接服务外包交易行为，加强知识产权保护；鼓励承接服务外包企业自主创新；加强金融税收支持，开展多种形式、经常性的银企对接活动；加大基础研发投入；组建高素质的研发团队，提升自主创新能力；加快形成呼叫中心园、数据中心园、企业孵化园、研发设计园、动漫和创意产业园等一批各具特色的专业性服务外包园，保证高附加值、高技术含量的离岸业务量不断上升。

第五节 案例介绍

一、厦门市软件园情况介绍[①]

（一）基本情况

厦门市软件园是福建省重点工程和厦门"十一五"规划的重点项目，是厦门市委、市

---

① 软件园成厦门全新名片 5年磨剑站上百亿元台阶［N］. 中国电子报，2010-11-02.

国际服务外包园区发展的理论与实践

政府认真落实科学发展观,推动厦门新一轮跨越式发展,实现产业结构优化和产业升级,积极推进海峡西岸经济区建设的重大战略举措。该项目位于厦门本岛东北部,紧临环岛路,总用地面积为 1 平方千米,总建筑面积 164 万平方米,由 77 幢研发楼和 16 幢公建(公寓、酒店、会所、综合楼)组成。总投资 38.5 亿元,规划为一个可容纳 5 万人、拥有完善配套服务的高科技园区。2005 年 9 月 6 日动工,2007 年 9 月全面竣工。

园区以建设成为国家级软件生产基地、软件出口基地和软件产学研基地为发展目标,发挥厦门对台优势和动漫游产业优势,重点扶持培育软件研发、IC 设计研发、数字媒体开发和信息技术服务产业。园区规划为四个功能区:信息技术服务区、动漫游区、软件研发和 IC 设计区、管理生活服务区,拥有数字媒体技术服务平台,IT 开发与测试平台,IC 设计研发平台和与厦门大学、华侨大学等高校共建的开放性实验室、产学研基地,为园区提供高标准的研发环境、强大的技术保障以及人才支持。

(二)取得的成效

(1)软件园区产业聚集效应正在凸显,持续保持良好的发展态势,形成台资软件企业和动漫游戏企业集聚两大特色。到 2011 年 12 月,已正式入驻 512 家,员工达 4.15 万人。2011 年园区企业实现销售收入 201.6 亿元,同比增长 38.21%;园区税收总额 6.67 亿元,同比增长 32.77%。

(2)培育软件龙头初显成效,软件企业成长能力提升。目前软件园有 5 家企业成功上市,4 家入选国家规划布局内重点软件企业,6 家入选福建省重点软件骨干企业,22 家企业入选 2011 年度厦门市最具成长性中小企业、成长型中小企业及具有成长潜力中小企业。吉比特、亿联、青年网络等被评为 2011 年厦门市自主创新试点、种子企业;吉比特、易联众、信息港、雅讯网络获得 2011 年中国软件和信息服务业信用评价等级;雅迅网络、亿力吉奥、矿通科技、聚海源 4 家物联网企业获国家首批物联网发展专项资金;雅迅网络 GPS 车载终端首批通过交通部"部标"技术审核;美亚柏科圆满完成第 26 届世界大学生夏季运动会网络安保工作等。国内外知名软件企业开始把软件园区作为首选的入驻园区。

(3)厦门是国家服务外包示范城市,软件园作为服务外包核心示范区,已培育了东南融通、吉联科技等一批承接服务外包的骨干企业,吸引了雅马哈、富士通、百威英博等世界 500 强企业入驻,在厦门开展服务外包业务。

(4)软件园区已逐渐成为台资软件企业的聚集地。经过六年的发展,软件园区的吸引力和辐射力不断增强,随着两岸互动交流合作日益深入,软件园区已逐步构筑起两岸软件企业合作的重要载体。至 2010 年底,入驻软件园的台资软件企业有 42 家,占全市台资软件企业的 51.85%。随着信息投资公司与台湾中华电信的合作项目——硕泰商务科技有限公司正式营业,与台产业对接和对台服务外包取得新进展。台湾中华资讯软体协会、台湾电脑同业公会先后在软件园设立办事机构,标志着两岸软件行业正式携手合作。志凌(厦门)信息科技有限公司等台资企业的入驻,使得对台合作持续升级。台湾地区软协文化创意委员会作为协办单位,首次参加第四届厦门国际动漫节,推动两岸动漫业者的学习与交流。

(5)建筑面积 14 万平方米的动漫游戏区位于软件园核心区域,吸引和聚集了一批优秀

第四章 服务外包园区的发展模式

的网游和动漫企业。园区配备一个集动作捕捉、数字建模、集群渲染、录音合成和3D放映等于一体的综合性数字媒体公共技术服务平台，为动漫企业免费提供服务。2008年12月，国家广播电视总局批准软件园区成为"国家动画产业基地"。

目前中国移动动漫基地、中国电信动漫运营中心、吉比特、游家网络、青鸟动画等50多家动漫企业入驻园区。13项动漫游戏被纳入福建省重点建设项目；《嘿！星星狐》《加油！宝贝》《神奇的游戏》等十多部入选优秀国产动画片。每年都有一批在央视及全国播出的优秀动画片产生以及市场经济效益好的网络游戏产品和手机游戏产品推出。

中国移动动漫基地、中国电信动漫运营中心先后落户软件园，正式投产运营，成为软件园新媒体动漫发展的亮点。其中中国移动动漫基地已成功引入包括国内一线动漫企业如漫友、知音漫客、夏天岛等合作伙伴，在广东、江苏、河南、湖南、内蒙古、福建六个省份试点商用。2011年12月1日，中国移动手机动漫基地素材加工能力、信息交互能力、版权服务能力三大能力平台在厦门正式开放，未来将成为推动中国手机动漫乃至整个动漫产业发展的一个重要工具。中国电信动漫运营中心的动漫内容超过万条，"动漫传情"等用户数快速增长。已与200多家ICP合作，发展天翼3G用户，重点推广客户端、WAP、WEB网站等。福建联通动漫基地也将入驻软件园。三大通信运营商动漫基地将成为厦门市及福建省动漫产业发展的主要增长点。游戏企业快速发展，其中，游家网络1~9月收入2.68亿元，增长约200%；吉比特公司收入1.45亿元，同比增长约31.2%。两家企业成为厦门网络游戏开发和运营的龙头。

厦门国际动漫节已连续成功举办了四届，包括"金海豚"动画作品大赛、厦门动画论坛、动画放映周等主要活动内容，以及动漫产品与技术展示会、cosplay表演、动感地带电子竞技比赛等系列配套活动，已在业界产生影响，吸引了水晶石、上海华博、翔通动漫等参赛参展动漫企业入驻软件园区，为推动厦门动漫产业发展营造良好的产业氛围。在第四届厦门国际动漫节，作为主要活动的"金海豚"奖竞赛，参赛作品在数量和质量有很大的提高，共收到来自30个国家和地区的2 520部作品，其中，境内作品2 303部，境外作品217部。参赛作品总数较上届增加1 053部，增长71.78%。

（6）产、学、研顺利对接，继续推动国家软件和集成电路国际人才培训基地建设。依托厦门大学软件学院开展与荷兰6所大学高层次软件人才的国际合作，为培养国际化、高层次软件人才做出探索，获得国际认可和国家重视；支持中软海晟（ETC）培训中心、万策智业、ICC平台管理中心等单位开展大学生实训、培训工作，为厦门软件企业引进人才拓展了渠道。中软ETC、万策智业被评为福建省软件适用人才重点培训基地。

二、无锡惠山软件外包园[①]

自2009年开园以来，无锡惠山软件外包园（O-Park）以建设"高端智慧园区"为发展目标，高标准推进园区基本建设，高质量推进园区招企引智，高效率推进园区配套服务，努

---

① 相关资料引自《无锡惠山软件外包园O-PARK》。

国际服务外包园区发展的理论与实践

力展现"定位差异化、建设高端化、发展品牌化、管理智能化"的高端智慧园区的一流形象与品质。

O-Park 于 2008 年 5 月奠基建设，2009 年 4 月正式开园。经过近三年时间的发展，正成为一个融研发孵化、商贸会展、商务办公、生态居住等功能为一体的综合性服务外包集聚园区。O-Park 是无锡惠山经济开发区在转型发展过程中设立的一个专业园区。在总结了国内外园区的先进经验基础上，依据惠山经济开发区的发展特点和优势应运而生。园区总规划用地面积约 159 万平方米，总建筑面积达 140 万平方米。

O-Park 以软件研发、服务外包、数码互动娱乐和物联网技术研发与应用为主导产业。立足于产业定位，园区坚守方向，不断努力，目前已经成功引进了包括全球前 100 强知名软件及服务外包企业甲骨文、柯莱特和国内前 50 强软件及服务外包企业京北方、大唐软件等软件及服务外包企业百余家，形成了新兴产业集聚发展的趋势。

作为无锡惠山经济开发区的新兴产业聚集地，O-Park 在产业配套建设方面合理规划，有力推进，为产业发展提供可用于安居乐业的适宜环境。

在 O-Park，会聚着一批国内外服务外包、创意产业的高端人才。基于工作、生活等需求的考虑，园区完善路网配套、建设丰富多样的载体，创造适合产业发展的宜人环境。

一是内铸实力，完善行政服务平台。创新服务机制，拓展服务内容，提升服务软实力。在内部管理上，经过三年的探索运行，O-Park 形成了一套科学有效的绩效考核办法，在开发区"四园二基地"的率先发展中起到很好的引领示范作用；同时围绕专业化、职业化队伍建设的目标，实施规范化专业培训、系列化职业培训、考核化无情淘汰，打造了一支"懂建设、能招商、会管理"的核心团队，展现专业园区必备的思路宽、敢创新、能拼搏的专业队伍形象。

二是整合资源，提升电网保障能力。园区核心区域一平方千米内全部实现无线覆盖，利用华东地区无锡数据交换中心的网络平台，接入 CHINANET 和 CN2 骨干网，出口宽带 120G，可随时扩容，光纤直接到桌面。区域内 6 座变电所可提供不间断双回路电力保障，其中 11 万变 5 座、22 万变 1 座。

三是因地制宜，打造"十分钟"生活圈。园区内生活配套、休闲配套和公交配套基本到位，形成生活有所居、休闲有所去、出行有所依的配套环境。

园区内不仅建有以研发、办公功能为主的智慧大厦和信息港等，更配备了酒店、公寓、公园等生活休闲设施，使得足不出园就可以享受到便捷生活。

建筑面积 5.4 万平方米的智慧大厦，是一座集外包服务、商务、行政办公、会议室、报告厅、企业文化展示长廊及健身休闲为一体的多功能 5A 级智能化大厦。总建筑面积达 5.2 万平方米的信息港是一座商务产业数字大厦，具有办公、商务中心、风投、银行、餐饮等服务功能。感知时代商务酒店和人才公寓，提供舒适现代的住宿、餐饮环境和周到细致的服务。

目前，O-Park 引进了全球最大的企业级信息化服务提供商甲骨文公司，全球服务外包 100 强企业益进信息，国内金融首强 BPO 企业北京北方科技，中国软件出口外包 25 强企业柯莱特，国内 IT 通信行业前 50 强企业中太数据通信，国内手机游戏前 5 强企业江苏拉阔网

第四章　服务外包园区的发展模式

络，物联网技术研发与应用重点企业江苏大润传感、航天恒星、智科传感等为代表的企业近百家，初步形成了新兴产业的集群发展。

独具特色的品牌建设，一方面是文化建设与社会发展的一个重要指标；另一方面则呈现多元化的社会文化体系。位于开发区核心区域的 O-Park 在发展过程中也一直倡导以品牌提升园区形象，以文化深厚园区底蕴，构建一个人文气息浓郁的创意园区。

品牌建设是文化园区的精髓，它契合了文化园区的内涵与实质。经过深度发掘和自我提升，园区先后成功创建了江苏省国际服务外包示范区、省级软件园、省特色产业园、省科技企业孵化器、省级高新技术创业服务中心、无锡市文化产业示范园区、无锡市对外宣传交流示范基地、省国际服务外包人才培训基地等省、市级品牌，并连续两年被评为无锡市服务外包先进示范园区。

在"建设高端智慧园区"的过程中，O-Park 形成了"企业、园区、社会"三者融合的良好发展模式，即科技企业培育、社会资源介入、园区平台扶持。在此过程中，O-Park 也深刻地认识到，只有产业、科技、人才良性互动，才能更好地发挥智慧园区的智力能量。

第五章 服务外包园区的建设规划与空间布局

本章主要选用珠三角地区的广州、中山和东莞的服务外包园区空间规划与布局作为典型案例进行分析。

第一节 国外服务外包园区规划与发展经验

一、国外政府对园区的发展制定了科学的产业发展规划

通过考察和研究国外服务外包园区的发展，可以发现，它们在园区发展之初都制定了科学的产业发展规划，用以指导园区的建设和发展。只有科学的产业发展规划才能保证园区产业发展的有序性和布局结构的合理性，不会因为政策环境的变化而出现朝令夕改的随意性，从而保证园区产业的可持续发展。

印度前总理拉吉夫·甘地在20世纪80年代就明确指出："要用电子革命把印度带入21世纪"，并及时制定了产业发展规划来指导其发展，以后的历届政府都坚持了这一产业发展规划，并逐步加以完善，为印度成为全球最大的服务外包基地奠定了坚实的基础。在发展对策上，印度政府特别重视培养具有国际竞争力的服务外包企业，大力支持以本土公司为主导来开展外包业务，充分发挥园区已经形成的产业优势和集群效应。

新加坡在20世纪90年代就提出了建设"智慧岛"的宏伟蓝图，并制定了"信息技术1500（ITI1500）"的战略规划。

自20世纪90年代中期以来，韩国政府提出了"核心先导技术开发计划"（"G7项目计划"），选择对提高韩国主导产业在世界市场竞争力有显著作用的技术作为主要发展对象。

菲律宾政府则在苏比克湾兴建了"智能城"，并及时制定了产业发展规划来指导其发展。

马来西亚在1996年制定了国家信息技术规划（national information technology agenda，NITA），目标是将马来西亚转变成知识价值型社会。

爱尔兰则选择软件本地化作为产业发展的切入点，并根据欧洲市场不同语言的实际需要，将自己定位为软件产品欧洲版本的加工基地。

二、将优先发展公共交通作为园区规划建设的重点

交通运输的布局是服务外包基地发展的关键。国外建设服务外包基地的经验表明，只

第五章 服务外包园区的建设规划与空间布局

有拥有便捷的内部交通和园区与外部联系的公共交通才能提高园区的竞争力，增加园区的可持续发展能力。因此，国外都把发展便捷的公共交通系统作为园区规划建设的重要内容。

在欧洲主要城市，地铁和公共汽车占据了高峰时期交通流量的80%，甚至更多。在北美，纽约、波士顿和芝加哥等城市公共交通所占比重也接近80%。亚洲也是如此，新加坡达到60%~70%，曼谷、雅加达和马尼拉也达到50%~60%。因此，如何组织和对接好园区与城市的公共交通发展成为园区建设的重要内容。

澳大利亚政府在规划投入大量资金加强交通的同时，更注重改善园区与城市交通的对接。例如，高峰时段限制停车和私人车辆使用道路，取而代之的是公交及轻轨系统的大力发展。在墨尔本，有直达园区的多条电车、轻轨火车和公共汽车，以满足进入园区的客流需求。在布里斯班，使用轻轨火车、公共汽车和渡船来提供公共交通服务。悉尼的园区则是大悉尼的公共交通运输中心，其政策也是鼓励使用公共交通工具，它通过限制停车泊位数量来阻止私家车的使用，坚决反对使用地面停车场停车，停车场的收费标准奇高，主要鼓励入园者短暂停留，而不是全天候停车。

新加坡政府将公共交通系统所占的份额从65%~70%增加到80%以上。为达到这一目标，新加坡已规划建成了比较完善的高速便捷和价格低廉的公共交通体系，形成了通往园区的公共汽车与地铁网紧密结合的公共交通网络布局。另外，为了控制进入园区的过境车辆，公路电子收费系统对进入园区的车辆实施高额收费，这一措施将高峰期的车流量减少了9%。

第二节 国内服务外包园区的建设规划

谭慧娇、付睿（2011）的研究以连云港经济技术开发区服务外包园区概念性规划为例。连云港开发区是1984年12月经国务院批准设立的首批国家级开发区，位于连云港市东部城区，靠港临海，区内有国家级出口加工区、国家级新医药产业基地、省级高新技术产业开发区以及面积76平方千米的都市型临港产业区等。具有承接各类项目的一流平台。目前许多本土和外地的高新技术企业已经纷纷进驻临港产业区，产业呈现多元化趋势。连云港在资源上占得先机，但面对层出不穷的竞争对手，服务外包集群的建设必须建立在服务发包方需求的基础之上。为此，项目通过以下几个方面制定科学的战略规划。

一、建立公共服务平台

（一）产业服务平台

通过对项目审批及建设程序的分析以及企业在运行状况下需要与政府合作的部门，在产业服务平台方面，政府需建设的三大服务体系有以下三项。

招商前期服务体系：包括市场调研、来访服务等。

创业注册服务体系：包括工商税务管理、人力资源咨询等。
监督管理服务体系：包括质量技术监督、生产安全管理。

（二）综合商务平台

服务外包产业园区是一个从生产到生活、从科研到市场、从办公到商务相互作用的集聚区。在企业入驻后，需与其关系网保持密切联系并拓展其业务范围。为此，在综合商务平台方面，需建设以下四大服务体系。

政策信息服务体系：包括政策推广宣传、政府资助、认定认证咨询等。
技术支撑服务体系：包括技术维护服务、技术增值服务和技术培训等。
成果转化服务体系：包括提供政府招标信息、展示平台、软件出口等。
投资融资服务体系：包括介绍和引入各种风险基金、种子基金、政府贷款等。

（三）生活服务平台

对于刚刚起步的园区来说，高科技人才的引进是园区发展的第一步，那么，创造一个适宜高科技人才生活方式的环境就是攸关重要的，应结合房地产项目开发，设置大型总部公馆和专家官邸，并建设相关生活配套设施。

二、建设产业开发平台

（一）产业开发模块

示范区的建设是园区对外展示及吸引外资的窗口，其建设包括产业服务平台和产业开发平台两个部分。产业开发应遵循持续平衡增长的理念，借鉴国内外开发成功案例的经验，开发过程应遵循基础设施先行的原则，按照投资落实的具体情况，集中打造重点地段，以之带动周边地块的开发建设。依据这个原则，可通过"细胞"及"生长"理论开展产业开发平台的建设，将示范区内的产业开发平台部分看作一个细胞，每个细胞都具有相对完善的功能，构成通过纵横轴线的生长，筑巢引凤，实现园区的阶段完整建设。

（二）产业开发策略

在实际的开发过程中，可根据对象的不同，分别"吸收""吸引"其进入园区。

（1）吸收——引导开发区已落户企业为优化产业链投入更多研发力量。这将是此类项目的首选地，园区对于转型企业中可持续发展项目的吸引力在于：一是政府支持；二是距生产基地近；三是交通便捷；四是产业和生活服务设施齐全；五是产业规模效应。园区内部消化吸收此类项目，既为企业解决现实问题，又拓宽了开发区发展的道路。

（2）吸引——筑巢引凤。通过前期完善的辅助性机构的落成及良好的社会资本，园区已具备产品或服务较长的价值链、全球化市场、知识导向区域三个产业集群形成的核心条件。随着聚集效应的加大将会吸引更多区域外的企业入驻从而形成多元化的产业集群。

第五章　服务外包园区的建设规划与空间布局

第三节　服务外包园区的空间布局

一、广州服务外包园区的空间布局[①]

依托广州城市空间规划和产业布局，形成"一核六射"的服务外包园区发展空间布局。

（一）一核：服务外包集聚区核心组团

将涵盖越秀区、荔湾区、天河区和海珠区范围，由黄花岗科技园、天河软件园、珠江新城、环市东总部经济区、白鹅潭总部经济区、琶洲会展中心功能区等组成的服务外包集聚区核心组团，建设成为国际服务外包总部基地，形成国际接包、发包中心和服务外包要素集聚扩散的枢纽，重点发展金融服务外包、商务服务外包和知识产权服务外包。

（二）六射：六条服务外包特色发展轴

1. 第一条射线：高科技研发创意发展轴。

第一条射线为"核心组团—广州开发区—增城"的高科技研发创意发展轴。沿线包括由天河软件园、广州科学城、黄埔国际动漫城、国家网游动漫产业基地园区形成的服务外包发展带。其带动增城物流、金融和信息技术服务外包发展。

广州开发区以广州科学城中心区组团为载体，以软件设计、研发设计、金融服务等产业为主导，主要发展检验检测服务、咨询、物流服务等。广州开发区将建设成为广州金融服务外包创新区和软件研发设计示范区，重点发展软件开发外包、物流服务外包、金融服务外包。

天河软件园将被打造成为广州离岸服务外包示范区，努力建成广州软件和网游动漫服务集聚区、产业孵化和人才培训中心，主要发展软件开发外包、动漫游戏服务外包。天河软件园将建设成为集产业孵化中心、网游动漫专区、软件出口加工专区、软件和动漫人才培训基地四大功能区为一体的高新技术软件园区，建设开发工具和技术环境支持的公共技术平台，为企业提供原型开发、评测、展示交易、人才培训和动漫制作等开发工具和技术环境支持。

广州科学城作为现代化科学园区，是广州东部发展战略的中心区域，也是广州发展高新技术产业的示范基地。科学城将重点发展软件开发外包、生物医药研发外包、工业设计研发外包和商务服务外包、知识产权服务外包。科学城以科学技术开发应用为动力，以高科技制造业为主导，配套发展高科技第三产业，如信息咨询、科技贸易等。其将被建设成为城市生态环境优美，城市基础设施完善，具有高效率的投资管理软环境的产、学、住、商一体化的多功能、现代化新型科学园区。

[①] 来源为《广州市服务外包产业招商引资研究报告》和《广州市服务外包产业"十二五"发展规划》。

国际服务外包园区发展的理论与实践

国家网络游戏动漫产业发展基地将被打造成为全国以至国际重要的动漫游戏研发生产销售基地,主要发展动漫游戏服务外包、软件开发外包。基地主要发展动漫软件和电子游戏的研发、生产、展示、销售,形成电子游戏机企业总部集中地,发展成为产品研发、技术培训、生产销售和产品展示基地。

增城开发区作为广州第三个国家级经济技术开发区,被规划为先进制造业集群集聚发展基地、科技创新成果孵化基地、现代物流配套服务基地以及传统制造业升级改造基地。明确粤港澳经济合作区的发展定位,形成以汽车产业为特征、多元化发展高新技术产业和现代服务业的产业格局,完善基础及配套设施,凸显产业集聚和辐射效应(见表5-1)。

表5-1　　　　　　　　　　园区和主要行业(一)

园区	主要行业
广州开发区	软件开发外包、物流服务外包、金融服务外包、检验检测服务外包
天河软件园	软件开发外包、动漫游戏影视服务外包
广州科学城	软件开发外包、生物医药研发外包、工业设计研发外包和商务服务外包、知识产权服务外包
国家网络游戏动漫产业发展基地	动漫游戏影视服务外包、软件开发外包
增城开发区	工业设计研发外包、物流服务外包、商务服务外包、知识产权服务外包

2. 第二条射线:知识密集型高端产业发展轴。

第二条射线为"核心组团—中新知识城"的知识密集型高端产业发展轴,形成软件开发外包、生物医药研发外包、知识产权服务外包、工业设计研发外包、检验检测服务外包集聚区。

知识城将努力建设成为中国自主创新的先行区、知识经济的高地、推动珠江三角洲产业转型的强大引擎、中国—东盟区域性创新中心和生态宜居的新城区。其以发展知识经济为核心,大力发展知识产权交易,促进创新驱动发展,集聚国际知识型高端人才,打造高尚宜居、生态和谐的生活之城。知识城重点发展研发服务、创意产业、教育培训、生命健康、信息技术、生物技术、能源与环保、先进制造八大支柱产业,形成以知识密集型服务业为主导、高附加值制造业为支撑、宜居产业为配套的高端产业集聚区。

3. 第三条射线:知识创新和低碳产业新兴发展轴。

第三条射线为"核心组团—南沙开发区"的知识创新和低碳产业新兴发展轴。沿线包括由黄花岗科技园、海珠科技园、广州国际生物岛、广州大学城、广州新城、番禺节能科技园、南沙临港物流产业基地形成的服务外包发展带。

南沙开发区形成研发设计、数据加工处理、软件分包、软件设计、编写、测试、设计、制作、设备维修、人力资源管理、后勤服务、财务管理、研发支持、商务服务等服务外包业集群。

第五章　服务外包园区的建设规划与空间布局

　　黄花岗科技园主要集聚信息服务外包业发展，培育和发展数码娱乐业、设计业、互联网信息服务、影视传媒业四大重点行业，定位发展软件开发、研发设计、动漫制作、金融保险等目标产业，以高端市场为重点，发展国际离岸服务外包业务，服务外包的涵盖领域有软件开发、研发设计、动漫制作、金融保险等。

　　广州国际生物岛包括科研生产区、技术服务与生活服务区、居住区，以生物信息的研究为主，带动药物、医疗、材料、食品、保健、环境保护等相关领域的开发，建立一套完整的支撑服务体系，形成独特的生物科技研究环境。生物岛以广州为中心，联系香港、深圳和珠江三角洲地区，发挥地域特色和优势，逐步实现现代医药学和传统医药学的融合，形成以广州、深圳、香港为轴线的亚太地区，乃至全球具有一定影响的医药、生物技术产业集群。

　　海珠科技园主要发展生物医药、电子信息、新材料、新能源和环保新技术等，融合中山大学的人才、技术、信息、设备等资源优势，为企业技术创新和成果转化提供综合服务平台。科技园包括孵化园区、中试基地和研发平台三个功能区。

　　广州大学城是国内一流的大学园区，是华南地区高级人才培养、科学研究和交流的中心，是"学、研、产"一体化发展的新城市。广州大学城位于广州城市发展规划"南拓、东进"的位置上，有利于实现良好的城市功能互动；交通联系便捷，位于"广州高速公路交通、轨道交通、普通道路交通、宽带网络信息交通"四位一体的城市交通网络体系中。大学城位于以IT产业为特色的广州新兴产业轴上，通过轴上的产业实体互动，形成"学、研、产"一体化的城市创新基地，有利于知识创新、产业创新和科技创新，提高广州市的综合竞争力。

　　广州新城与广州的珠江新城、中心城区相连，交通枢纽地位优势明显，处于广州南拓发展轴和广佛都市圈南部核心地区的交汇点，结合广州中心城区与佛山的双向经济拉动，将建设成为广佛新的中心。在珠三角一体化大背景下的广州新城，区内有多条地铁经过，地铁四号线已开通，未来三号线、十二号线也将经过此地区，还有京珠高速、南沙港快线、迎宾路经过，广州新客站未来将会加强番禺与港澳、外省的直接联系。

　　番禺数字家庭应用示范产业基地包括"数字家庭研发园""数字家庭商务园""数字家庭制造园"三个园区，主要为数字家庭产业发展提供强大支持，促进数字家庭产业聚集和技术应用，成为"标准聚集和企业对接之区"，推动广州以及广东全省高新技术产业发展，推进有线数字电视应用示范工程。

　　番禺节能科技园坐落于广州新城市的中心，是广州市和番禺区政府重点支持发展的项目，主要促进创新科技的发展。其规划建设总部发展中心、创业中心、研发中心、培训中心、服务中心、科技产业带、白领公寓等功能组团。作为一个全新意念的科技园区，科技园整合各方资源，充分考虑创业者的需求，集合研究开发、会议展览、成果交易、风险投资、信息传播、社区服务等完善的配套功能。

　　清华科技园广州创新基地主要发展电子信息、光机电一体化、节能环保、文化创意和高新技术服务业等，建设研发中心、设计中心和企业总部集聚区；通过与清华大学开展校地合作，结合创新基地的示范带动作用，形成广州南部科技产业发展带，成为科技创新中心和创业基地。

　　南沙新城作为港城都市区，要发展成为珠三角专业服务和特色服务中心，被打造成为宜

国际服务外包园区发展的理论与实践

业宜居的现代化滨海生态新城（见表5-2）。

表5-2　　　　　　　　　　园区和主要行业（二）

园区	主要行业
黄花岗科技园	工业设计研发外包、动漫游戏影视服务外包、金融服务外包、软件开发外包、商务服务外包
广州国际生物岛	生物医药研发外包、检验检测服务外包
海珠科技园	生物医药研发外包、软件开发外包、工业设计研发外包
广州大学城	软件开发外包、生物医药研发外包、工业设计研发外包、知识产权服务外包和云服务外包
广州新城	金融服务外包、商务服务外包、物流服务外包、旅游会展服务外包
番禺数字家庭应用示范产业基地	软件开发外包、商务服务外包
番禺节能科技园	软件开发外包、知识产权服务外包、物流服务外包、云服务外包
清华科技园广州创新基地	软件开发外包、工业设计研发外包、动漫游戏影视服务外包、商务服务外包、知识产权服务外包
南沙开发区	软件开发外包、动漫游戏影视服务外包、商务服务外包
南沙新城	商务服务外包、金融服务外包、知识产权服务外包

4. 第四条射线：创意设计综合枢纽发展轴。

第四条射线是"核心组团—广州南站"的创意设计综合枢纽发展轴。沿线包括由花地新城、广州设计港、广州创意产业园、广州南站现代服务业区形成的服务外包发展带。

广州创意产业园将建成华南地区乃至全国知名的创意产业品牌园区，主要发展动漫游戏服务外包、软件开发外包、工业设计研发外包，加快发展动漫画制作、软件开发与服务、网络音乐创作、手机游戏设计、时尚设计、数字电视增值等领域。

广州设计港将建成设计人才和设计企业集聚的都市新产业圈，主要发展工业设计研发外包、动漫游戏服务外包；加快建设总部发展区、设计示范区、设计孵化区、设计发展区、国际交流与展示中心、岭南广告湾共六个功能区，并建设设计培育区及配套培训基地和试验基地（见表5-3）。

表5-3　　　　　　　　　　园区和主要行业（三）

园区	主要行业
广州创意产业园	动漫游戏影视服务外包、软件开发外包、工业设计研发外包
广州设计港	工业设计研发外包、动漫游戏服务外包

第五章　服务外包园区的建设规划与空间布局

5. 第五条射线：空港物流商贸商务发展轴。

第五条射线是"核心组团—花都"的空港物流商贸商务发展轴。沿线包括由白云新城、白云民营科技园、花都空港物流园区形成的服务外包发展带。

花都空港物流园区将建成大型现代化综合性国际物流园区，为国内外知名第三方物流公司、跨国制造企业、国际采购商提供优质服务；重点发展物流服务外包，促进航空物流、国际配送、国际采购和跨国制造等行业的发展；服务业务范围涉及航空快递、IT、通信、电子、服装、奢侈品、黄金、宝石、鲜活产品、冷冻食品、精密机械等。

白云新城作为"广州城市副中心"，以商贸物流中心和低密度健康住宅为两大开发方向，重点发展商务服务外包、物流服务外包。新城以商贸区开发建设为主，以大型商业购物中心为轴，促进商贸办公、娱乐休闲、商业金融等领域的发展，周边配套高档住宅区，整合提升原有皮具、化妆品、音像等专业市场。

广州民营科技园作为国家级创新园区，以扶持民营企业、推动自主创新为主，重点发展软件开发外包、生物医药研发外包、商务服务外包、知识产权服务外包；建立汽车零部件产业基地、电力电气总部基地、生物医药及健康产业总部基地等五大产业研发总部基地；着力打造后勤保障服务平台、信息化服务平台、科技服务平台三大平台，把广东民营科技园建设成总部经济基地、中小企业孵化基地、产学研实践基地、培训基地四大基地；建立健全商务服务体系、中介服务体系、再教育培训体系、科技服务体系，以及餐饮、银行、购物、居住、医疗、休闲娱乐等配套设施（见表5-4）。

表5-4　　　　　　　　　　　园区和主要行业（四）

园区	主要行业
花都空港物流园区	物流服务外包
白云新城	商务服务外包、物流服务外包
广州民营科技园	软件开发外包、生物医药研发外包、商务服务外包、知识产权服务外包

6. 第六条射线：先进制造业和生产性服务业发展轴。

第六条射线是"核心组团—从化"的先进制造业和生产性服务业发展轴。主要发展工业设计研发、生物医药和物流服务外包，促进从化汽车工业、生物医药产业的发展，加快推进广汽日野商用车、电动客车、广州明珠产业基地、医药化妆品产业基地、摩托车产业基地、珠宝钻饰产业基地建设，以及物流园区建设，吸引知名物流企业入驻。

从化动漫产业园规划建设三个动漫产业园区。动漫原创区分为中心商务区、原创动漫区、服务配套区、国际动漫区、动漫学院、世界玩具城、青少年教育活动基地七个区域；动漫衍生产品工业区依托从化现有的玩具工业集聚区整合成衍生产品工业区；动漫教育园区则以广州大学华软软件学院、中山大学南方学院等高校为依托，培养动漫设计与制作的专业人才。从化将形成动漫产业发展集群，培养实力雄厚、具有国际竞争力和自主知识产权的动漫产业集团，将从化建成国内重要的动漫原创和生产加工中心。

国际服务外包园区发展的理论与实践

二、中山市服务外包园区的空间布局[①]

（一）中山市服务外包空间布局的原则

1. 符合《纲要》的基本要求。

《珠江三角洲地区改革发展规划纲要（2008－2020年）》（以下简称《纲要》）对珠三角地区的定位是：探索科学发展模式试验区，深化改革先行区，扩大开放的重要国际门户，世界先进制造业和现代服务业基地，全国重要的经济中心。符合中山市出台的《市镇（区）共建服务业集聚区工作方案》，遵循"划分业态，错位发展，政策引导，分类聚集"的空间发展思路，通过规划明确不同服务业集聚区的功能定位，引导相关产业围绕优势服务产业加快聚集。

2. 达到服务外包对硬环境和软环境的特殊标准。

在硬环境上，服务外包产业对于网络通信设施的快速和电力供应的稳定性有很高的要求；在软环境上，服务外包是人力资源密集度高的产业，园区的布点要先选择适宜于高端人才集聚的位置，包括交通便利、生活配套齐全和生态环境优美等。服务外包产业布点要首选对外交通便捷、双路电力供应有效保障、通信和信息系统发达通畅的地方。新的服务外包园区拓展和选址应重点考虑高校集聚区、环境优美的风景区周边、生活配套服务比较完善或正在加快建设完善的区域。

3. 保障服务外包企业入驻的空间需求。

要用发展的思路进行产业的布局规划，体现城市和产业发展的阶段性特征。既要考虑当下企业入驻的需要，又要为新兴产业和外来产业预留进入空间。同时，将未来若干年的服务外包产业空间需求纳入布局规划视野，注重在时间序列上的衔接和拓展，争取规划、储备、建设同步进行，保障服务外包企业入驻需求得到有效合理满足。

（二）中山市服务外包园区空间布局

打造和建立现代服务业集聚区、服务外包集聚核心区、服务外包示范区、服务外包拓展区。

坚持科学发展观，按照中山市"十二五"服务业发展规划总的布局和要求，建设现代服务业集聚区，创造服务外包产业发展的良好空间环境和条件；打造火炬服务外包集聚核心区，集聚和整合高端要素资源，构建"五大功能区"的健康医药产业服务外包体系；利用翠亨新区建设省级战略开发平台之机，积极创建省级服务外包示范区；东部、西北部、南部片区分别以火炬区、小榄、三乡镇为核心，向外拓展延伸，建立各自的服务外包拓展区，加快金融服务外包、研发和工业设计、文化创意设计等高端服务外包的发展，促进和引导区内的产业转型升级和服务外包产业空间体系的建立。

东部片区：建立火炬服务外包集聚核心区、翠亨服务外包示范区，以健康医疗信息、金融服务、科技研发、创业孵化、保税物流等服务外包为主。

西北部片区：建立小榄工业设计园和文化创意产业基地，以工业设计研发、文化创意设

[①] 该部分资料从作者参与的课题中查询所得。

第五章　服务外包园区的建设规划与空间布局

计和软件信息等服务外包为主。

南部片区：建立三乡文化创意产业基地，以文化创意产业服务外包为主。

（三）中山市服务外包园区空间发展思路

1. 建设现代服务业集聚区，创造服务外包产业发展的良好空间条件。

打造品牌和差异化的现代服务业集聚区，能够形成规模化的产业集群，降低服务业企业成本，延长服务产业链条，从而为服务外包产业的发展提供良好的环境和条件。目前中山市已有东区、火炬开发区、小榄镇三个商务集聚区，以及西区、石歧区两个服务业综合改革试验区，还有在三角镇建立的深中高科技产业示范基地，其他一些镇区在发展服务业中，已经聚集了不同的业态，形成了各自的优势产业，成为中山市服务业集聚区的先行地。这些镇区围绕各自的重点产业，突出各自的集聚区特色，强化个体差异，在中山市形成错位发展的服务业集聚区格局。与此同时，区内的服务外包产业也逐渐形成和成长。因此，要重点推进中山科技创业园、健康医疗信息技术服务区、广东（中山）软件和数字家庭产业孵化基地等服务业集聚区建设，促进"中山港—中山保税物流中心"联动，打造珠三角西岸保税物流基地；加快发展金融商务、健康医疗信息服务、科技研发、创业孵化、保税物流、文化旅游、数字家庭服务等产业。要加快建设华南家电产业服务创新区、中山国际金融中心、小榄金融大厦、灯饰产业综合服务区、世宇动漫产业园、苏宁物流等重点项目。提高东区中心商务区、西区服务业综合改革试验区、石歧综合试验区、广东软件和数字家庭孵化产业基地等集聚区的辐射能力。

2. 打造火炬服务外包集聚核心区，构建"五大功能区"的健康医药产业服务外包体系。

要以打造中山火炬集聚区健康医疗服务外包产业集聚核心基地为目标，在孵化创业、研发设计、医疗信息、金融资本、科技成果转化等领域开展服务外包业务，培育一批集聚程度高、辐射服务作用大、示范带动能力强的服务外包集聚地，具体构建"五大功能区"的健康医药服务外包体系格局。

一是打造火炬集聚区孵化创业服务区。为中山市健康医药遴选创业"种子"，成为健康医药产业发展的"助推工程"，为中山健康医药产业集聚海内外大批高层次创业人才，培育和造就本土高科技企业和高素质企业家。

二是打造火炬集聚区医疗信息技术外包服务区。将中山医疗信息服务外包产业打造成医疗信息领域行业标准的制定者、产业结构高级化、产业发展集聚化、产业竞争力高端化的健康医疗信息技术服务的集聚区。

三是打造火炬集聚区医疗信息技术外包服务区。将中山医疗信息服务业打造成医疗信息领域行业标准的制定者、产业结构高级化、产业发展集聚化、产业竞争力高端化的健康医疗信息技术的集聚区。

四是打造火炬集聚区的科技研发外包服务平台。通过发展科技研发、中试、研发与生产外包、检验检测等专业化服务，为火炬集聚区内健康医药产业提供完善的服务，促进健康医药产业体系的良性发展。

五是打造火炬集聚区的金融资本服务外包产业，为园区健康医药产业的小微企业金融发

国际服务外包园区发展的理论与实践

展提供支持,成为惠港澳金融合作创新试验区等。

六是打造火炬集聚区科技成果转化服务外包产业。为园区内健康医药企业提供如科技信息服务机构、知识产权服务、科技产权交易、企业管理咨询、科技项目申报等各项科技服务,以完善健全的产业科技配套为集聚区和中山市健康医药企业服务。

七是建立火炬集聚区 CRO 服务中心。依托珠三角现有的产业基础和丰富的研发资源,建立集聚区内 CRO(新药研发合同外包服务机构,或为新药研发合同外包服务)专业服务中心,搭建专业 CRO 服务平台,CRO 作为制药企业的一种可借用外部资源,可在短时间内迅速组织起一个具有高度专业化和具有丰富临床研究经验的临床研究队伍,并能降低整个制药企业的管理费用,大大提高效率,已成为制药产业链中不可缺少的环节。主要包括临床试验方案和病例报告表的设计和咨询、临床试验监查工作、数据管理、统计分析以及统计分析报告的撰写等,是一种专业要求极高的外包服务。在火炬区建立 CRO,能为国内外及珠三角生物业医药 CRO 产业基地内的生物医药企业提供服务。这样也就能够吸引国内外更多的 CRO 服务企业入驻,在珠三角地区形成国内领先、国际知名的 CRO 服务集聚区。

3. 利用翠亨新区建设省级战略开发平台之机,积极创建省级服务外包示范区。

翠亨新区是中山市"十二五"时期重点打造的国家级战略开发平台,也是该市服务业对外合作的重大平台。起步区规划 5 平方千米,核心开发区规划 20 平方千米。借鉴国际先进的规划建设理念,整合孙中山故里和东部沿海区域资源,重点发展文化旅游、创意产业、科技服务、现代物流、会展服务等产业,建设粤台两岸文化产业园、孙中山故里国家 5A 级景区等一批载体,规划将其打造为科学发展试验区、先进产业集聚区、两岸合作示范区、科技创新孵化区。因此,可利用翠亨新区成立之机,结合其大力发展生产性服务业的宗旨,着力打造一个具有本土特色的服务外包示范园区;成为一个中山推广和宣传服务外包的重要载体,以优质的配套、大力的政府支持和引导吸引国内外知名的服务外包龙头企业到园区内发展。

4. 建立服务外包拓展区,促进和引导区内的产业转型升级和服务外包产业空间体系的建立。

要主动承接广州、深圳、香港辐射。西北部片区以小榄为集聚中心向外拓展,依托优势产业集群优势,大力承接广佛经济圈的辐射,推进小榄文化艺术品产业基地、中山工业设计园(小榄)、南头家电产业服务创新区、古镇灯饰产业生产性服务业集聚区等服务业集聚区建设,积极承接电信、装备制造、信息服务、呼叫中心、供应链管理等服务外包项目。南部片区以三乡镇为核心向外拓展,积极融入"珠港澳"区域合作,积极承接文化创意设计、物流、软件设计等服务外包项目。

三、东莞市服务外包园区的空间布局[①]

(一)布局总体思路

立足东莞的资源条件和产业基础,深入实施城乡统筹,按照"集约化、多元化、高端

[①] 关于印发《东莞市服务外包产业发展规划(2015-2020年)》的通知. 东莞市人民政府公报,2015(8).

第五章　服务外包园区的建设规划与空间布局

化、市场化"的发展思路，要充分依托五大产业集聚区（现代服务业集聚区、高新技术产业集聚区、先进制造业集聚区、临港产业集聚区、现代农业集聚区），发展服务外包；以松山湖、大城区、虎门港、东莞生态产业园区为平台，吸引服务外包企业向园区集聚，在松山湖、大城区、虎门港和东莞生态产业园区培育一批具有自主知识产权、自主品牌、高附加值服务能力的服务外包企业。

（二）空间布局

构建"两个核心、一条主线，多点聚集、外延拓展"的战略性空间格局。

"两核"：一是指松山湖高新技术产业区内的服务外包产业中心区，是东莞市服务外包产业的核心空间载体和中外领军企业的集聚区，是东莞市发展服务外包高端业务的主要区域。二是指东莞大城区片区（包括莞城、南城、东城），依托莞城创意产业中心园区、南城艺展中心创意产业园区、南城新创基智慧港、南城高盛科技园、东城创意产业园，是东莞市发展服务外包高端业务的重要区域。

"一条主线"：是指沿着广深沿线所覆盖的长安镇、虎门镇和港区、厚街镇等区域，重点发展服务外包产业，形成东莞服务外包重点发展带。

"多点聚集"：空间分布在九镇中的四园区，即寮步、横沥、东坑、企石、石排、茶山、大朗、常平和石龙等镇。其是指东莞生态产业园（包括寮步、横沥、东坑、企石、石排、茶山六镇）、大朗创意产业园、常平科技创新中心、石龙现代信息服务园等服务外包特色聚集发展区，是东莞市充分利用本区域的产业特色，加快载体的开发，打造服务外包产业基地，多点聚集发展某一类或若干类型的服务外包业务。

"外延拓展"：是指部分服务外包业务特别是服务外包产业中对就业拉动大、对空间需求大的基础性业务向的以塘厦、清溪等为重点的专业镇拓展，形成该市服务外包合理布局、有序发展的空间格局。

（三）空间发展思路

1. 服务外包核心区。

（1）松山湖高新区。

发展定位：

松山湖高新技术产业区服务外包产业核心区是东莞市未来发展服务外包产业高端业务和集聚领军企业的主要区域。该核心区兼顾发展ITO、BPO、KPO业务，重点发展高端业务类别。其将以金融机构外包服务需求为导向，以先进的信息技术为基础，建设金融智能数联网，打造国内一流、低碳、环保、和谐的金融服务外包产业链聚集发展综合功能区，服务粤港金融中心，辐射珠三角和亚太地区。

"十二五"时期，松山湖高新区的服务外包产业紧紧围绕着"三大产业"开展。要在金融服务外包、文化创意服务外包、电子商务服务、软件与信息服务、工业设计、产品技术研发等重点领域实现突破性进展，构筑起产业特色鲜明、产业核心竞争力突出的服务外包产业发展格局，推动服务外包产业成为松山湖新的重要经济增长点。

国际服务外包园区发展的理论与实践

发展战略：

一是打造东莞产品技术研发服务基地。松山湖高新区要做好大学创新城选址、建设方案、规划设计等工作，积极与复旦大学、同济大学、上海大学、武汉大学等国内高校洽谈合作共建研究院，推动更多高校成果在松山湖进行转化，努力造就一批高水平的创新型人才、一批高层次的创新型企业家、一批有影响力的创新型企业。

二是打造辐射珠三角和亚太地区的金融服务外包基地。松山湖要在成功引进联合金融、志鸿科技、志鸿汇创等知名金融服务外包企业的基础上，以金融机构外包服务需求为导向，以先进的信息技术为基础，建设金融智能数联网，打造国内一流、低碳、环保、和谐的金融服务外包产业链聚集发展综合功能区，打造符合金融服务外包产业需求的、高标准的生态型产业集聚基地，服务粤港金融中心，辐射珠三角和亚太地区。

三是打造全国文化创意产业示范园区。要以东莞市委市政府将文化创意产业列为东莞市支柱产业、中国国际影视动漫版权保护和贸易博览会落户东莞为契机，按照构建文化创意产业链经济模式的工作思路，主要围绕玩具、鞋业、服装、家具、食品等东莞传统优势产业，重点发展与这些产业相关的文化创意原创设计、动漫衍生产品开发和销售。积极筹建玩具博物馆、创意设计城、创意谷等产业载体，特别是规划建设位于松山湖高新区中心区约370亩的文化创意产业集聚区，整合发展资源，拓展文化创意产业发展空间，力争将松山湖尽快打造成为中国动漫产业最佳对接平台和中国最大的动漫衍生品交易平台，成为带动东莞乃至华南地区传统产业转型升级的引擎。

四是打造东莞市电子商务的产业集聚区、技术服务中心和人才培育基地。着力发展涵盖IT服务、物流仓储信息服务、支付服务、行业协会服务、广告营销服务、呼叫中心、数据中心、人才培养等领域的电子商务服务业，建设综合性、专业性、技术性的电子商务服务平台，引领东莞市企业利用电子商务手段打造企业品牌，增强外贸竞争力，拓展国内销售渠道，培育具有本土特色的电子商务企业。

（2）东莞大城核心区。

发展定位：

东莞大城服务外包核心区是东莞市未来发展服务外包高端业务和重要基础业务的集聚地。该核心区重点以研发设计和文化创意服务外包为主。为东莞市各镇区的制造业转型升级提供服务支撑，从而向东莞周边镇区产生辐射，达到"高端服务，集聚发展，带动升级"的布局目的。

莞城要以文化创意服务外包、研发设计服务外包为发展重点；要在东莞市创意产业中心园区、汇峰中心及中天创意谷等莞城现代服务业园区的集聚作用下，加强莞港、莞台及与欧美间服务外包项目的深度合作，引进大型百货商贸、商品检测、物流、金融、会计、信息、咨询等与生产制造紧密配套的现代服务业，增强加工贸易转型升级的服务支撑，促进服务外包。

南城区的新创基智慧港产业园和高盛科技园要以电子商务、IT软件开发服务外包为主；南城区的艺展中心创意产业园区要以文化创意服务外包为主。

东城区的创意产业园区已逐渐形成以创意产业为主的产业集群，其中有国内大型动漫产

第五章　服务外包园区的建设规划与空间布局

业集团、高科技节能照明企业和国际领先技术微循环医疗科技企业引进落户。园区要以动漫设计、网络信息技术、生物工程开发的服务外包为主。

2. 服务外包重点发展带。

发展定位：

东莞服务外包重点发展带是东莞市未来发展服务外包KPO和BPO业务的重点分布带。该发展带重点以工业研发设计、物流和电子商务等服务外包为主。

东莞服务外包重点发展带以广深高速沿线所覆盖的镇区为主，在发展带上的长安、虎门、厚街等镇具有良好的工业基础，对于发展工业设计研发等服务外包业务潜力较大。特别是长安镇和虎门港的服务外包产业发展优势明显。

长安镇是中国电子信息产业重镇、中国机械五金模具名镇，具有国家级的产业基地，可以积极发展工业设计、云计算和电子商务等服务外包业务。

虎门港中心服务区有五大区域。虎门港将建成一个以信息化为中心，以现代物流为主体，拥有集装箱、石化、煤炭、粮食、汽车五大运输系统，具备装卸储运、中转换装、物流中心、临港产业、区港联动、商贸服务、汽车滚装、信息服务、休闲旅游9项功能，服务本地、辐射华南的大型现代综合性港口园区。因此，虎门港可开辟物流仓储板块，引进知名企业开发物流园项目，大力发展物流服务外包和电子商务服务外包业务；开辟金融板块，利用已搭建的物流银行体系，拓宽金融服务范围，积极开展金融服务外包业务。

3. 服务外包多点集聚区。

发展定位与思路：

服务外包要充分依托九镇中三大园区的产业集聚发展特色，形成发展一类或几类服务外包业务的多点聚集区域。特色聚集发展区按照功能可分为四大特色聚集区，即生态产业园区、大朗创意产业园、常平科技创新中心，石龙现代信息服务园。各特色聚集区依托各自特色和地理位置优势进行集聚发展，与服务外包核心区、服务外包重点发展带、服务外包外延拓展区实现错位发展，成为产业多元化建设的有机组成部分。

东莞生态产业园是广东省首批省级循环经济工业园区。该园区整合了东部快速路沿线寮步、横沥、东坑、企石、石排、茶山六镇汇合处约31平方千米土地。园区区位优越、交通便利。10分钟内便可通达广深高速、广惠高速、莞深高速、莞从高速、莞潮高速及广深铁路东莞新客运站、莞深惠城际轨道枢纽站。生态园大道的建成，把东莞生态产业园与东莞中心城区、同沙、松山湖构建成"四位一体"的东莞新城市区。东莞市委和市政府对东莞生态产业园做出实施集约开发的重大战略决策，产业布局上突出循环和生态发展主题，重点瞄准发展高端新型电子信息、高端装备制造业、新兴高新技术产业、现代服务业、休闲旅游业五大产业，形成"一心、两翼、三区、多园"的立体产业布局。

因此，要充分利用东莞生态园的六镇汇合、约31平方千米板块组团的地理优势效应，依托东莞生态园的"以城市湿地为特色、发展高端产业及配套服务业的循环经济和生态产业示范园区"的功能定位，依托东莞生态园重点瞄准发展的高端新型电子信息、高端装备制造业、新兴高新技术产业、现代服务业、休闲旅游业五大产业，建立以物流、信息技术和电子商务为主的KPO和BPO服务外包业务。

国际服务外包园区发展的理论与实践

将大朗镇的创意产业园构建成现代信息服务产业园区、毛织服装时尚设计创意区和图书出版设计创意区三大创意区。园区要以创意研发设计和信息技术服务外包为主。

石龙是国际宜居城镇、中国历史文化名镇，先后被评为国家信息化试点镇、国家电子信息产业基地。石龙镇的现代信息服务园要重点引进从事软件开发、动漫创意、工业设计、信息服务的企业；要以文化创意设计、高端新型电子信息技术（如物联网空间信息技术研发、云计算、嵌入式软件、中间件、工业软件和行业解决方案、集成电路研发设计等）的服务外包为主。

常平镇的常平科技创新中心依托常平镇电子信息、物流、新材料等产业集群基础，重点引进新一代信息技术、新能源汽车、生物医药、现代物流、节能环保、新能源新材料、工业设计等领域的研发中心和初创型企业；要以物流，为企业提供研发实验、人才支撑服务和信息技术等服务外包为主。

4. 服务外包外延拓展区。

发展定位与思路：

以塘厦、清溪、长安为主的基础性服务外包产业拓展区是东莞市发展服务外包产业中集聚就业拉动大、空间需求大的基础性业务的主要区域。重点发展以 ITO 和 BPO 为主的劳动密集型基础性业务，以及其他对土地、空间需求高的业务类别。引进的目标企业为本土成长型服务外包企业以及核心区分流出的从事基础性业务企业。

第六章　服务外包园区的运营创新

第一节　国外服务外包园区的运营创新

一、各国创新的新思维

国外服务外包园区在不同发展阶段有各自发展特点，经过多个案例总结，可以得到如表 6-1 所示的主要特征。

表 6-1　　　　　　　　　服务外包园区发展阶段主要特征

园区发展阶段	企业规模	政府作用	中介机构状况
起步阶段	弱小	主导	没有
成长阶段	壮大	共同作用	起步发展
成熟阶段	独立	退出	完善配套
转型阶段	衰退	引导	积极干预

资料来源：作者整理得到。

服务产业园区，是官、学、产、孵、金五元共同驱动的。具体来说，政府的作用是构建科技工业园的环境创新体系，大学科技界的作用是为科技工业园企业技术创新的源泉，工商企业界的作用是构建科技工业园的技术创新体系，企业孵化器的作用是构建科技工业园的创业孵化体系，投融资机构的作用是构建服务外包产业园的投融资体系。现在我们对这个问题进行深入分析。

（一）官产学协作机制

该机制的目的在于把政府、工商企业界、大学及科研院所三大行为主体间的目标变为统一的政策和协调的行动，努力变"三元参与"为"三元一体化"，使三方在共同的利益基础上互动协作，最终形成具有持续创新能力的区域创新网络。在这个创新网络中，官、产、学三方在相互作用、相互激发中实现运行方式的优化组合，各尽所能，各得其所，取得"整体大于局部之和"的协同创新效应，促进区域高新技术产业的发展。因此，培育官产学协作机制成为科技园区创新能力建设的重要任务之一。官产学合作方式多种多样，既可以采取

国际服务外包园区发展的理论与实践

科研项目合作的方式，也可以采取共建工程技术研究中心、开放实验室、检测中心、试验基地等技术集成与扩散性组织的方式。

（二）企业协作发展

新老企业在同一市场上开展竞争，会促进技术和产品的进一步创新；企业衍生会实现技术水平在更高层次上的专业化经营，推动企业之间的分工协作迈向深入；依托衍生企业间所形成的创新链，能有效降低每个企业承担的技术创新的投资成本。区域内企业的一系列裂变和繁衍，促使园区在空间范围上不断走向扩散，呈现"群落"式的集中布局，进而发展成为产业连绵带。

（三）法律保护知识产权

在当今世界知识经济的发展中，知识产权的作用日益凸显。新兴发展中国家的服务外包园区，由于重视知识产权，为经济社会发展增添了新的活力。这些产业园区不仅要加大对科技创新的扶持力度，还要大力促进知识产权向产业转化，逐步提高自身竞争力，并且成就了一些站在世界前列的产业。

国际服务外包园区发展中知识产权保护是发包方非常关心的问题。跨国公司对其知识产权的担忧，制约着承担国服务外包的发展。毕马威会计师事务所的调查显示，不仅欧美发达国家的公司，而且大多数亚洲公司已经将一部分业务外包到印度市场，份额为55%，另外，新加坡是亚太地区第三大受欢迎的服务外包承接地，市场份额为20%，中国香港以16%的份额名列第四位。印度和新加坡的成本尽管不是最低廉的，却拥有很好的知识产权保障，员工的教育程度高，这为它带来了较高的附加值。

（四）风险基金推动服务外包发展

印度服务外包产业能够提供世界先进的技术和服务，离不开风险基金的推动和支持。2014年，印度政府带头创立一笔基金，主要将通过风投基金、准股权、低息贷款和其他风险资本等方式提供资本，专门鼓励年轻人创建创业公司并取得发展。此举正值印度创业公司创业热情高涨之时，班加罗尔已号称"印度硅谷"，现在浦那（Pune）也在吸引着许多创业公司和IT人才，其中包括一流的数据软件公司Druva和电信硬件公司Swipe。芯片巨人英特尔看上了印度服务外包产业这一片沃土，早在2004年，就提供2.5亿美元风险资金成立了印度科技基金，以刺激印度国内的技术创新，并且每年追加数以万计美元进入该基金。

二、印度运营创新[①]

自从进入20世纪90年代，印度的国际服务业以超出想象的速度发展。它承接了全世界约65%的软件产业和47%的其他服务外包业务，成为最大的服务外包输出国。以印度最成

---

① 该部分采用的数据，主要来源于《NASSCOM 2011年报》，部分信息来源于Gartner分析师的报告。

第六章　服务外包园区的运营创新

功的软件产业为例，1990年印度电子工业部宣布了首批三个软件科技园区（STP），即班加罗尔（Bangalore）、布巴内斯凡尔（Bnubaneshuar）和浦那（Pona），1998年又扩大到25个软件科技园区；前瞻资讯产业研究院的统计数据显示，2010年印度IT-BPO服务收入为637亿美元，其中离岸收入497亿美元、在岸收入140亿美元。2020年印度的IT-BPO服务收入将达到2 250亿美元，是2010年服务收入的3.5倍。在国际需求不断增长的背景下，印度的IT产业由1992年不到1.5亿美元的营业收入一下发展为2011年的接近880亿美元的营业收入，直接提供了250万个就业机会，对印度经济发展做出重要贡献（NASSCOM，2011）。

（一）印度产业园区发展模式

1991年，印度宣布成立的三个科技外包园区是以班加罗尔为核心，沿着印度南部两边海岸线延伸到布巴尔斯瓦尔和浦那，形成一个软件产业的黄金三角，经过20多年探索和发展，班加罗尔已成为印度最大的产业服务外包园区。现在以班加罗为例说明印度软件产业外包园区的发展。

1. 在发展初期，政府抓住产业转移的机遇，高度重视软件产业发展。

20世纪90年代，时任美国总统克林顿提出了"信息高速公路计划"，美国国内需要大量软件供给，于是一些企业将非核心低利润的软件外包出去。印度政府根据本国基础产业薄弱、制造业发展落后的国情，集中力量发展软件产业，建立了若干软件技术园区，承接了西方发达国家软件产业的转移，以廉价而专业的人才满足当时欧美国家和日本的发展需要，有效地促进经济发展。1991年6月，印度在班加罗尔创建了全国首个计算机软件技术园区，其后又在马德拉斯、海得拉巴、孟买、加尔各答等地建立了18个具有国际先进水平的软件技术园区，并对园区中的企业实行各种优惠政策，如符合条件的软件企业2010年前免征所得税，研发所必须进口的软件实施零关税优惠，为开发软件而进口的硬件设备实施关税减让，对软件和服务公司的银行贷款实施"优先权"等。1998年，印度政府设立风险投资基金，用于支持中小企业发展。同时，为了保护知识产权，保护企业和消费者的信息安全，为信息服务纠纷解决提供法律规范，印度也在不断地完善相关法律：1994年出台了严格的《新权法》；2000年通过了《信息技术法》和《半导体集成电路设计法》。此外，为保证软件公司的规范运作，印度国家软件和服务公司协会还规定，凡拥有10名员工以上的软件公司必须达到ISO9001标准认证。

2. 产学研结合发展，建立强大的创新系统。

班加罗尔之所以可以取得成功，其原因之一是印度理工大学位于班加罗尔，这使班加罗尔的软件业发展有了牢靠的技术和人才的依托，印度理工大学培养了许多世界一流的软件工程师。另一原因是较早引进了跨国公司，如1986年美国德州仪器公司就在班加罗尔设立了卫星地面站，解决了高速数据传输的问题。如今，班加罗尔已有200多家以信息技术为主的外国公司，被誉为"印度的硅谷"。

3. 园区实行自由管理，政府当好守夜人角色。

1991年，印度政府允许园区注册为独立机构，这样做可以避免当地政府的不必要干预，科技园区的主管拥有广泛的权利，其服务意识也很强，同时他们亦履行作为信息数据来源的

国际服务外包园区发展的理论与实践

职责，园区与产业界一直保持很好的关系。

（二）印度的运营方式创新

近几年，印度服务外包产业园区在其他新兴国家强大的竞争的情况下，也积极采取措施，通过学习以色列、中国台湾和其他服务业发达国家或地区的做法，依靠制度保证、法律保护、质量保证和金融机构的支持加强优势和运营创新以应对挑战。

1. 鼓励企业在服务外包园区建立研发中心。

园区所在地区一般拥有当地重要的大学和国家实验室，印度政府以此为契机提高企业、大学和专业人才之间合作。从图6-1中可见，印度科技和信息产业从业人员的构成，都是以高学历高职称人才为主，这些高素质人才，有效地满足了印度服务外包产业园区的发展需要，为印度经济发展做出重大贡献。

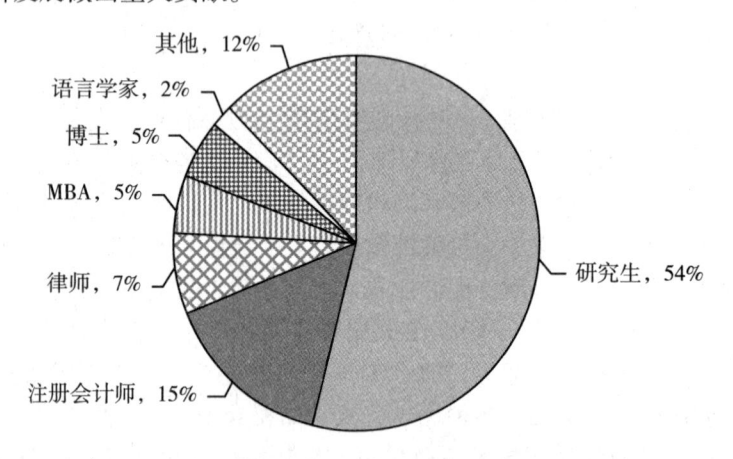

图 6-1 印度科技和信息产业从业人员学历构成

资料来源：Naccom 统计。

此外，印度高度重视软件人才的培养，形成了印度理工学院居顶端、各大学居中间、大量职业化培训机构居底层的金字塔式人才培养机构。印度 IT 培训机构中职业化培训机构的软件教育的突出特色是与产业密切互动，课程设置围绕企业需求，紧跟最新技术发展动向，学生一出学校就具备了较全面的实际工作能力。此外，大量的美籍印度移民是发展服务外包产业的重要资源，印度企业充分发挥美籍印度人的沟通作用，积极开拓美国市场。政府也积极鼓励美籍印度人回国创业。

2. 建立高新企业孵化器。

通过学习美国和英国等服务业发达国家服务业先进经验，运用专业方式对科技企业进行孵化。如班加罗尔地区充分利用当地的印度理工学院、公共实验室和其他设备充足的研究性大学，发展现代信息科技企业。

3. 建立产学研循环发展方式，鼓励将技术从科研机构和大学实验室顺利地转化为企业发展的核心力量。

为此，当地政府提供资金支持，如"科技剥离基金""基金中的基金"（一种扩大研发

第六章　服务外包园区的运营创新

赞助的基金），扩大基金赞助计划的范围，紧跟时代发展步伐，适时发展新的科技园。印度政府紧跟世界最新技术，建立了 ICICI 科技园，该产业园位于海德仙巴市，是印度生物科技产业群的重要组成部分，被称为印度的"基因谷"。该地区采取公私合营的方式运行，引入欧美国家发达的生物公司，借以发展自己的生物产业。

三、爱尔兰运营创新[①]

爱尔兰加入欧盟之后，服务外包产业得到长足发展。爱尔兰被称为欧洲硅谷，软件出口量居世界第一，以软件为主的服务外包产业成为爱尔兰的经济支柱。如今，爱尔兰已经成为全球最大的软件本地化供应基地，也是欧洲最典型的接包国。其软件在欧洲市场占有率超过60%，全球排名前10位的软件企业在爱尔兰都设有分支机构。为了应对时代挑战，爱尔兰政府对本国服务外包产业进行营运创新。

1. 积极运用先进技术和加强创新研发。

爱尔兰多年前便开始全面实现国际宽带干线连网工程，其宽带干线连网规模将达到全球第四位，全面实现信息网络的数字化和光纤化传输。现在爱尔兰的服务产业园区都拥有先进的通信技术设备，随时能和国外客户相联系，实现设计和生产的同步；非常发达的基础设施，四通八达的电信，大量受过良好教育的软件专门人才，吸引了许多跨国公司的进入，并实现了软件本地化发展。

此外，政府提供大量资金，建立科技孵化器、大学研究所，并且在都柏林利菲河畔区建立了欧洲多媒体开放实验室，以实现产学研的有机结合。例如，欧洲媒体实验室是麻省理工学院媒体实验室的欧洲合作伙伴，运营时间为 2000～2005 年，研究方向为人类行为与科技的交互。在研究5年取得一定进展后，该实验室会寻求企业购买其研究项目和聘用其科研团队，使科研项目能在实际生产中应用。

2. 腾笼换鸟。

爱尔兰的服务外包产业园区政策一直向软件产业倾斜，而且注重产业的升级，产业层次不断提高。目前爱尔兰软件产业正将发展方向定位在更高附加值和更具发展潜力的专业化细分市场和特殊的商业应用市场。经过多年努力，已逐步在工业嵌入式软件、移动通信、企业管理、教育培训、加密技术和安全领域成为国际领先者。

3. 具有远见的政策。

从 20 世纪 50 年代开始，爱尔兰一直采取支持服务外包产业发展的政策。从成立第一个服务贸易产业园区，到机场免税店，到大力引进美国企业，再到现在鼓励制药和生命科学发展，都是很有远见的。同时，爱尔兰政府还为本国企业（无论内外资）提供资金支持。政府设立专项基金鼓励和推动技术创新。爱尔兰研发投入占国内生产总值（GDP）的比例由 1988 年的 0.44% 提高到 1997 年的 1.11%，到 2010 年达到 1.7%。同时，由国家成立风险基金

[①] 王哲，武亚兰. 印度和爱尔兰服务外包发展模式比较研究及其对中国的启示 [J]. 时代经贸（下旬刊），2008：76-77.

国际服务外包园区发展的理论与实践

管理机构，同其他私人机构或个人合伙投资中小企业，有力地促进园区国内创新企业的发展。

4. 成为来欧洲投资科技企业的总部。

爱尔兰在海外的后裔大约 7 000 万人，美国 500 强企业首席执行官中，爱裔占近 1/4。爱尔兰政府极为重视这一资源，积极推动美国企业投资爱尔兰，被称为美国欧洲投资的基地。同时，爱尔兰的公司税只有 15%，适宜投资，全球众多知名企业的欧洲总部都设在爱尔兰，成为名副其实的科技巨头避税天堂，这成为促进爱尔兰软件和金融产业快速发展的重要因素。截至 2014 年，苹果、谷歌、戴尔等科技大腕纷纷在都考南郡建立自己的科技园区，作为欧洲总部，这些举动大大刺激了外国科技企业模仿热情。当然，其负面影响是金融危机严重打击爱尔兰经济，以美国为首的资金纷纷撤离爱尔兰，使爱尔兰经济泡沫衰退，支柱产业萎缩。但是爱尔兰一直坚持走科技立国道路，逐步走出了衰退。

5. 爱尔兰软件协会等行业协会的推动。

由于爱尔兰存在行业协会，不仅有利于协调行业之间良性竞争，而且还在引进外资、人才培养、吸引人才、产业规划上做出不可磨灭的贡献。

四、菲律宾运营创新[①]

菲律宾是世界上领先的服务外包目的地之一。菲律宾政府鼓励服务外包产业发展，启动了"投资优先计划"，将服务外包纳入优先发展产业计划，通过创新运营方式，制定了一系列举措以维护本国服务外包产业发展。

（一）在通关财政上给予优惠

财政优惠：外国公司在经济特区开展服务外包业务，前 6 年为免税期，免税期后可继续享受优惠待遇，只交 5% 的营业税；公司还可免税进口特殊设备及材料、免缴码头使用费；在当地购买的货物和服务免交 12% 的增值税。

非财政优惠：无限制使用托运设备、进口开展业务所需设备或物资时，享受通关便利；在人才引进方面，外国公民可在服务外包企业从事管理、技术和咨询岗位 5 年时间，经投资署批准，可延长期限。总裁、总经理、财务主管或与之相当的职位可居留更长时间。

（二）服务外包领域知识产权和数据信息安全保护

菲律宾政府通过"共和国法令 8293 号"颁布了《知识产权法》，后来又颁布了《数据安全和隐私法》，为服务外包企业提供法律支持。

（三）培养适应服务外包业的人才

为增强本地人才的竞争力，菲律宾政府拨专款设立面向服务外包业的"应用型人才培训基金"，为达不到公司录用标准的求职者发放培训券，免费提供各种技能培训，还承诺将

---

① 服务外包业成菲律宾经济新增长点［OL］．中国经济网，http://intl.ce.cn/right/jcbzh/201109/19/t20110919_22704111.shtml.

第六章　服务外包园区的运营创新

经过培训就业的人员所新增的个人所得税再用于补充培训基金。菲律宾政府已多次向上述基金拨款，每次 1 000 万美元。2007 年阿罗约总统还特别为 7 万个呼叫中心职位及其他 BPO 行业工人拨款 800 万美元。

（四）海外市场开拓和品牌建设方面的具体举措

菲律宾政府十分重视服务外包产业的发展，除对外国投资在菲律宾设立服务外包企业给予税收优惠政策外，还采取积极的宣传策略，向全球宣传菲律宾服务外包产业的优势。2010年，菲律宾贸易和投资中心与菲律宾服务外包行业理事会在美国联合组织了多场活动，向美国企业宣传菲律宾服务外包产业的发展成就。2010 年 8 月，菲律宾财政部长普里西马和贸工部长多明戈赴美，与全美大企业代表会面，详细介绍了阿基诺政府大力发展菲律宾服务外包产业的政策导向和措施。2010 年 9 月，阿基诺总统在首次访美期间，与已经在菲律宾或即将在菲律宾开展服务外包业务的美国公司总裁们召开座谈会，向其保证本届政府将全力支持美国公司在菲律宾开展服务外包产业发展。

第二节　国内服务外包园区的运营创新

从目前国内现有软件园从发展进程来看，基本上属于政府规划、管理的园区。北京、天津两个城市的软件产业由科委直接领导和管理，全国其他城市软件产业园区基本上是由当地信息产业主管部门管理。多数软件产业园作为软件企业的主要集聚地，它们本身依托于当地的高新技术产业园、经济技术开发区、保税区、大学科技园等园区，在组织管理上采取以下三种模式。一是事业制，即软件园作为事业机构进行运营和管理，深圳软件园即是这种类型，其上级主管部门是深圳市高新办。二是公司制，即成立软件园有限责任公司，代表政府部门负责园区的建设、经营和管理。这种类型比较常见，北京中关村软件园、上海浦东软件园、大连软件园等属于这种模式。三是混合制，即软件园作为同一实体，具有企业和事业单位两块牌子。由于政府职能划分的原因，在园区的命名上存在着一园多牌的现象。各地软件园大多经历了由政府组织的项目可行性分析、规划土地、设计施工、运营管理流程阶段。在大规模的基础设施建设之后，其工作重心已经由土地开发和物业管理转向公共服务，即由政府牵头，联合大公司、高校、研究机构，为软件企业提供公共服务、经营性服务和政策性服务。

一、中关村高科技产业园区[①]

（一）中关村高科技产业园区现状分析

中关村是国家自主创新示范区、高科技产业中心，起源于 20 世纪 80 年代初的"中关

---

① 相关资料自中关村官网查询整理得到。

国际服务外包园区发展的理论与实践

村电子一条街"。1988年5月，国务院批准成立北京市高新技术产业开发试验区，这就是中关村科技园区的前身。中关村科技园区管理委员会作为北京市政府派出机构对园区实行统一领导和管理。中关村是中国第一个国家级高新技术产业开发区、第一个国家自主创新示范区、第一个"国家级"人才特区，是我国体制机制创新的试验田，也被誉为"中国的硅谷"。

经过多年的发展建设，中关村已经聚集了以联想、百度为代表的高新技术企业近2万家，形成了以下一代互联网、移动互联网和新一代移动通信、卫星应用、生物和健康、节能环保以及轨道交通六大优势产业集群以及集成电路、新材料、高端装备与通用航空、新能源与新能源汽车四大潜力产业集群为代表的高新技术产业集群和高端发展的现代服务业，构建了"一区多园"各具特色的发展格局，成为首都跨行政区的高端产业功能区。

中关村示范区经济发展始终保持较高的增长速度。2012年中关村示范区实现总收入2.5万亿元，同比增长25%以上；高新技术企业增加值超过3 600亿元，占北京市地区生产总值比重达到20%，比2011年提高了1个百分点；企业实缴税费达到1 500亿元，同比增长超过60%；企业从业人员达到156万人，比2011年增加18万人；企业利润总额1 730亿元，同比增长13%；实现出口230亿美元，约占全市出口总额近四成；企业科技活动经费支出超过900亿元，同比增长25%。

（二）产业园发展优势

中关村高科技产业园区地处首都经济圈，拥有许多优势，如果能够抓住这些难得的优势，将对北京市服务业快速、高效、优质的发展起到非常重要的促进作用。从现状来看，中关村高科技产业园区发展具有以下优势。

1. 地区优势。

北京的经济发展水平相当高，拥有全国其他城市不可比拟的优势，包括劳动力素质在全国数一数二、物流交通信息中心、完善的金融系统、高端的产业链和政治中心等。

2. 产业链优势。

北京拥有三大优势产业：现代服务业、现代制造业和高新技术产业。服务业在北京产业结构中的增加值比重稳定在75%左右，服务业主要行业在地区生产总值中所占比重也较高。2009~2010年，金融业、批发与零售业比重均在13%左右；信息传输、计算机服务和软件业，房地产业比重在8%左右；租赁和商务服务业，科学研究、技术服务与地质勘查业比重在7%左右。这些主要行业合计大约占北京地区生产总值的55%。第二产业中的高科技制造业如通信设备、计算机及其他电子设备制造业，仪器仪表及文化、办公用机械制造业也为北京重要的产业群。[①]

3. 先入为主的基础信息优势，产业布局合理。

中关村高科技产业园区从筹建之初，就以面向国际市场的高端产业园区为目标，始终走在产业高端发展的道路上。中关村从20世纪80年代的电子一条街，到1999年的一区五

---

① 邓丽妹. 改革开放以来北京产业结构演进与现状 [J]. 经济论坛，2013 (5)：14-19.

第六章　服务外包园区的运营创新

园,到2006年的一区十园,到2009年正式批准为国家级自主创新示范区,建设具有全球影响力的科技创新中心,再到今天已经是一区十七园了。可以说,北京市的十六个区县,每一个区县当中都会有一个中关村的科技园区来享受中关村相应的政策措施、政策红利等相关方面的优惠。无论是在人才引进,还是资金的拓展方面都有极大的利好。除了中关村相关的政策措施相对完备以来,其对首都的经济贡献率达到了25%,这也是一个极大的数字。

4. 高校科技资源与人才洼地。

中关村示范区高校从两院院士,到高水平学科带头人的教育部长江学者,再到高校教学科研人员和每年应届毕业生队伍,聚集了大量科技人才,为中关村示范区科技创新提供了源源不断的人才储备和发展活力。同时,中关村还成为海归人才的汇聚地,每年大量海归人士汇聚在中关村中,为中关村的发展做出重大贡献(见图6-2)。

```
中关村是我国也是世界上人才智力和科教资源最密集的地区
●中关村核心区有以北大、清华为代表的高等院校32所
●中关村核心区有国家及省市级科研院所206个
●中国科学院和中国工程院院士数量居全国首位,占全国总数的36%
●截至2011年8月,北京市共有中央"千人计划"人才418人,其中80%
  以上在中关村地区
●中关村人才占北京市海聚工程人才总数的75%
●中关村海归创业人才超过1.5万人,累计创办企业超过6000家
●中关村成为国内海归人才创办企业数量最多的地区
```

图6-2　中关村小资料

资料来源:根据网上数据收集整理。

(三) 面临的危机

中关村产业园区面临着各种问题。除了传统的劳动力不足、土地资源缺乏以外,还有以下几个突出问题。

1. 产业发展的金融支持能力主要集中在大企业,但大规模、优质社会资本助飞创业的金融创新依然不足。

北京虽然拥有全国一流的金融企业和平台,但北京的贷款融资环境很一般。因为银行是要盈利的,为了回避风险,民企和小企业难以获得资金支持,求大弃小是银行的本能,虽然风投不少,但是实际能给予的支持有限。中关村的创业成本显然比其他地区要高,因此在企业初创期利润很低、最需要资金扶持的时候,根本找不到资金,倒闭已成常事。据统计,自

国际服务外包园区发展的理论与实践

从 2008 年欧美经济危机以来，中关村企业数量不断减少，根据海淀园 2008 年 11 月份统计可知，10 亿元以上大企业比 2007 年同期增加了 14 家，1 亿~10 亿元企业增加了 50 家，500 万~1 亿元企业增加了 145 家，但 500 万元以下企业数同比减少 370 家，500 万元以下企业自 2008 年以来收入增幅持续下降，出现了 44% 的负增长。这说明，在国内外宏观经济环境波动中，小企业抵御风险的能力仍比较弱。相比之下，规模大的企业受到的冲击较小，表现出较强的抵御风险能力。同时，中关村硬件投入很多，拉动了当地财政向大企业转移，中关村可能只成为跨国公司的大市场，或者成为科技人员修身养性的场所，在创造财富方面不能做出应有的贡献。

2. 资源短缺和低碳减排任务艰巨。

北京市的能源生产和消费总量间存在着巨大缺口。北京市的能源供给极为有限，所需的石油、天然气资源均来自域外，有限的煤炭停止开采后，也要全部依赖于调入。这种资源禀赋条件，导致北京市只能发展低耗能的产业。

北京建设世界城市的目标，要求北京必须走以低能耗、低物耗、低排放、低污染为主的经济发展道路，根据 2013 年的相关法律可知，年能源消耗 2 000 吨标准煤（含）以上的法人单位应当按规定向市人民政府应对气候变化主管部门报送年度碳排放报告。这无形中给大型企业进入北京增加了一道障碍。同时，随着北京 PM2.5 减排目标的出台，越来越多的企业因为环境原因而不能进入开发区。

3. 房地产热负面影响加剧。

在全国房地产热的带动下，中关村房价翻番飙升，带动租金大幅度上升。据报道，2012 年，上地信息中心每亩地价已近百万元，中关村西区建成之后，期望成为国内顶级公司和世界大型公司的聚集地。显然，对中小企业来说，进入此地代价实在是过于高昂，除非企业投资是为了赌博房地产升值，而不是用于企业发展本身。中关村虽然只有十多年的发展历史，却已经是大企业（按照中国的相对标准）和跨国企业的天堂，除了联想、方正和四通，还有着无数令人耳熟能详的跨国公司的名字：微软、惠普、朗讯、爱立信、松下等，小企业生存环境堪忧。与之相反的是，经过几十年的发展，硅谷依然是中小企业（按照美国的标准）的天堂，美国的小企业依然热衷于在硅谷投资，硅谷里，除了惠普、英特尔等少数几个巨头外，10 名以外的企业都属于名气不大、规模有限的中小企业，这种生态特性保证了硅谷持续创新的能力。

（四）运营创新举措

1. 发展潜力产业。

中关村现在大力发展潜力产业，这些产业具有技术优势，成长潜力好，创新能力强，但尚未形成较大产业集群。它们主要指的是四大潜力产业：新材料；高端装备制造；集成电路；新能源和新能源汽车。具体见图 6-3。

截至 2013 年，中关村承担的重大专项项目累计达到 1 300 多项，约占全国重大专项的 40%，创业投资占全国 1/3，万元工业增加值能耗占全国 1/10。同时，每年新创办科技型企业多达 4 000 多家，现代服务业收入占总收入的 2/3，已成为中关村的主导产业。中关村企

第六章　服务外包园区的运营创新

业总收入增长显著，25 年年均增长幅度达到 36.6%，占全国高新区总收入的 1/7，创新集群发展迅速。

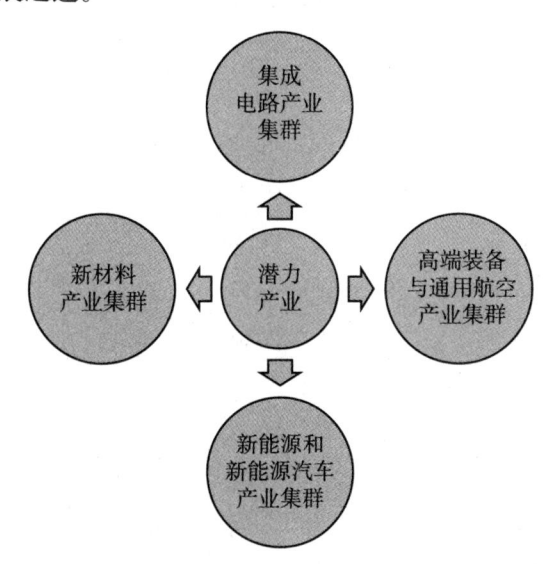

小资料：中关村确定了四大潜力产业集群，包括集成电路产业集群、新材料产业集群、高端装备与通用航空产业集群、新能源和新能源汽车产业集群。在这些领域，中关村企业创新能力强、具有技术优势、成长潜力好，但在产业链关键环节上存在薄弱环节。对于潜力产业集群，中关村将推动在产业链关键环节和薄弱环节开展攻关，突破并储备一批核心技术，主导制定一批技术标准，提升产业竞争力，逐步形成产业集聚优化。根据《创新引领工程》可知，到2015年，中关村将形成一至二个5 000亿元级的产业集群，五至六个千亿元级产业集群。

图 6-3　中关村潜力产业

资料来源：中关村官网《关于启动 2013 年度中关村国家自主创新示范区产业技术联盟首批重大应用示范项目申报工作的通知》，http://www.zgc.gov.cn/dt/tzgg/89940.htm。

从表 6-2 中可以看到，中关村服务业产值增长率平均来说远高于工业总产值的增长率，说明中关村主要依靠服务业来带动科技园发展。同时，中关村科技园区引进了大量企业，包括创业的企业，并且吸引高水平人员前来就业。2009 年金融危机后，中关村发展出现另一个状况，由于上面几个危机，中关村企业数量不断减少，但是各产业产值不断增长，说明中关村创业氛围不断衰落，同时逐渐发展成为大企业的天堂。

表 6-2　中关村科技园区 1988~2008 年主要统计数据

年度	服务业产值（亿元）	年均增长率（%）	工业总产值（亿元）	年均增长率（%）	企业数（家）	年均增长率（%）	从业人员（万人）	年均增长率（%）
1988	9.2	—	4.8	—	527	—	0.9	—
1989	11.5	25.00	5.5	14.58	850	61.29	1	11.11
1990	16.3	41.74	8.7	58.18	974	14.59	1.5	50.00
1991	25	53.37	12	37.93	1 343	37.89	3.1	106.67
1992	39	56.00	21	75.00	2 442	81.83	6.9	122.58
1993	66.7	71.03	33.3	58.57	3 769	54.34	10.8	56.52
1994	82.6	23.84	60.2	80.78	4 229	12.20	11.3	4.63
1995	106	28.33	113.5	88.54	4 438	4.94	12	6.19

国际服务外包园区发展的理论与实践

续表

年度	服务业产值（亿元）	年均增长率（%）	工业总产值（亿元）	年均增长率（%）	企业数（家）	年均增长率（%）	从业人员（万人）	年均增长率（%）
1996	151.6	43.02	145.8	28.46	4 506	1.53	12.5	4.17
1997	207.6	36.94	199.4	36.76	4 525	0.42	13.5	8.00
1998	318	53.18	369	85.06	4 931	8.97	17.3	28.15
1999	286	-10.06	763	106.78	5 576	13.08	24.3	40.46
2000	522.4	82.66	912.3	19.57	6 186	10.94	29.3	20.58
2001	1 060.2	102.95	954	4.57	8 019	29.63	36.1	23.21
2002	919.6	-13.26	1 485.2	55.68	9 673	20.63	40.6	12.47
2003	1 278.6	39.04	1 607.8	8.25	12 030	24.37	48.9	20.44
2004	1 815.9	42.02	1 876.3	16.70	13 957	16.02	55.7	13.91
2005	1 905.5	4.93	2 971.3	58.36	16 452	17.88	69.1	24.06
2006	3 297.2	73.04	3 447.5	16.03	18 149	10.31	79.2	14.62
2007	5 185.3	57.26	3 850.4	11.69	21 025	15.85	89.9	13.51
2008	6 417.3	23.76	3 805.1	-1.18	18 437	-12.31	94.1	4.67
2012	18 530.3	—	6 494.7	—	14 925	—	158.5	—

注：鉴于文中提及 2009 年后的状况，故表中列示了 2012 年部分数据。
资料来源：中关村官网历年资料统计得到。

2. 一区多园发展模式。

中关村拥有"先走一步"的优势，是中国最成熟的产业园区。目前，由于中关村面临着土地紧缺、租金上涨、营运成本不断攀升的问题，中关村需要创新发展布局，通过一区多园的发展模式，形成"一区十七园"、各有特色的"两城两带"的发展格局。到 2020 年，中关村示范区人口资源环境协调发展能力将全面提升，初步形成以战略性新兴产业群为主要产业部门，以"两城两带"为重点，各分园之间分工明确、布局合理、联动互补、协同发展的"一区十七园"的发展格局。要求落实示范区空间规模和布局调整方案、加强产业规划布局调控，以及加强政策覆盖落地和优化创新资源布局，推动政策、创新服务体系在十七个分园的覆盖对接和落地，实现技术、人才、资本等创新要素资源在分园优化配置，把中关村建设成为具有全球影响力的科技创新中心和高技术产业基地。中关村示范区创新发展再上一个新的台阶。

3. 专利运营基金。

2014 年 4 月 25 日中关村知识产权论坛在中关村国家自主创新示范区展示中心成功举办，本次论坛的主题为"移动互联时代的知识产权保护"，以主题演讲和高端对话的形式展开。论坛正式启动中关村睿创专利运营基金，这在国内还是第一次。该基金初期规模达几亿

第六章 服务外包园区的运营创新

元人民币，TCL、小米等多家从事智能终端与移动互联网业务的公司作为首批战略投资方来参与。过去，中国作为移动通信制造大国，每件产品都要交 5%～10% 的专利费，该资金的形成，将帮助中国高科技企业有效研发和取得核心技术专利，帮助企业在未来发展中获取主导权，免受专利限制。对中国企业来说，把"山寨"的帽子摘下去只是第一步，如何在获得专利后，更好地应用专利，实现专利价值，是企业应该关注的，也是中关村营运的重要方向。

二、苏州服务外包产业园[①]

（一）背景现状

苏州的经济发展已经走到了中国的前列，成为全球极具影响力的 IT 重镇。凭借这无法比拟的产业优势，另加上海后花园的区位优势、二线城市的政策优势等有利条件，服务外包产业近几年在苏州快速成长，已成为中国服务外包产业带的中心城市之一。数据显示，2010 年 1 月份苏州服务外包接包合同额达 2.3 亿美元，同比增长 1 361.5%，外包执行额 0.98 亿美元，同长增长 968.6%，成为苏州新经济爆发点。目前，苏州累计在商务部外包管理业务系统上登记的服务外包企业数达 793 家，从业人数 8.87 万人。

尽管受国际金融危机影响，但苏州服务外包逆势增长明显，如果说是外资促成了苏州 IT 行业的增长，那么外资在苏州服务外包产业里发挥着重要的作用。强生财务共享中心、三星半导体分拨中心、博世 IT 服务中心、耐克物流中心等世界 500 强企业的区域外包中心都设在苏州。外包业务这一巨大的未来市场对于正在快速发展服务业的苏州来说是一个非常好的机遇。此外，世界 500 强企业中已有 113 家落户苏州，它们 70% 的业务流程是通过外包实现的。但是，在目前世界最大的 1 000 家公司中，大约有 70% 的企业尚未向低成本国家外包任何服务。根据国际产业转移的发展规律可知，这些企业都将走上服务外包的道路。

（二）发展特点

苏州的经济社会对外开放度高，劳动力素质相对也比较高，具有承接国际服务业转移的良好基础。苏州如果能够抓住这一难得的历史机遇，将对该市服务业的快速、高效、优质的发展起到非常重要的促进作用。从现状来看，苏州发展服务外包具有以下优势。

1. 地区优势。

苏州拥有良好的城市形象和硬件条件。苏州市地处中国经济最为发达的长江三角洲中心，在地理上紧邻全国经济中心上海，这使得苏州能充分受益于上海服务外包。

2. 产业种类相对较多。

多年开放经济的积累，使苏州已经形成了电子信息、汽车零部件、机械、纺织服装、轻

[①] 服务外包成为苏州新经济爆发点 [OL]. 中国新闻网，https：//www.chinanews.com/cj/news/2010/02 - 12/2123230.shtml.

国际服务外包园区发展的理论与实践

工业等产业集群，大规模的产业集群为苏州发展服务外包奠定了一定的物质基础。

3. 先入为主的基础信息优势，产业布局合理。

苏州基础信息设施的完备为开展服务外包提供了有力的支撑，苏州软件园是"中国软件欧美出口工程"试点基地之一，苏州国际科技园被授予国家级动漫产业基地的称号，苏州工业园区作为国家级服务外包示范基地，基地优惠的投资政策、完备的配套设施和产业的集聚效应也将进一步催化高端服务外包企业的形成。

（三）面临问题

然而苏州发展服务外包也有不足之处：首先，人才供应不足，特别是高端人才，适合从事软件离岸服务外包的人才也屈指可数。即便是从其他城市引进，但要转化为外包人才，也需要一个适应过程。其次，销售渠道不广。苏州大部分服务外包企业尚不具备国际营销的经验和能力，无法和海外客户建立起直接、深入和战略性的客户关系，必然在未来严重阻碍外包的发展。再其次，法规和政策支持不力。服务外包的概念比较新鲜，因此苏州大部分干部群众对其比较陌生。市各级行政机关对国家服务外包的相关法规未能有效地认识。最后，语言沟通困难较大。服务外包领域对从业人员英语水平的要求是一项硬性指标。即便是克服了语言问题，又要按照西方思维模式和商务模式与客户进行沟通，了解西方思维模式存在的细微差别，否则在"说与理解"之间仍然存在差距。还有一些其他的问题，例如知名度不高、供应商能力不强等。长远来看，苏州的软件企业需要在提高项目管理经验、熟悉西方的业务流程、扩大企业规模、提高国际影响力上还要花费一番苦功。

改革开放以来，苏州紧紧抓住国际资本和全球产业转移的机遇，构建了国际先进制造业基地。但从产业结构来看，现代服务业所占的比重还不够高。苏州要实现服务业发展的重要突破，就要加快产业结构调整，增大服务业的比重，并且要着重推进重点区域的优势外包业务，以此促进苏州市现代服务业的快速发展。

（四）运营创新举措

上述信息无疑传递着一个信号：全球的服务外包发包商都瞄准中国，在金融危机下，我国的经济发展被其他国家所看好，同时这也给越来越多像苏州一样的二线城市带来了发展的机遇。要想发展好苏州的服务外包产业，仅仅靠这些是不够的。我们必须发展其优势，克服其劣势，为此要做到以下几点。

1. 明确市场定位，由浅入深实现可持续发展。

定位高端服务外包市场，以欧美国家为目标，兼顾像日本这样的相对发达的亚洲国家市场，不断促进服务外包向深度发展。服务对象的开放性很重要。欧美各国的服务外包市场是开放的，对承接外包的供应商有着平等竞争的商业机制。只要具备了一定的能力，那么双方服务外包的合作可以不断向高层次发展。以印度为例，最早的承接外包只是从最简单的软件调试开始，慢慢向商业流程外包发展，最终形成了一个比较好的体系，并诞生了一大批知名外包企业。因此，从可持续发展角度来看，接欧美企业的外包，可以长期不断提升企业服务的价值和层次。尽管苏州目前对其外包业务总量还很小，但还是

第六章 服务外包园区的运营创新

具有发展潜力的。同时，由于相近的文化的影响，所以在日本的软件服务市场，中国具有文化上的比较优势，对于这个市场同样也需兼顾，如在动漫制作上，双方相互学习的机遇很多。

2. 树立典型的国内服务外包企业。

尽管目前国内企业发展服务外包还不是很顺利，但是国内企业的壮大发展才是开发经济的根本要求。为此，积极吸引国外专业外包企业中有一定人脉、有外包经验的人才落户苏州，给予他们优惠，鼓励其进行服务外包的创业，利用他们的专业优势，从基本做起，逐渐树立苏州服务外包的企业品牌，对促进其他的企业发展服务外包具有积极的导向意义和示范作用。

还有就是吸引大型的国外服务外包企业落户苏州，这样可以利用它们的技术。目前服务外包的新形式如下：国外企业将自身非核心业务给国外专业的服务承包商。专业服务外包企业承接的业务往往是 ITO 和 BPO 同时进行。引进大型的国外专业服务承包机构，不仅可以直接带来服务外包的业务，而且还可以系统地学习整个外包的运作，同时培养出一大批本土服务外包人才。

3. 政府应该充分发挥自身的作用。

在市场经济条件下，政府应该建立一个公平、公开、公正的市场环境，只有建立起一个好的前提好的环境，才能更好地发展。首先应建立专门的服务外包领域的方案研究、制定、执行机构；其次应加大服务外包人才的引进及培养力度，建立起一支知识结构合理、人才层次搭调的服务队伍；最后应完备服务外包载体建设工作。

4. 与新加坡合作发展产业园区。

苏州工业园是地处苏州城东金鸡湖畔的高科技工业园区和现代化、园林化、国际化的新城区。该园区是中国和新加坡两国政府的重要合作项目，于 1994 年 2 月经国务院批准设立，同年 5 月实施启动，行政区域面积达 288 平方千米，下辖三个镇——娄葑、唯亭、胜浦，户籍人口约 30 万人，其中，中新合作开发区规划面积 80 平方千米，由新加坡方负责管理运营。苏州工业园区于 20 世纪 90 年代中后期开始发展，15 年来，园区开发建设保持持续快速健康发展态势，主要经济指标年均增幅超过 30%，取得了 GDP 超千亿元、累计上交各类税收超千亿元、实际利用外资（折合人民币）超千亿元、注册内资超千亿元"四个超千亿"的发展业绩。目前，园区以占苏州 3.4% 土地、5.2% 人口创造了 15% 左右的经济总量，成为苏州市经济社会发展的重要增长极。

三、上海浦东软件园[①]

建于 2000 年的上海浦东软件园位于上海浦东张江高科技园区，距南浦大桥 3.6 千米，距上海市中心人民广场 13 千米，距外滩商务区 9 千米，距浦东国际机场 21 千米，具有便利的交通条件。经过一期、二期和三期的阶段建设，总规划建筑面积达到 75 万平方米。上海

---

① 自上海浦东软件园官网及上海浦东软件园（昆山园）官网查询可得。

国际服务外包园区发展的理论与实践

浦东软件园运营管理方为上海浦东软件园股份有限公司，是由成立于1992年的上海浦东软件园发展公司经过股份制改造而来。其前身是原信息产业部和上海市政府共同组建成立，并由上海市政府负责投资建设浦东软件园，对园区进行规划建设和运营管理。园区运营方式采用市场化、企业化经营模式，目前拥有6家股东。上海浦东软件园自2000年开园以来，入驻企业、就业人数、产值规模及上缴税收持续快速增长。截至2009年12月底，软件上缴税收14亿元。

上海浦东软件园建立了与之相适应的园区服务体系，如软件开发与网络、人才培养与交流、企业孵化与投资融资、市场推广与商务、基础及生活配套等服务平台；并不断完善和优化结构，为园区企业和客户提供专业化的优质服务。经过十多年的发展和壮大，上海浦东软件园聚集了大量的软件和信息服务外包企业，组成了具有上下游业务的完整产业链条。在稳固发展现有园区的基础上，加大对外宣传力度和影响力，积极拓展新园区。先后建立了如上海浦东软件园三林世博分园、上海浦东软件园昆山分园等新园区。昆山分园由上海浦东软件园有限责任公司与昆山软件园发展有限公司共同投资组建，于2006年10月入驻昆山软件园，规划建筑面积67万平方米，总投资约为26亿元。

四、天府软件园[①]

天府软件园位于成都市高新区核心地带，距离成都市中心20分钟车程，10分钟可达火车南站，20分钟可到双流国际机场，交通便利。园区总规划建筑面积约220多万平方米，其中一期建筑面积23万平方米，二期建筑面积56万平方米，三期总建筑面积25万平方米，四期作为园区的延伸，主要面向高科技、BPO、电子商务呼叫中心等产业，全力打造集办公、生活为一体的综合社区，总规划面积近50万平方米。作为成都高新区发展软件及服务外包产业重要载体的天府软件园，逐渐发展成为产业核心聚集区。已入园的代表性客户有微软、埃森哲、IBM、SAP、NEC、SYMANTEC、SIEMENS、NOKIA、ALCAEL、FREESCALE、阿里巴巴西部基地、华为、中国移动等一大批国内外知名企业，业务范围涉及ITO和BPO等高端业务，且呈多元化发展的趋势。成都同样是采取以政府为主导、统一规划建设的运营管理模式。成都市政府提供专项的财政支出用于园区人才引进、人才培养、组织梯队建设等项目。随着软件服务外包产业快速发展的产业联动效应，在以天府软件园为中心周边近9平方千米范围内，形成了从业人员达20万人的工作、生活社区。天府软件园不断完善园区服务体系，优化组织结构。在对外宣传和推广工作中，重点发展服务外包、软件应用、集成电路设计以及高新园区重点发展的其他领域的企业，形成以软件和服务外包产业为主的产业链，加大园区产业集群的规模，推动产业向纵深延展。

---

① 自成都天府软件园官网查询可知。

第六章 服务外包园区的运营创新

五、大连软件园[①]

(一) 园区介绍

大连服务外包的快速发展不仅得益于其优越的区位条件，而且很大程度上是大连软件园运营模式创新的结果。有别于国内大多数软件园区和高新技术开发区由政府的派出机构（多为高新区管委会）直接管理运营，并为入园企业提供招商、基础设施、信息等服务的模式，作为服务外包企业在大连集聚的主要载体，大连软件园（简称 DLSP）是由民营企业——大连软件园股份有限公司投资管理的，大连市政府主要为软件园提供政策指导等辅助性管理和服务，即该园区采取"官助民办"的运行模式。自 1998 年创立以来，大连软件园 12 年间累计投资超过 60 亿元，建成了国际化的服务外包集聚区。

从世界范围来看，科技园区建立的主旨在于营造创新环境，形成创新要素的集聚，培育高技术产业集群。目前，国内外相关研究较为关注形成科技园区差异化创新环境的资源优势、区位条件和政策因素，而很少有学者从园区运营模式的角度，分析体制创新与科技园区竞争优势之间的关系以及差别化经营模式对促进园区产业集聚的作用。就其投资主体和管理模式而言，实行"官助民办"模式的大连软件园是中国服务企业和科技园区尝试差别化经营的典型实例。

企业要想在日益激烈的市场竞争中脱颖而出，必须实行建立在技术和管理创新基础上的有别于竞争对手的竞争策略。差别化经营是指企业通过某种方法改变和其他企业基本相同的产品、服务等，从而与竞争对手相比形成有利于本企业的差别，并使消费者相信这些差别从而产生不同的偏好。产品、技术、服务、制度和管理等方面形成与其他竞争者的显著区别，且利用这些区别，创造富有竞争优势的战略行为都可以视为差别化运营策略。

对于生产性企业来说，提供异质产品是差别化经营的重要手段。相关研究表明，在空间因素（采购距离）、信息传递和品牌影响力（广告等主要渠道形成）等因素的作用下，消费者对特定产品的偏好得以巩固和强化，致使同等价格的需求交叉弹性降低，进而使提供异质产品的厂商凭借超出边际成本的价格获得更高的利润，并形成改变行业组织结构的市场势力。

对服务企业而言，差别化经营主要源自管理模式及其提供服务的独特性和可识别性。通过构建完全信息动态博弈模型，发现厂商若实施"服务延伸实体产品差别化"的竞争战略，必然导致服务增强，进而扩大厂商利润与消费者总剩余。这一结论为企业通过服务差别化获得可持续竞争优势提供了理论根据。迈克尔·波特（1996）给出了构成企业独特性的驱动因素，这些驱动因素按其显著程度不同，对企业价值链独特性的作用也存在差别。实际上，企业任何一种价值活动都是独特性的一个潜在来源，科技园区（包括服务外包集聚区）为入园企业提供的差别化服务同样能够产生经营歧异性，而这种经营的"标歧立异"与成本优势共同构成了企业（园区）最主要的两种竞争优势。考察其发展历程和运营特点发现，

[①] 自大连软件园官网查询可知。

国际服务外包园区发展的理论与实践

以园区企业化和市场化经营为基础的制度创新为大连软件园赋予了构成经营模式独特性的驱动因素,成为其核心能力和竞争优势的重要来源(见图 6-4)。

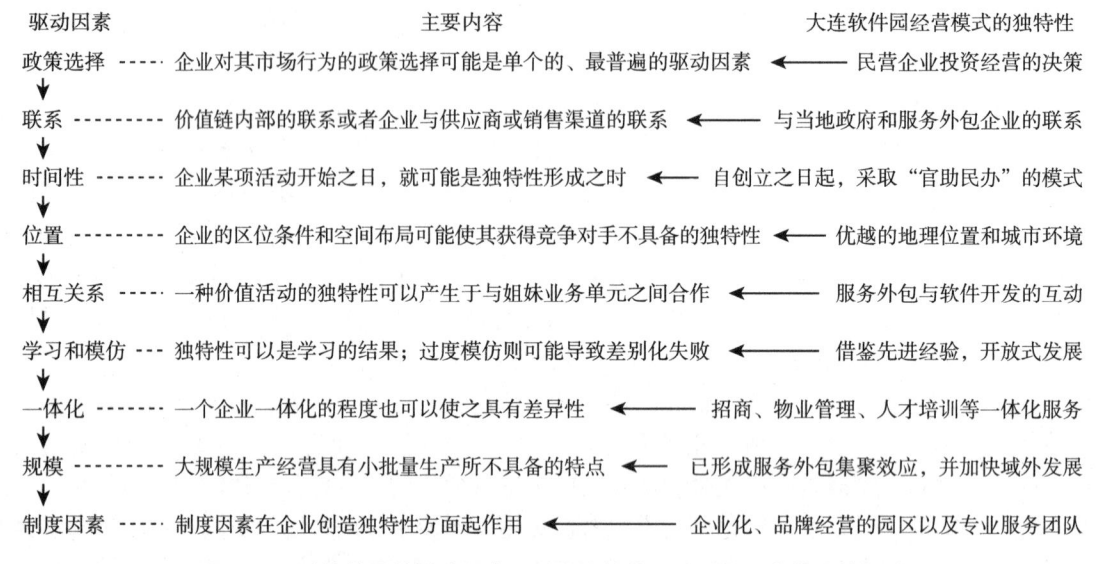

驱动因素	主要内容	大连软件园经营模式的独特性
政策选择	企业对其市场行为的政策选择可能是单个的、最普遍的驱动因素	民营企业投资经营的决策
联系	价值链内部的联系或者企业与供应商或销售渠道的联系	与当地政府和服务外包企业的联系
时间性	企业某项活动开始之日,就可能是独特性形成之时	自创立之日起,采取"官助民办"的模式
位置	企业的区位条件和空间布局可能使其获得竞争对手不具备的独特性	优越的地理位置和城市环境
相互关系	一种价值活动的独特性可以产生于与姐妹业务单元之间合作	服务外包与软件开发的互动
学习和模仿	独特性可以是学习的结果;过度模仿则可能导致差别化失败	借鉴先进经验,开放式发展
一体化	一个企业一体化的程度也可以使之具有差异性	招商、物业管理、人才培训等一体化服务
规模	大规模生产经营具有小批量生产所不具备的特点	已形成服务外包集聚效应,并加快域外发展
制度因素	制度因素在企业创造独特性方面起作用	企业化、品牌经营的园区以及专业服务团队

图 6-4 独特性及其驱动因素:对大连软件园差别化经营模式的解读

资料来源:根据波特(1996)及大连软件园调研资料整理所得。

(二)"官助民办":大连软件园的经营模式

"官助民办"模式是大连软件园差别化经营的集中体现,也是其竞争优势的基石。所谓"官助"是指地方政府通过政策和资源聚集,在土地规划、国际招商、政策实施等方面给予软件园针对性的指导和推进;而"民办"则是由企业按照市场化原则,提供软件基地开发、招商引资、商务配套以及面向软件企业的专业服务。"官助"与"民办"充分调动了政府和企业两方面的积极性。一方面,体现了政府政策的前瞻性和指导性;另一方面,发挥市场在资源配置中的主导作用,为入园企业提供更为全面、高效的服务(见图 6-5)。体制创新赋予大连软件园活力和效率,在"官助民办"这一独特的经营模式和管理体制下,以民营资本为主的大连软件园股份有限公司作为经营主体,承担园区从土地开发、物业建设到招商引资、物业运营、企业服务的全过程经营管理,以大连高新技术园区管委会、信息产业局为主的政府部门则通过土地规划、政策扶持、环境建设、完善服务体系等功能,为园区及服务外包企业发展创造良好的环境。

依据合约理论,服务外包有别于制造业外包,其本质是人力资本市场合约和劳务活动企业合约的融合(江小涓,2009)。服务外包企业特别是处于初创期的中小型服务外包企业,其人力资源配置方式具有多元化特征,往往是企业自主招聘与园区派遣并用。同时,由于服务外包企业管理层多具有技术背景,这些企业对园区的物业管理及其他服务的依赖程度较高。如果服务外包企业入驻的园区采取市场化运作,有助于企业与园区建立基于市场合约的服务关系,而不仅是获得来自园区管委会(政府机构)的行政管理和一般性服务。另外,

第六章 服务外包园区的运营创新

通过对美国硅谷的经验研究也发现,社会资本的参与对创新资源的集聚以及高技术产业集群的发育具有推动作用(Cohen,1999)。可见,"官助民办"模式符合软件和服务外包企业所需的园区运营条件,对服务外包集聚城市及科技园区的发展提供了不可或缺的体制保障。在协调政府与入园企业之间的关系方面,"官助民办"的软件园能够更好地发挥中介和桥梁的作用。一方面,软件园帮助政府了解企业的发展状况和行业动态,使政府主管部门及时掌握企业对投资环境和扶植政策等方面的需求;另一方面,向企业提供国家的产业政策导向、信贷支持等相关信息和咨询服务。

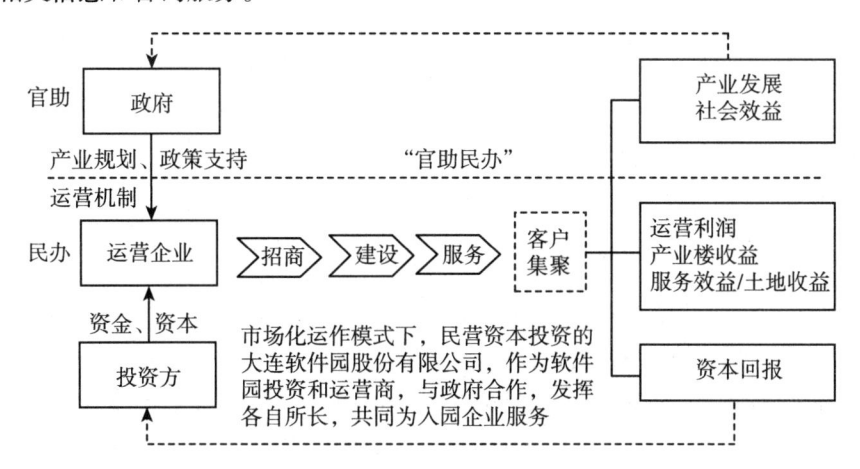

图 6-5 大连软件园的"官助民办"模式

资料来源:自大连软件园官网查询整理。

第七章　服务外包园区招商

第一节　先行国家与地区的服务外包园区招商

一、国外服务外包园区招商引资策略与特点

(一) 制定服务外包产业政策，政府带头进行招商引资

考察和研究国外服务外包产业的发展可以发现，它们都制定了科学的园区产业发展政策，用以指导服务外包产业的发展。

印度服务外包产业所取得的举世瞩目的成就与该国政府强有力的产业扶持政策是分不开的。从 20 世纪 80 年代开始，印度政府就把软件业列为国家优先发展产业，提出"要用电子革命把印度带入 21 世纪"，大力发展软件与信息服务业，并成立了专门的信息产业部，针对软件业制定了大量的税收优惠以及信贷支持政策。印度在 1986 年就出台了"软件发展政策"，1998 年又提出了"108 条计划"（一项旨在提升软件产业和信息化基础的政策）。正因为有政府强有力的政策支持，印度的产业园区才"孵化"出很多较大规模的服务外包接包企业。所以，印度服务外包产业的发展可以被称为"政府激活"型。

爱尔兰政府采取了制定国家发展计划、设立专项研究基金、实施财税优惠等一系列政策措施，为园区产业的健康发展提供了根本保障。爱尔兰政府大力支持本国服务外包产业的发展，制定了一系列的支持措施和政策，包括建立完善的法律环境、制定税收优惠政策和明确的政府企业政策。同时政府还大力投资建设服务外包产业的基础设施，现在爱尔兰拥有世界一流的电信通信设施，为全球第四大宽带网络通信国家。爱尔兰是全球通信业最发达的国家之一，有着世界顶级的通信基础设施。爱尔兰具有优良的教育传统，其高等教育也很发达，培养了大批适合跨国公司需要的人才。此外，还有完善的法律体系，能够保证研究开发的规范和成功；有高效廉洁的政府，有卓有成效的"政、产、学、研"合作体系，科研成果能够灵活、快捷地转化为生产力。可见，爱尔兰的相关政策和环境十分适合发展服务外包产业园区，因此，爱尔兰的服务外包产业政策可以被称为"综合配套"型。

以色列凭借可傲视全球的软件开发实力，与美国、印度、爱尔兰并列为世界软件业四强。以色列的服务外包产业与其他高科技产业紧密结合，大量采用嵌入式软件，支持高新技术产业的发展。以色列服务外包产业的快速发展与以色列具有语言优势和多样性文化分不开。以色列同北美和欧盟都签署了自由贸易协定，其企业与欧盟和北美企业间的贸易享受零

第七章　服务外包园区招商

关税待遇，这对于它发展离岸外包业务无疑是非常有利的。以色列的高等教育很发达，拥有众多受过高等教育并具有熟练技能的高素质人才，而且人员流动率很低，确保了公司产品开发的连续性和高质量。以色列声称其"科学家和工程师人口比例位居世界第一"。可见，以色列的服务外包产业政策是"人才导向"型的产业促进政策。

菲律宾政府为建立完善的知识产权保护法律体系，专门制定了《数据安全和隐私法》，这也是美国大公司更愿意将高端业务外包给菲律宾的原因。此外，菲律宾政府积极鼓励服务外包产业的发展，启动了"投资优先计划"，将服务外包纳入优先发展的产业领域，并制定了一系列优惠政策。菲律宾政府还专门设立了面向服务外包接包企业的"应用型人才培训基金"，为达不到公司录用标准的求职者发放专项培训费，免费提供各种技能培训。由此看来，菲律宾的服务外包产业政策可以被称为"强力促进"型。

此外，新加坡在20世纪90年代就提出了建设"智慧岛"服务外包产业园区的宏伟蓝图，并制定了"信息技术1500"（ITI1500）的政策与规划。韩国政府在20世纪90年代中期提出了"核心先导技术开发计划"（"G7项目计划"），并制定了相关的政策，选择对提高韩国主导产业在世界市场竞争力有显著作用的技术作为主要发展对象。菲律宾政府则制定了在苏比克湾兴建"智能城"服务外包产业园区的相关政策，并及时制定了产业发展规划来指导其发展。马来西亚在1996年制定了国家信息技术规划（national information technology agenda，NITA）及其相关政策，目标是将马来西亚转变成知识价值型社会。

（二）突出特色、发挥优势是国外政府招商引资的重要特点

在吸引外包服务企业落户和引进机构方面，国外政府都充分发挥了自身优势，拉近与发包方的关系，其中利用语言、血缘、世象和文化等因素，积极对接国际市场就是较为常用的做法。

印度政府充分利用血缘和语言的优势，培养了大批服务外包的技术型人才，这些人才成为发展服务外包产业的重要条件。不仅如此，印度政府还采取"走出去"战略，大量参与发达国家的服务外包计划和项目。在美国硅谷，不少印度人已走上了高层领导岗位，拥有一定的管理和分包项目权利。印度服务外包产业园区建设就充分发挥了美籍印度人的这种沟通作用，借助他们积极开拓了美国市场。同时，政府也鼓励美籍印度人回国创业。

爱尔兰政府充分利用语言和文化的优势承接外包服务，在美国500强企业首席执行官中，爱尔兰裔占了近1/4，微软公司创始人比尔·盖茨就是爱尔兰后裔。爱尔兰极为重视这一资源，积极推动美国企业选择爱尔兰为外包基地。例如IBM、微软、甲骨文等公司中不少面向欧洲国家的产品的本地化、欧洲化，都是在爱尔兰制作完成的。

加拿大政府也充分利用与美国在文化、地缘方面的优势，吸收美国的高端后台业务，并为美国公司提供了多层次的外包服务。

捷克则主要利用地处东西方交汇处的地理位置优势，为西欧国家和美国等提供了许多个性化的服务外包业务。

菲律宾的宗教、文化、教育、法律体系接近欧美国家，72%的人能流利使用英语，熟悉西方商业游戏规则，从而获得了大量的服务外包订单。

国际服务外包园区发展的理论与实践

新加坡政府将自己打造成融合东西方文化、交通便利、商业繁荣和政策优惠的国度,以求吸引附加值较高的外包业务。

(三)建设服务外包载体,依托园区进行招商引资

1. 国外政府都注重加强园区的基础设施建设。

从国外服务外包产业园区的经验来看,高水平的基础设施建设是园区发展的根本保证,也是世界著名园区取得成功的重要原因。国外政府对园区的投资主要是建设道路交通系统和市政公共设施,以创造园区优势,提升区位价值。园区便捷的道路交通、高效的信息网络、高质量的生活环境等,越来越成为吸引服务外包企业落地生根的重要条件之一。

印度先后在全国建立了18个具有国际先进水平的软件技术园区,有1 300多个海内外公司在这些园区注册。印度扩充光纤网络、卫星通信网络和无线网络,促进全国范围内因特网、企业网和外部网的快速发展。为消除班加罗尔与硅谷联系的"最后一英里障碍",印度政府于1991年投资兴建了高速传输数据的微波通信网络5oftNET,为软件企业和它们在海外的研发机构提供可靠的数据通信连接,同时还设立了第一个国际商务支持中心,配备全套先进的服务设施,通过虚拟办公室提供24小时服务,及时反馈市场信息,力争实现本土公司与境外企业之间联系的即时化和同步化。

伦敦道克兰园区在开发建设中曾出现过无力改善基础设施、开发投资不足等问题,从而使很多公司撤离,大量资金撤走,空置率一度达到60%(黄育华,2009)。为此,政府下决心在1993年开始大规模扩建城铁,加强交通环境的改善。经过几年努力,吸引力又重新回升,办公用房出售率上升至80%。

巴黎拉德芳斯园区从无人问津到门庭若市,政府推动基础设施建设发挥了重要作用。在低谷时期政府坚持对市政设施进行大量的资金投入,而且先行在园内开发建设高档公寓,提升了人气,逐步吸引了大批机构入驻。

马来西亚注重加强园区与城市的交通基础设施对接,大力发展远洋运输和港口建设,增设国际国内航线,便利园区人员出入。

新加坡除建设高标准的海、陆、空及电信通信网络外,还加强了园区高效率的交通网络,建设包括地铁、计程车和巴士建设。

东京新宿园区在全面开发之前,政府率先对园区内包括高速公路、广场、花园等在内的交通、市政和公共设施建设投入巨资,把"生地"变成"熟地"后再投向市场,开发周期大大缩短,投资环境大大改善,很快就吸引了大量服务外包企业入驻。

2. 国外服务外包园区都注重提高物业管理水平。

国外服务外包产业园区的发展经验表明,良好的物业管理水平,特别是提供个性化服务,对吸引外包企业能起到重要的作用。服务外包企业一般都是高科技企业,对物业管理有着较高的要求,比较成熟的园区会非常注重引进高水准的物业管理公司,以提升整个园区的物业管理水平,甚至有的园区根据企业的个性化需要,提供量身定做的物业服务。

自20世纪90年代中期以来,美国曼哈顿园区有效地引进了高水准的物业管理公司,使物业管理不断向高级化和人性化方向发展。物业公司通过近10年的努力,对原有的物业管

第七章　服务外包园区招商

理不断进行升级换代,达到了园区物业结构、物业价值与区域经济价值的平衡。从园区物业层次来看,由于曼哈顿园区的发展定位,明确了建立以高档物业管理体系为主的区域商务功能发展方向,通过物业调整与置换,使曼哈顿中心区的物业价值达到了与该区经济价值相适应的良性发展态势。从园区产业结构来看,园区内高档物业管理水平的提升巩固了金融、保险等金融机构的聚集。这些金融机构在该园区的聚集,一方面为该园区提供了巨大的财政税收,园区可以不断加强基础设施的改造与完善;另一方面,为园区提供了大量的就业机会,也带动了区域的商业消费。

巴黎拉德芳斯园区物业管理努力满足入驻机构的个性化要求。20世纪70年代,金融保险业、商业服务业、信息咨询业的快速发展对园区内物业升级提出了新的要求。为了适应这种需求,法国拉德芳斯开发公司(Public Estab-lishment for The Development of LaDefense Region,EPAD)开始对写字楼进行了大规模的升级和改造,如建筑物外部形态、室内空间生态、智能化设计和设施配置的提升换代,为不同性质、不同规模和不同类型的公司度身定制差异化的办公空间。与此同时,在改造中推广节能技术,强调城市发展与环境保护之间的协调,努力为入驻企业提供更加个性化的服务。经过不懈的努力,每家进入拉德芳斯园区的公司都得到了符合其要求的办公职场,实现了物业升级和产业结构的高级化。

3. 依托园区进行立体化营销是国外招商引资的重要手段。

通过考察国外服务外包产业园区可知,立体化的营销策略是它们成功的重要经验。所谓的立体化营销推广,就是除了传统的广告宣传以外,还通过会展、论坛、考察交流、出台政策、政府推介和招商引资等多种方式进行营销推广。加快服务外包园区的建设需要良好的基础设施和政策环境,而且积极有效的营销推广活动也是园区发展的关键环节。

伦敦金融城的面积只有一平方英里,伦敦人都称之为"那一平方英里"(the square mile),是伦敦市33个行政区中最小的一个,金融城有自己的市政府、市长、法庭,是伦敦市中名副其实的"城中城"。一般城市的市长要关心市民的衣食住行,但金融城的市长最关心的是如何创造良好的经营环境,让入驻机构安心做生意;要为入驻机构提供丰富的商业信息,为它们带来更多的赚钱机会;制定立体化的营销推广方案,想方设法吸引更多的公司来金融城"安家落户"。伦敦金融城市长还扮演美英国金融服务业"特别大使"的角色,每年约有80天时间在国外,有20天时间在全国各地推介。相应的金融城当局的中心工作也是迎接和会见各国有助于提高伦敦金融中心地位的政治家、银行、监管部门,策划与外国政府及监管部门之间建立新的联系和交流,以提升伦敦金融城的全球声誉。

印度的班加罗尔在纽约、伦敦、东京等全球金融中心城市设立了24小时的宣传服务机构,为有兴趣的企业提供情况介绍和投资咨询,利用各种机会同国际金融后台服务企业和外包市场开展全方位的交流与合作。

爱尔兰、马来西亚和菲律宾等国政府在园区推介上也有新创意。特别是在园区招商方面,都是政府牵头出台优惠政策,利用多种手段营销推广,帮助园区提升知名度和吸引力。另外,还积极采取"走出去"战略,主动与国际知名企业接触交流,提供量身定做的入园方案,以争取它们的落户。

国际服务外包园区发展的理论与实践

4. 发挥服务外包行业协会的作用，依靠行业协会进行招商引资。

通过考察和研究国外服务外包产业的发展，可以发现它们还有一条重要的经验，就是充分发挥服务外包行业协会的作用，依靠行业协会进行招商引资。

印度国家软件与服务企业协会（NASSCOM）在印度服务外包的招商引资中发挥了重要的作用。印度国家软件与服务企业协会是一个非营利组织，其目标是促进印度软件和服务领域的商业和贸易活动，鼓励软件技术的研究活动。NASSCOM 包括来自印度、美国、欧盟各国、日本以及中国的 1 100 多家成员企业，其中 200 多家是全球公司，其成员企业总收入占印度软件产业的 95%（侯荣娜，2010）。其主要任务包括协调与政府关系，推动产业规划与发展，促进人力资源开发，为国内服务外包产业招商引资，协调国内外合作等；为业内提供了研讨发展趋势、交流发展经验和招商引资的平台，同时它还是印度软件与服务行业统计调查、国际合作、发布行业数据的权威机构。

二、国内服务外包园区招商引资策略与特点

为促进当地服务外包产业发展，国内一些服务外包示范城市和示范园区抢抓服务外包发展机遇，采取品牌宣传、政策吸引、资金支持、更新方式、扩充人员等多个抓手加大服务外包招商力度。

（一）突出品牌建设

一是举办参与国内外推介交流。围绕园区和城市形象的推广和宣传，各示范城市和园区积极举办各类型的服务外包推介交流活动，取得了良好的宣传和招商效果。北京每年举办"中国国际软件博览会"、大连每年举办"中国国际软件和信息服务交易大会"、厦门举办"中国国际投资贸易洽谈会"、南京举办"中国国际服务外包合作大会"、苏州举办"电子信息技术博览会"等。积极参与服务外包交易交流会，每次国内服务外包大会时，各城市积极参与，借助交流会的契机向海内外客商宣传自己城市服务外包的品牌与特色，并借此加强与其他兄弟省份间的交流。另外，为了增强海外的宣传力度，国内很多城市往往直接前往国外发包地举行专题推介会。无锡市每年都会在日本、韩国、新加坡、英国等地开展十几场专题招商推介活动。

二是加大媒体宣传力度。各示范城市和园区进行多样化全方位的广告投放，杭州为了积极打响"全球金融服务外包交付中心""天堂软件 杭州外包"的外包品牌，投资 630 万元在中央电视台播出服务外包示范城市和国际金融服务外包交付中心的形象宣传片，在上海浦东机场和首都国际机场展示宣传广告；在平面媒体设置专栏，无锡市 2007 年在《国际商报》一版开设"聚焦无锡服务外包"专栏，每周一篇，连载 10 期，进一步扩大了无锡市在国内外服务外包业界的影响力；出版服务外包刊物，很多示范城市出版关于服务外包的公开刊物或内刊，这些刊物或送往领导处阅览，或免费分发给潜在发包方，利用刊物的流传来达到宣传的效果。

第七章　服务外包园区招商

（二）坚持方式创新

一是注重领导招商。江苏省是我国拥有服务外包示范城市和园区最多的省份（无锡、苏州及南京），这与江苏省领导格外重视服务外包分不开。江苏省政府专门召开"江苏省国际服务外包产业发展推进工作会议"，与专家学者一起探讨江苏发展国际服务外包产业的机遇、挑战和对策。省外经贸厅与省委组织部共同举办了两期领导干部国际服务外包专题研讨班，对省辖市、部分重点县（市）的党政主要负责同志和省相关厅局的主要负责人进行专题培训。江苏省委常委、无锡市委书记亲自挂帅无锡市服务外包产业领导小组，并亲率无锡市党政代表团赴印度进行招商推介，对促进服务外包发展的批示达42次之多。

二是关注人才招商。通过引进人才来达到相关招商项目的落户，已得到越来越多的关注。2006年，无锡市委、市政府率先在全市启动了5年内引进30名海外领军型创业人才的"530"计划。截至2009年底，共有639个"530"项目在无锡落户发展，总注册资本超过20亿元，集聚各类人才超过6 000人。已有151家"530"企业顺利实现销售，其中15家企业销售收入突破1 000万元，江阴远景能源科技有限公司2009年实现销售收入10.5亿元。"530"人才及项目正日益成为无锡产业结构调整和经济发展方式转变的重要推动力量。[①]

三是普及网络招商。随着互联网的迅猛发展，网上招商具有诸多优势，已成为国际惯例。首先可以把所有投资者需要了解的信息图文并茂地在网上展示出来，让全世界投资者知晓；其次是建站成本低，效益大；再其次速度快，效率高；最后是交流简便，交互性强。当前这种方式正在逐步为各服务示范城市所采用。截至2014年12月底，已经有21个示范城市建立了专门的服务外包网。[②] 服务外包网旨在宣传国家及当地服务外包的投资环境和相关政策，全面介绍服务外包承接地和服务外包企业，跟踪全球服务外包产业发展的新趋势和国际发包商的最新动态，成为当地服务外包产业重要的对外窗口。

四是强调环境招商。越来越多的城市和园区开始强调环境招商的重要性，通过良好的市场环境及政策优势来吸引海内外投资者。大连市在服务外包招商中提出了新"九通一平"的概念，新"九通一平"是营造大环境理念的升华，为进入大连的企业、居民营造适宜发展的一流的办公居住环境。新"九通一平"在供水、供电、供热、供气、排水、污水处理、道路、互联网、通信、土地平整到位等基础上，着力提升软环境建设，即信息通、市场通、法规通、物流通、资金通、人才通、环境通、文明通、服务通，建造面向21世纪的新经济平台，促进了城市内部的优化升级。新"九通一平"在市场、企业、政府的互动中，加大创新力度，努力把大连打造成具有更加完善的投资环境、成熟的市场环境、便捷的商务环境、宜居的生态环境、优质高效的政务环境的城市。

五是探索中介招商。多个示范城市和园区在形象宣传和推广上，充分利用各种资源，多方位对城市形象进行推广，实现政府招商与中介招商的结合。济南市引进日本退休专家建立了外包中介公司及海外顾问机制，搭建服务外包沟通平台，宣传服务外包产业定位和优惠政

[①] 陈敏，任永花. 无锡530人才引进计划对地市人才工作的启示［J］. 科技管理研究，2012，32（6）：143－145+153.

[②] 于立新. 我国服务外包发展中的若干问题及服务外包示范城市发展经验［R］. 中国社会科学院财经战略研究院.

策,吸引日韩、欧美各国等服务外包转移国的企业来当地发展,培养引进高端人才,扩展外包业务。其他示范城市也纷纷建立了多渠道、多类型的服务外包沟通平台。

六是构筑目标招商。各示范城市和园区开始根据自己的发展需要编制出需要招商的企业名单,然后派遣小分队奔赴企业进行直接的目标招商。南昌市从2009年开始组织各县(区)成立服务外包专业招商小分队,赴大连、北京、天津、上海、南京、杭州、深圳、成都、无锡、苏州、香港等城市以及日本、美国、印度等国家和地区,开展服务外包小分队招商,采取"点对点"的招商方式,洽谈服务外包项目。

(三)强化政策吸引

一是强化财政政策的吸引。对于服务外包企业而言,房租是重要经营成本之一。西安市对于在高新区软件服务外包示范园区租赁办公用房的,租用面积1 000平方米以下部分按20元/平方米·月的标准给予补贴,租用面积超出1 000平方米以上的部分,按10元/平方米·月的标准给予补贴。成都市规定,凡购买工业园标准厂房和办公用房,非整层购买按基准价出让;整层购买,按基准价优惠5%出让;整幢购买,按基准价优惠10%出让。

二是强化税收政策的吸引。大连市规定对外商投资开办的先进技术企业按照国家规定免征、减征企业所得税期满后,可以延长3年减半缴纳企业所得税,税率不得低于10%。成都市对在园区内实现年销售收入10亿元以上(含10亿元,下同)、税收年增长超过10%的大企业、大集团,按照当年对高新区税收贡献的70%给予扶持。对年缴纳三税之和在100万元以上且对高新区贡献在40万元以上的企业,按照实际贡献的6%给予奖励,最高限额为150万元。

三是强化人才政策的吸引。西安市规定大学应届毕业生和尚未就业的大学毕业生参加服务外包培训项目所支付培训费用的15%,经认定通过考核并被西安市服务外包企业聘用的,从服务外包公共培训配套资金中予以返还。按完成培训并在西安市服务外包企业就业的学员每人不超过200元的标准给培训机构一定资助(不含定制培训),每个培训机构年最高资助金额不超过20万元。

(四)组建专业机构与队伍

一是成立专业招商机构。天津市商委设有服务外包处,负责本市服务外包产业规划、产业政策、园区建设、人才培训等工作,并配合利用外资发展处研究制订直接利用服务外包外资的政策措施,参与制订服务外包外资投向指导原则,管理、指导服务外包对外招商和项目谈判工作,促进重点项目的落实并进行协调服务。南昌市也在外经贸委下设服务外包处,全面负责服务外包的招商及发展。无锡市在商委下设服务外包推进办公室,负责服务外包招商及发展的各项工作。

二是组织专职招商人员。为了凸显服务外包招商的重要性,一些城市组织一批专职服务外包招商人员。例如,无锡市在服务外包推进办公室里就设有专职的招商人员。另外各地服务外包企业中也设有外包招商专员,专职负责服务外包招商业务。

第七章 服务外包园区招商

第二节 服务外包园区招商对象的选择原则及重点[①]

以广州为例,广州有广州开发区、天河软件园、广州科学城、国家网络游戏动漫产业发展基地等共 20 个服务外包产业园区。服务外包产业园区招商立足发展定位,围绕发展目标,聚焦重点领域,瞄准全球知名服务外包企业、机构进行定向招商。

一、服务外包园区招商对象的选择原则

(一) 引领性原则

招商引资所选择的对象企业应该是所确定的广州服务外包重点行业中的龙头企业、知名企业或领军企业,这些企业将引领所在整个服务外包行业的发展,同时招商对象还包括跨国公司的共享服务中心、交付中心等功能性机构以及行业中介等服务性机构,这些机构的引入将极大提升广州服务外包的发展能级,体现其服务外包中心城市的地位。

(二) 前瞻性原则

在针对服务外包企业的引进过程中,要注重那些新兴服务外包领域中的成长型企业,尽管这类企业目前可能规模较小、对地方税收贡献度较低,但是其发展速度相对比较快,引领着服务外包模式、领域、业态等的未来发展方向,吸引它们落户广州,扶植其壮大,这类在广州逐步壮大的企业更具有根植性。例如,吸引云计算、物联网等领域内的成长性企业。

(三) 可行性原则

充分考虑招商引资操作中的可行性,考虑引进目标企业的未来发展战略和区域布局,吸引那些拥有在华发展战略、有在华发展意愿的国外知名服务外包企业以及国内著名外包企业进驻,以提高招商的成功率。

二、服务外包园区招商对象的选择重点

(一) 优势行业招商目标企业

依托广州服务外包产业的基础优势,重点推进软件开发外包、生物医药研发外包、物流服务外包、动漫游戏服务外包等服务外包行业的战略招商,瞄准在 IT 服务、CRO、第三(四)方物流服务、动漫游戏研发等领域的国内外龙头外包企业、知名外包企业进行定向招商,吸引这些企业在广州设立地区总部或交付分支机构 (见表 7-1)。

[①] 来源于《广州市服务外包招商引资研究报告》和《广州市服务外包产业"十二五"发展规划》。

国际服务外包园区发展的理论与实践

表 7-1　　　　　　　　　　　优势行业重点招商企业

重点发展行业	重点招商企业	提供服务内容
软件开发外包	Genpact（印度）	财务与会计、收款与客户服务、保险、采购与供应链、软件服务、ERP、IT基础设施服务、内容管理
	CPM Braxis（美国）	IT服务
	MERA Networks（加拿大）	软件设计开发、软件测试、软件维护、专业服务
	Intetics（以色列）	软件设计、软件开发、软件测试、软件维护
	Nagarro（美国）	软件、制造业、医药、金融、中小企业
	浙大网新（中国）	软件开发、IT协同总包服务
	大连华信计算机技术股份有限公司（中国）	软件外包、数据处理、呼叫中心
	浪潮集团有限公司（中国）	软件外包、数据处理、IT服务
	中讯软件集团股份有限公司	软件外包、IT服务
	博彦科技（中国）	研发工程服务、应用开发与服务、套装软件服务
	华拓数码（中国）	影像处理、数据处理、呼叫服务、BPO咨询、人才培训、IT外包等
生物医药研发外包	ARAMARK（美国）	银行和金融服务、健康和生命服务、高等教育、保险、物流、制造、零售、电信和旅游
	Lionbridge（美国）	技术服务、消费服务、生命科学和保健、金融和公共部门
	Firstsource Solutions（印度）	金融服务、电信和传媒、卫生保健
	Softtek（墨西哥）	银行金融、保险、医药和生命科学、软件和高技术、交通运输、石油天然气
	EPAM Systems	软件及技术、卫生保健及保险、通信、娱乐传媒、旅行、金融、零售及生活消费品、运输及能源
	Oracle Financial Services	通信、金融、卫生保健、保险、公共、零售
	Headstrong	金融服务、卫生保健、公共、服务产业
	康龙化成新药技术有限公司	化学、生物学、药物代谢及动力学、药理学、化学
	药明康德	医药研发外包

第七章　服务外包园区招商

续表

重点发展行业	重点招商企业	提供服务内容
物流服务外包	NCS（新加坡）	防卫设备、教育、金融服务、政府、卫生保健、国土安全、制造业及物流、电信、运输
	Syntel（美国）	银行及金融服务、保健卫生及生命科学、高等教育、保险、物流、制造业、零售业、通信、旅游
	ITC Infotech（美国）	银行金融服务及保险、消费品、零售业、制造业、传媒娱乐、旅行、运输及物流
	Hinduja Global Solutions（印度）	电信、金融、卫生保健、电子消费品、物流、能源及电力、科技
	Neoris（美国）	制造业、金融、公共服务、卫生保健、自然资源、零售/生活消费品、通信/技术、运输
	湖南一力股份有限公司（中国）	物流业务、物流地产、电子商务
动漫游戏服务外包	Transcosmos（日本）	动漫设计、数码营销、BPO、工业设计、呼叫中心等
	Globant（阿根廷）	软件研发、动漫设计
	北京艾斯克雷科技有限责任公司（中国）	软件外包、游戏动漫、IT服务
	四川汉科计算机信息技术有限公司（中国）	软件外包、游戏动漫、IT服务

（二）潜力行业招商目标企业

发挥广州服务外包产业的比较优势，重点推进金融服务外包、工业设计研发外包、旅游会展服务外包和商务服务外包等服务外包行业的战略招商，瞄准从事金融后台服务、企业产品研发设计、旅游会展服务、商务资讯服务等领域的国内外龙头企业、知名企业进行定向招商，吸引外包企业在广州建立地区总部型机构（见表7-2）。

表7-2　　　　　　　　　　潜力行业重点招商企业

重点发展行业	重点招商企业	提供服务内容
金融服务外包	Tata Consultancy Services（印度）	金融银行业、保险业、电信业、交通、零售业、制造业和医药业等
	CSC（美国）	金融服务、制造业

国际服务外包园区发展的理论与实践

续表

重点发展行业	重点招商企业	提供服务内容
金融服务外包	Intelenet Global Services（印度）	银行和金融服务、卫生保健、保险、零售、电信、旅行
	Stream Global Services（美国）	电信、科技、娱乐和传媒、零售、金融服务
	TeleTech Holdings（美国）	保健、零售、金融服务、通讯及媒体、政府、旅行及接待、汽车
	iGATE Global Solutions（印度）	金融、保险、银行、制造业、传媒娱乐、零售、高技术与通信
	Cognizant（美国）	银行和金融服务、通信、生活消费品、能源、卫生保健、传媒娱乐、保险、生命科学、制造业、零售、技术、运输、旅行
	MindTree（印度）	银行和金融服务、资本市场、能源、保险、制造业、传媒娱乐、零售、旅游和运输、自动化、电子、存储和计算系统
	WNS Global Services（印度）	银行金融服务、通信、卫生保健、保险、物流、制造业、零售及大众消费品、旅行及休闲、能源
	恒生电子股份有限公司（中国）	证券、银行、基金、期货、信托、保险以及企业财资管理
	北京信必优信息技术有限公司（中国）	数据中心、呼叫中心、金融
工业设计研发外包	Auriga（美国）	工业、系统及软件、企业及网站应用、网络技术
	ADP Employer Services（美国）	提供人力资源、薪酬、税务及福利管理解决方案；也为全球轿车、卡车、摩托车、船舶及休闲车辆经销商提供集成化计算机信息解决方案
	Synygy（美国）	技术、通信、制造业、生命科学、金融、大众消费品
	NCO Group（美国）	通信、B2B贸易、教育、金融、政府、卫生保健、保险、零售、工艺技术、运输和后勤
	Tech Mahindra	IT服务、BPO、研发服务
	无锡同捷汽车设计有限公司（中国）	独立汽车设计

第七章　服务外包园区招商

续表

重点发展行业	重点招商企业	提供服务内容
旅游会展服务外包	NCR（美国）	零售、金融、旅游、医疗、酒店、娱乐、博彩和公共机构部门等
	Sitel（美国）	金融、通信、医疗、制造业、传媒娱乐、公共服务、零售、技术、旅游和运输
	HCL Technologies（印度）	航空航天、汽车、金融服务、政务、高科技、生命科学和医疗保险、媒体和娱乐、零售和消费、电信、旅游、运输和物流、能源产业和社会公共事业
	Hexaware Technologies（印度）	银行及金融服务、保险、旅游、运输、物流、卫生及生命科学、制造业
	EXL Service	保险、银行金融服务、电力、运输、旅游
商务服务外包	ACS（美国）	顾客管理、文件和数据管理、金融和会计、人力资源管理、IT外包、应用服务
	CB Richard Ellis（美国）	资产服务、CBRE策略顾问、CBRE酒店服务、CBRE研究、跨国公司服务、工业及物流服务、投资物业服务、办公楼服务、项目管理、亚洲房地产信托基金、住宅项目营销服务、住宅服务、商业服务、估值及咨询服务
	Gem（爱尔兰）	多种语言服务、客户支持、技术支持、销售、办公室
	Pitney Bowes（美国）	政府、卫生保健、教育、法律、邮寄、小商业
	Williams Lea	法律、汽车、银行、企业/专业服务、能源和电力、金融服务、医药、公共事业、零售、电信
	Outsource Partners International	金融及会计、咨询
	Scicom（美国）	咨询、教育、技术

（三）成长行业招商目标企业

着眼于未来服务外包产业发展趋势，重点推进知识产权服务外包和云服务外包等服务外包行业的战略招商，瞄准代表未来服务外包产业发展方向的新兴外包领域，吸引与知识产权服务、云服务相关的跨国公司、外包企业在广州设立分支机构（见表7-3）。

表 7-3　成长行业重点招商企业

重点发展行业	重点招商企业	提供服务内容
知识产权服务外包	CPA Global（泽西岛）	法律外包、专利权、商标、域、软件、IP 商议
云服务外包	Ci&T	SaaS、交互通信、智能贸易、产品保证
	Salesforce（美国）	按需软件服务、客户关系管理
	Amazon（美国）	电子商务、网络服务：亚马逊弹性计算网云（Amazon EC2）、亚马逊简单储存服务（Amazon S3）

（四）外包服务机构招商方向

着眼于广州服务外包地位的提升，重点推进服务外包行业协会、外包研究机构、外包中介服务机构等功能性平台的战略招商，瞄准当前国内外服务外包领域知名外包协会，吸引这些协会在广州设立分支机构、发布外包相关信息等（见表 7-4）。

表 7-4　外包服务机构重点招商名录

国家（地区）	名称	主要职能
国际组织	国际外包专业从业者协会（IAOP）	全球性的外包行业标准制定权威机构，致力于倡导外包行业的专业化
	国际外包管理协会（IIOM）	为企业在市场开拓层面提供真正有效的解决方案
美国	美国服务行业联盟（CSI）	促进多边贸易环境，促进双边服务贸易关系，确保国际市场服务贸易的竞争力
	美国信息技术协会（ITAA）	涉及信息技术所有方面的企业的一个贸易组织，代表了500多个成员公司的利益，代表信息技术公司和使用者在国会议员中游说
欧洲	欧洲服务外包行业协会（EOA）	泛欧贸易协会，是独立的非营利组织的联合，促进有效的商业活动和外包
	英国外包协会（NOA）	通过教育表彰和合作促进和提高外包行业的声誉
	中东欧外包协会	确定适合客户企业的国家；提供公司开办的相关法律资讯；确定在企业发展的合作伙伴和发展机遇；为会员和协会合作伙伴提供参与协会活动的机会；提供企业经营环境的咨询；对外包服务在中东欧发展的不同方面进行研究；提供服务外包市场数据、公司、产品和发展趋势；订阅服务外包信息。所有服务限于中东欧地区

第七章 服务外包园区招商

续表

国家（地区）	名称	主要职能
日本	日本信息服务协会（JISA）	政府事务，包括国内外政策研究；提供计算机基础课程，培养 ITSS 的需求人才；研究行业发展趋势、瓶颈、市场和先进的信息技术；推进质量管理，规范和促进信息系统安全措施；研究劳动力问题和知识产权问题；举行各种主题的会议；引入"隐私标志"的证书；参与国际活动研讨会和多边会议
印度	印度全国软件与服务外包协会（NASSCOM）	印度主要的信息技术软件与服务业贸易机构和商会，宗旨是推动软件服务的商业贸易，鼓励软件技术的研究和开发，首要目标是促进印度软件业的发展

（五）外包功能机构招商方向

着眼于广州服务外包服务功能的提升，重点推进跨国公司共享服务中心、金融机构后台等功能性机构的战略招商，瞄准当前国内外知名跨国公司，吸引其在广州设立共享服务中心，针对国内外金融机构吸引其在穗设立金融服务后台（见表 7-5）。

表 7-5 外包功能机构重点招商名录

重点发展行业	名称	重点招商内容
金融机构	法国巴黎银行	数据处理中心 结算单证中心 资金清算中心 银行卡中心 信息技术中心 定损理赔中心 呼叫服务中心
	西班牙国家银行	
	国富银行	
	苏格兰皇家银行	
	法国 PBCE 银行集团	
	巴西伊塔乌银行	
	巴西布拉德斯科银行	
	巴西银行	
	西班牙对外银行	
	意大利联合圣保罗银行	
	德国中央合作银行	
	中国工商银行	
	中国建设银行	
	中国农业银行	
	中国银行	

续表

重点发展行业	名称	重点招商内容
非金融机构	日本邮政控股公司 中国石油化工股份有限公司 大众公司 克罗格 美源伯根公司 中国移动通信 Wellpoint 公司 沃尔格林公司 欧洲航空防务与航天集团 中国电信集团公司	共享服务中心 地区总部

第三节 服务外包园区的招商机制与路径

无论是 IPO、BPO 还是 KPO，进行服务外包的动力都是"We come for cost, We stay for quality, We invest for innovation"，即它们是为了降低成本而来，使它们留下来的原因是我们提供了高质量的服务，它们的投资是为了变革与创新。因此，作为国际服务外包的接包商，要在招商渠道、招商策略、招商政策以及招商队伍上下功夫，园区当地政府通过出台服务外包招商优惠政策与措施降低其成本，通过不断提升服务外包产业载体建设水平和提升公共服务平台发展能级为服务外包企业提供高质量的服务，通过深化服务专业化分工和增强新兴产业技术吸纳能力，推动产业结构优化升级，为所招商服务外包企业实现变革与创新提供条件。

下面以佛山为例对相关内容进行介绍。

一、招商渠道

佛山市通过哪些渠道进行服务外包招商，是佛山市能否引进服务外包招商以及能否成功招商的重要前提。

（一）利用社会关系、参展和协会联系的渠道

为了保证佛山市服务外包招商能够顺利进行，佛山市政府营造全方位服务外包招商新格局，主动上门招商。实行小分队上门招商，推行以商招商。政府部门要主动与外来投资者交

第七章 服务外包园区招商

朋友,为其提供佛山的优惠政策、服务外包招商项目资料,让他们帮助宣传推介,联络客商。参加各种投资推荐会,如"2009中国(南海)软件和服务外包高峰论坛暨中国软件行业协会成立25周年庆典",与有关协会如Zero2IPO Group Inc、中华船业投资协会、中国投资论坛、中国风险投资研究院等签订长期合作协议,通过社会关系介绍、以商招商、友情招商等方式和渠道,引导外来投资者来佛山投资。

(二)利用"走出去,请进来"主动招商的渠道

要组织精干队伍,有计划、有重点地走出去,团队作战,带着目标和出台的优惠政策直接招商,创造招商新机遇。走访重点区域的跨国公司,有计划地进行敲门招商。对特别重大的投资项目,由市区领导带队,上门走访,予以重攻。有针对性地组织小分队参加招商活动,上门招商,联系潜在客户来佛山市考察。

(三)网上招商渠道

经济全球化、世界一体化的主要媒介是互联网。互联网在大大提升各企业之间信息交流速度的同时也缩短了各企业之间的空间距离,使服务外包在全球范围内得以实现。因此,佛山市在服务外包招商的过程中,应充分利用好互联网招商这个渠道,搞好网上招商,充分利用现有的网络平台,收集企业信息,发掘潜在客户。

佛山市政府要加大力度通过政府网站分别公布中英文版的佛山市服务外包招商的背景、佛山市服务外包现状、佛山市服务外包招商优势、广东省服务外包招商优惠政策、佛山市服务外包招商优惠政策、佛山市现有服务外包行业、佛山市服务外包招商重点行业、佛山市巩固提升的服务外包招商行业、佛山市积极培育的服务外包招商行业等详细信息,以备潜在客户对其所感兴趣的招商信息进行筛选,确定是否入驻佛山。

(四)产业专题招商渠道

佛山市政府要针对不同的产业进行专题招商,如分产业举办一些关于金融、IT、工业设计和物流等的服务招商展会,有针对性地对各个行业产业进行专题服务外包招商;积极组团参加佛山市内外的经贸洽谈活动,加强服务外包专业招商队伍建设,充分利用佛山市自身优势和特点,采取联动方式,瞄准重点地区、重点产业、重点企业,开展专题招商活动。力求谈成一批项目,引进一批有一定实力的服务外包企业。

(五)产业链招商渠道

按照"大项目—产业链—产业集群—制造业基地"的发展模式,做好产业链招商基础性工作,摸清市内和区内产业特色、企业现状及合作意愿,掌握全市(区)产业布局和有关激励政策,围绕优势特色产业,收集整理招商资料,确定产业链招商目标,抓大不放小,串珠成链,形成产业集群。产业链招商有利于突出项目的先进性、突出与产业定位的匹配程度、突出对集群发展的带动和拉动作用、突出对环境的影响等。

（六）中介招商渠道

充分发挥珠三角商（协）会、中介组织、投资公司招商引资的平台作用，利用它们在地缘、人缘等方面的优势，发挥其纽带作用，推介佛山、了解信息和引进项目，搭建招商引资与市场开拓公共服务平台，发挥相关中介组织的作用，为企业提供招商引资、企业形象设计、产品设计、产品推广、展览展销、技术合作咨询、品牌打造和传播等服务。

（七）科技招商引资渠道

联系知名服务外包业务培训和咨询机构，在形象策划、品牌营销、园区规划、招商引资、人才引进、教育培训等方面建立长期战略合作关系；实施"科技招商引资"工程，通过多种形式，加快产学研合作及专业镇建设，设立"网上科技成果超市"，适时组织面向企业的高校院所科技成果推介、科技集市活动，大力开展"科技招商引资"，促进科技成果在佛山市的转化。

二、招商策略

（一）制定招商策略的指导思想

服务外包的重要特征是可扩展性和粘附性，一旦开始合作并获得成功，就会带来大量后续业务。佛山市分5个区，分别为南海区、禅城区、顺德区、三水区、高明区，每个区都有自己的特定环境和特色产业。在佛山市的服务外包招商过程中，要根据各区不同的软硬环境条件，以雄厚的制造业为基础，以实现服务外包与制造业特别是先进制造业更好地联动与升级转型和经济稳步发展为目标，制定服务外包招商引资策略，打造专业、精准和高效的招商服务平台。

（二）总的服务外包招商策略

服务外包招商以离岸服务外包业务为突破口，以在岸服务外包业务为基础，以现代信息技术为支撑，以国际通行标准为运作准则，以完善的法律制度环境为保障，以现有的产业园区（载体）为依托，以全球服务外包100强企业或行业50强企业为主攻对象，努力引进一批国际知名服务外包龙头企业落户；引进外企与培育本土企业并重；发挥后发优势，开拓高端业务。

（三）分区服务外包招商策略

1. 南海区——领头带动招商策略。

为了将南海区打造成粤港澳区域金融合作的创新试点基地和重要的金融后台业务及外包业务基地，南海区现以广东金融高新技术服务区为依托，致力于吸引金融机构的数据处理中心、呼叫中心、灾备中心、培训中心、研发中心等后台机构，金融服务外包企业及金融机构总部、区域总部落户。考虑到佛山市的整体服务外包招商规划，将打造出禅桂新中心组团

第七章　服务外包园区招商

（主体是南海区和禅城区），突出南海千灯湖金融高新区和禅城季华路一带金融资源的整合，要对南海区采取领头带动的招商策略：在南海区现已拥有的承接国际服务外包国际转移的载体和人才储备的基础上，招商引进战略性龙头服务的外包企业，加快引入一批跨国公司接包领头企业，加强对世界500强服务发包企业的分类研究，有的放矢开展招商。即招商引进具有国际影响力的、涉及金融业服务的外包企业，招商引进具有国际影响力的、涉及IT产业的服务外包企业和涉及工业设计的服务外包企业，从而加快培育和聚集一批服务外包企业，同时与禅城区内的IT服务外包企业延伸产业链，实现产业集聚。

2. 禅城区——顺势招商策略。

禅城区于2008年1月成立了广东省（佛山）软件产业园，在其"一园二区"的A区重点发展嵌入式软件、集成电路设计、应用软件、管理软件和软件外包等软件产业。为了将禅城打造成中国的软件工厂，使禅城成为珠三角信息服务平台建设示范市和中国软件与信息服务外包产业基地。整合佛山市现代信息服务业资源，推进"广东（佛山）产业创新公共服务平台"项目建设，禅城区在服务外包企业招商时应采取顺势招商策略：利用禅城区已经初具规模的软件园和名声与实力，同时充分利用广东平板显示产业技术研究院、广东（南海）数字创新产业公共服务平台等产业创新平台，进行服务外包企业招商。通过佛山高新技术产业开发区和广东省金融高新技术服务区两个平台资源优势，加快引进一批国内外大型外包企业，大力推进信息服务外包业发展。

3. 顺德区——"引智"和"借脑"招商策略。

顺德区是珠三角家电制造业重地，产业新区规划选择光伏产业、环保科技、新型材料、机械装备、智能家电、汽车家电等为重点产业。顺德区的服务外包产业要立足现有产业优势和规划重点产业，按照佛山市服务外包招商整体规划，突出顺德区服务外包产业发展特色，将顺德区打造成泛珠三角地区工业设计创意产业基地。因此在服务外包招商上要采取"引智"和"借脑"的招商策略，以建设企业研究中心、"产学研"基地、博士后工作站为主要手段，与高校、科研院所和知名企业联姻，引进国内外知名专家和一批专业科技人员，通过对涉及工业设计相关服务外包企业招商，引进一批国内外服务外包企业，充分发挥佛山制造业基础好、专业市场发达的优势，大力发展设计、研发、时尚、媒体等创意设计产业，重点建设广东工业设计城、国家工业设计与创意产业（顺德）基地、佛山创意产业园、广东省（佛山）软件产业园、石湾陶瓷文化创意产业园等产业集聚地，努力把佛山打造成为泛珠三角地区创意经济集群优势最强劲、产业联动作用最有效、品牌效益最明显的创意产业中心之一。

4. 高明区、三水区——体验招商策略。

高明区、三水区服务外包产业发展处于起步阶段，尚未形成益于服务外包产业发展的氛围，总体发展仍相对滞后。但是两区仍以先进的制造业为载体，服务外包产业的发展前景广阔，发展服务外包大有可为。按照佛山市政府服务外包招商规划，将高明区、三水区组团突出区域金融专业镇及农村产业服务的特色。因此，高明区、三水区在服务外包招商过程中，可采用体验招商策略，通过对服务外包企业的不断尝试，最终选择适合自己发展的服务外包行业。

国际服务外包园区发展的理论与实践

三、招商政策

（一）用足用活国家和广东省政府的服务外包招商政策

目前国家在服务外包方面的政策有：国务院《关于鼓励服务外包产业加快发展的复函》《关于促进服务外包产业发展问题的复函》《国务院办公厅秘书局关于落实促进服务外包产业发展政策措施工作分工的函》《国务院关于加快发展服务业若干政策措施的实施意见》《国务院关于实施〈国家中长期科学和技术发展规划纲要（2006－2020年）〉若干配套政策的通知》《国务院办公厅转发财政部等部门关于推动我国动漫产业发展若干意见的通知》《国家中长期科学和技术发展规划纲要（2006－2020年）》《振兴软件产业行动纲要》《国务院关于印发鼓励软件产业和集成电路产业发展若干政策的通知》等。

相关部委政策有《财政部 国家税务局 商务部 科技部 国家发展改革委关于技术先进型服务企业有关税收政策问题的通知》《关于鼓励政府和企业发包促进我国服务外包产业发展的指导意见》《关于境内企业承接服务外包业务信息保护的若干规定》《关于金融支持服务外包产业发展的若干意见》《关于做好2009年度支持承接国际服务外包业务发展资金管理工作的通知》《关于开展国际服务外包业务进口货物保税监管试点工作的公告》《海关总署、商务部关于开展国际服务外包业务进口货物保税监管试点工作的通知》《关于加快服务外包产业发展促进高校毕业生就业的若干意见》《商务部办公厅关于中西部等地区国家级经济技术开发区服务外包基础设施项目享受中央财政贴息政策的通知》《关于扶持动漫产业发展有关税收政策问题的通知》《关于服务〈关于做好2009年度支持承接国际服务外包业务发展资金管理工作的通知〉外包企业实行特殊工时制度有关问题的通知》等，要用足用活以上政策，助力佛山市服务外包产业发展。

（二）制定地方配套政策

佛山市政府出台了《关于印发加快佛山市服务外包产业发展若干意见的通知》等一系列关于产业发展、规划建设、资金管理、人才培养、财政支持和平台建设等相关政策文件。这些相关政策的出台和实施，能够进一步促进国家有关政策在当地发挥效应，促使佛山市逐步形成配套的扶持服务外包产业发展的政策体系和发展氛围。

（三）加强政策的扶持力度

除政府各项政策外，还要加大部门之间的沟通协调，进一步制定和完善具有实效的、针对性强的服务外包政策，加强服务外包政策的扶持力度。

一是属《财富》世界500强、在国内外上市、其营业收入在全球服务外包行业内排名前50位的服务外包企业落户佛山市的，从其注册登记之年起，可按照"一事一议，特事特办"的原则，具体磋商更加优惠的政策措施。

二是设立发展服务外包联席会议制度，制定产业规划、发展目标，实施鼓励政策，大力推进服务外包产业的发展。安排地方配套资金，佛山市各级政府将从地方财政中安排服务外

第七章　服务外包园区招商

包产业发展专项资金。

三是通过完善信用体系，打通出口信用保险、担保、风险投资等多种融资渠道，改善服务外包企业融资环境。

四是实行更优惠的减免税政策，对重点企业提供工业用地、房租补贴等个性化正常配套支持，集中资源向重点企业倾斜。

五是制定《佛山市吸引高级人才奖励管理规定实施办法》，适当放宽外地高技术人才的户籍政策并尽快出台有关培训补贴、人才奖励等实施细则，营造良好的人才环境。按照《商务部关于做好服务外包"千百十工程"人才培训有关工作的通知》的要求，在地方政府财政专项资金中安排服务外包人才培训配套资金以用于培训服务外包实用人才。大学应届毕业生和尚未就业的大学毕业生参加服务外包培训项目所支付的15%的培训费用，经认定通过考核后被服务外包企业录用的，由地方政府返还。鼓励、吸引各类服务外包高端人才来佛山创业和工作。对于符合《佛山市吸引高级人才奖励管理规定实施办法》规定范围和条件的高级人才，可按有关规定给予奖励。

六是将服务外包纳入外贸出口和利用外资考核体系，并分别按外贸发展基金要求和招商引资奖励办法进行奖励。

七是支持公共服务平台、公共技术平台、公共培训平台和公益性基础设施等的建设和运营。根据国家和广东省有关部门给予的资金支持，市财政厅按照适当的比例安排地方配套扶持资金。按照服务外包公共平台为产业提供服务的数量对平台予以补贴，对平台的升级改造予以经费支持。

八是鼓励服务外包企业积极开拓市场。对于首次获得开发能力成熟度模型集成（CMMI）和开发能力成熟度模型（CMM）认证的服务外包企业，获得人力资源成熟度模型（PCMM）认证、信息安全管理标准（ISO27001/BS7799）认证、IT服务管理（ISO20000）认证、服务提供商环境安全性（SAS70）认证的企业，对成功实现海外并购的服务外包企业，对服务外包企业中成功开拓国际市场的企业，给予适当资金奖励。

四、招商队伍

招商队伍的建设在一定程度上对佛山市服务外包招商的成败起着决定性的作用。佛山市服务外包招商队伍的建设要引进市场化的机制和运作，对招商人员进行系统的招聘、培训和激励。

在招聘环节，成立招商顾问委员会，大力培养本土招商人才，通过培训、外派交流和挂职锻炼等方式，积极打造招商队伍的本土人才基础，同时从外部引入学历高、专业强、工作能力经验兼备的高端人才，吸引国际资深人才作为顾问加入，拓展招商网络。如建立佣金制的招商顾问委员会，吸引国际资深人士参与，聘请一些资深、人脉广的知名人士担任"特殊招商顾问"等，不断为招商队伍提供新鲜血液，同时也有利于招商队伍内部的良性竞争。

在培训环节，佛山市政府可以制定系统培训方案，同时对招商团队进行短期密集性的重点培训，提升团队成员能力。针对不同职位，制定常态化的产业知识、区政策、谈判技巧等方面的系统化培训方案。对于招商上所需要的访谈技巧、汇报技巧、与企业打交道技巧等，要对招商专员进行短期密集培训，具体提升招商专员的能力。

在调研环节，招商成员要组织对新兴产业的调研。围绕佛山重点发展的战略性新兴产业进行调研，提出前瞻性的产业发展战略，挖掘出有潜力的产业链条，探索构建产学研平台，以外部资源促内部创新，为佛山招商提供专业性的辅导，推动佛山服务外包产业的发展。由于广大招商人员缺乏对服务外包产业深入的研究调查，因此，应组织与国内先进地区及港澳地区投资促进机构的培训交流活动，安排实地学习考察，以提高队伍的招商实战水平。

在激励环节，依照市场化运作，引进激励机制，对招商成员下达关键业绩指标，将业绩奖多寡与业绩达成度挂钩，考核业绩，鼓励招商队员创新工作思路，高效完成服务外包招商引资任务。

第四节 服务外包园区的招商品牌与形象设计

品牌形象就是品牌本身所折射出来的可为受众和消费者所感知的印象和联想，它是品牌实体和品牌文化的集合体现，品牌形象本身也属于品牌资产的一个组成要素。

一、建立服务外包招商引资的区域与品牌创新的营销机制

（一）服务外包区域营销的创新机制

当地政府和行业协会应积极联络服务外包企业，形成区域营销的公共政策，提升它们的专业形象，帮助产品的广告宣传，帮助企业建立对于服务外包企业集群行动的信心，吸引外商并保留投资。

树立"区位品牌"，即产业区位是品牌的象征。通过"区位品牌"效应，使每个企业都受益，消除经济负外部性，改变单个企业因广告费用太多，而不愿投入或积极参与营销的状况。

实施"区位品牌"。为宣传园区服务外包企业集群整体形象，政府和行业协会要积极参与组织，按企业的规模或销售额合理分摊，增强大中型企业参与的积极性。

服务外包企业集群营销。当地政府要利用国有资产或联合服务外包企业发挥公共服务的作用，成立服务外包企业营销中心，形成服务外包企业产品的集散地。

（二）服务外包企业品牌营销的创新机制

企业品牌营销的核心是正确定位和建立品牌形象，并将这一形象准确地传达给目标受众。品牌营销只有与整合营销的理念和方法相结合，才能达到正确定位、建立并传达品牌形象的目的，实现品牌营销的整合效应。

园区服务外包企业品牌营销应达到以下整合效应：
（1）服务外包企业品牌形象与顾客心理需求的整合效应。

第七章　服务外包园区招商

（2）服务外包企业品牌形象与服务外包企业的产品和服务的整合效应。

定位与建立服务外包企业品牌形象的各策略间的整合效应。首先，园区服务外包企业品牌形象定位策略与建立策略之间必须高度协调，实现各策略间最高层次的整合效应。其次，与服务外包企业产品、服务的特性有关的产品策略、技术开发策略、渠道策略等和品牌形象的宣传沟通策略之间也应高度协调，实现各策略间第二层次的整合效应。最后，服务外包企业品牌形象的各宣传沟通策略之间，以及服务外包企业产品策略、技术开发策略、渠道策略之间也必须高度协调，实现各策略间第三层次的整合效应。

为实现园区服务外包企业品牌营销的整合效应，要采用以下品牌营销的整合策略：

（1）准确定位、系统策划。准确定位主要指园区服务外包企业品牌形象的准确定位，其关键环节是园区服务外包企业品牌无形价值的定位，即品牌将满足顾客心理需求的定位。园区服务外包企业品牌营销要考虑顾客心理需求的变化。

（2）整合沟通、传达形象。园区服务外包企业品牌形象准确定位后，各服务外包企业必须综合运用广告、公共关系、人员推销等手段将既定形象准确有效地传达给目标受众。

（3）整合营销、落实形象。品牌营销借助整合营销的理念，通过主动宣传和日常经营两条通道落实园区服务外包企业品牌形象，将鲜明统一的服务外包企业品牌形象潜移默化地植入目标受众的脑中。

（4）品牌延伸、系统拓展。要基于系统拓展的思路，充分考虑园区服务外包企业新业务与原品牌形象是否兼容，完全兼容则自然延伸，可产生完全的正协同效应。为实施服务外包企业国际化发展战略，要依托入园的国际知名服务外包企业商为主体营造国际品牌。推动服务外包企业实施品牌战略，加强建设企业海外营销网络，按照国际通行的规范、标准、质量和服务方式加入国际市场组织体系，探索在发展中国家承接服务外包项目的服务外包企业集群品牌战略，提高园区服务外包品牌产品在成本和规模上的国际市场竞争力，进一步强化品牌的国际性。

二、案例1：佛山市各园区服务外包招商的品牌形象设计

（一）产品品牌一：亚太金融后台——佛山南海

南海区具有较强的经济实力。南海区地处广东省中部，珠江三角洲腹地，东倚广州，南邻港澳，联结佛广，位于亚太经济发展活跃的东亚和东南亚的交汇处，与广州共享基础设施、交通网络、金融资本、人才教育、科技信息和市场服务等资源，是"广佛经济圈"重要组成部分。南海区的年均经济增长近20%，2010年前三季度全区生产总值达到1 273亿元，增长20.7%。1~11月，地方财政收入86亿元，增长20.4%；全社会固定资产投资480亿元，同比增长13.3%；社会消费品零售总额497亿元，同比增长19.4%。

一是佛山南海区金融高新技术服务产业区定位为依托中国香港国际金融中心，辐射中国香港、亚太地区金融的后台服务中心。

二是南海区现代金融服务后台发展速度较快。自2007年广东金融高新技术服务区在佛山市南海区成立以来，已吸引中国银监会南方国际培训中心、广发银行总行后援中心、美国

国际服务外包园区发展的理论与实践

友邦（AIA）亚太后援中心、中国人保集团 PICC 南方信息中心、IBM 外包基地、富士通数据中心、法国凯捷中国 BPO 运营中心等 36 个重大项目落户，总投资额逾 120 亿元，总建筑面积约 180 万平方米。先后获得"中国最佳金融服务外包基地"和"中国软件和服务外包杰出园区"等称号。在我国金融后援及服务外包产业版图中已占据重要地位。

三是面向内地和港澳地区以及东南亚、澳洲服务外包产业已具规模。全市已在商务部服务外包信息系统登记的企业及培训机构达 46 家。由此可知，南海区在金融服务外包方面已具有相当规模。

因此，佛山市政府在进行服务外包招商时，应充分发挥南海区具有金融业服务外包优势，打造出具有佛山特色的"亚太金融后台——佛山南海"品牌。

（二）产品品牌二：中国软件工厂——佛山禅城

禅城区于 2008 年 1 月成立广东省（佛山）软件产业园，目前，已形成了"一园两区"的发展格局，其中"A 区"是禅城区政府为了发展软件产业而将石湾政府大院升级改造成的软件园区，重点发展嵌入式软件、集成电路设计、应用软件、管理软件和软件外包等软件产业。"B 区"为邻近的佛山市创意产业园，主要发展创意、动漫等产业。园区占地 66 亩，建筑面积 1.89 万平方米，坐落在郁郁葱葱的园林风景之中，园林绿化率超过 70%。其中 A 区签约企业 70 多家，已经进驻企业 40 多家。2010 年 4 月，由禅城区委、区政府引进世纪互联建云计算南中国总部基地项目，该项目由当时中国规模最大、知名度最高的第三方互联网数据中心（电信中立）专业外包服务提供商北京世纪互联集团有限公司投资建设。该产业自主创新能力强、主业突出、掌握核心关键技术、产品市场占有率及主要经济指标居国内同行前列，并拥有较强的品牌优势，是信息化、工业化和城市化相结合的典型项目，也是禅城区创建"四化融合、智慧佛山"示范区的重点工程。禅城区已成立战略性新兴产业投资基金，重点扶持品牌项目发展，将充分发挥项目的品牌带动效应，全力打造软件产业基地，带动相关战略新兴产业、现代服务业在佛山及禅城的聚集发展，打造出具有佛山特色的中国软件工厂——佛山禅城。

（三）产品品牌三：南国文化创意源头——中国佛山

佛山历史悠久，文化底蕴深厚，是国家历史文化名城。佛山作为岭南文化腹地，拥有丰富多彩的非物质文化遗产资源，佛山剪纸、木版年画、陶塑技艺已经入选国家级非物质文化遗产名录。醒狮表演、布袋偶、拉洋片等佛山民间技艺源远流长；彩灯、泥塑、沙雕、草编、面人、糖画、烧琉璃等佛山民间传统工艺精彩绝伦；佛山自古人文荟萃，才俊辈出，何香凝、陈邦彦、詹天佑、黄少强、林君选、梁又铭、梁厚甫、苏六朋、白驹荣、黄任恒、马师曾、黄飞鸿、薛觉先、叶问等历史名人灿若星河。佛山是"南国红豆"粤剧的发源地、是中国南派武术的主要发源地，也是南狮的发源地。佛山饮食文化源远流长，是粤菜发源地之一，素有"食在广东，师出佛山"的美誉。以上这些都是佛山独有的文化遗产，极富地方特色，是动漫与创意设计产业取之不尽、用之不竭的艺术源泉，它们为佛山打造具有地方

第七章 服务外包园区招商

特色的动漫与创意设计产业打下了雄厚的基础。

（四）产品品牌四：中国工业设计基地：南方智谷——佛山顺德

顺德区要利用"外脑"立项目，创"南方智谷"品牌，树工业设计形象。顺德区有近100家企业与大专院校或研究机构开展了产学研方面的合作。"南方智谷"的建设已于近期正式启动，一批重点项目入驻，全面深化产学研合作，与中科院合作落实了多项重点合作协议，启动了广东西安交通大学研究院的建设，并与武汉理工大学、北京航空航天大学等科研院所高校合作建设创新平台，引进了132名科技特派员；推动高新技术企业发展，高新技术企业新增到186家；组织实施重大科技项目，40多个项目获省各类科技计划立项扶持，11家企业成功入选省自主创新100强；5项专利获第十二届中国专利奖，1项专利（美的电压力锅专利）获金奖。

为了将顺德区打造成泛珠三角的工业设计基地——"南方智谷"品牌，在产业选择上，通过吸收国内外高科技园区规划建设的先进理念和经验，选择和立足光伏产业、环保科技、新型材料、机械装备、智能家电、汽车家电等重点产业；在项目定位上，以工业设计为主导，以中外知名国际设计大师和知名品牌设计企业为主体，立足顺德制造，对接广佛商圈，联动深港资源，发挥集聚效应，为入驻企业与顺德制造业市场化对接提供高端增值服务，打造产业化供应链；大力发展绿色经济，加快战略性的结构调整，推动产业协调互促发展，重点推动制造业与服务联动发展；借助先进适用技术、信息技术等手段提升优势传统产业，带动工业设计、科技服务等行业发展，促进服务知识化。通过对顺德区内产业进行集群发展和产业集聚，从而将顺德区打造成"南方智谷—佛山顺德"品牌。

（五）城市品牌：知识产权保护重镇——佛山

服务外包产业的发展，不仅受自身经营状况的影响，也受当地政府行为的影响。在一定程度上，当地政府的政策和工作对服务外包企业的影响与作用不可小觑。政府在打造服务外包产品品牌的同时，也要打造出自己的城市品牌。

佛山是我国著名的武术之乡、历史名城、粤商重镇，具有深厚的文化和商业底蕴。佛山要充分发掘和利用这些历史文化资源，打造崭新的佛山区位品牌（城市品牌）。在服务外包招商品牌策划上，可打造"知识产权保护重镇——佛山"的品牌，树立"重知识产权，广纳服务人才"的商业形象。首先，政府要重点宣传佛山是一个"广纳人才之乡"，是一个"知识产权安全的城市"，在保护知识产权已卓有成效的基础上花大力气抓好和落实保护知识产权的各项工作，由此树立佛山重知识产权、重人才的整体形象，吸纳服务外包的专门人才到佛山落户、创业。其次，发挥佛山是"中国最佳金融服务外包基地""中国软件和服务外包杰出园区""全国制造业信息化工程重点城市""广东省信息化建设试点市""中国电子政务应用示范工程市""首批国家级电子信息产业基地"等称号所产生的品牌效应，充分发挥广州中国服务外包示范城市优势，以"知识产权保护重镇——佛山"为城市品牌，宣传佛山的整体形象，进行城市营销。最后，提升佛山服务外包的品牌形象。佛山市政府可采取多种途径来对本市服务外包企业进行营销。如在知名的商业报纸和杂志以及服务外包行业

国际服务外包园区发展的理论与实践

有关的重要期刊上发表关于佛山发展服务外包方面的文章；开展全面的访谈和媒介分析来明确目标投资者对佛山的认识和期望；与金融服务外包、IT产业、工业设计等关键企业全面接触，建立联系并制定跟踪服务流程；设计并举办海外佛山推介会、投资交流会并对有意向来佛山落户的投资者进行实地访问等。

三、案例2：广州服务外包园区招商引资品牌设计[①]

立足广州"十二五"时期经济社会发展的大背景，围绕广州服务外包产业发展的总体定位、功能定位以及总体发展目标，以品牌战略为统领，在全球范围内进行整体化、多元化、优势化、专业化的战略招商，进一步引驻服务外包优质企业和龙头企业，从而打响"中国服务，广州领先"的品牌，形成品牌促招商、招商树品牌的互动格局。

（一）利用地区品牌，进行整体化招商

一是穗港澳地区联合招商。充分利用广州与毗邻香港和澳门地区的地缘优势，将广州服务外包品牌建设融入整个穗港澳服务外包大品牌的打造中，开展各种方式的穗港澳联合招商。二是大广州地区联合招商。借助广佛肇一体化的加快推进，打造大广州地区服务外包产业的整体品牌，调动地区合力进行招商。三是与珠江三角洲其他地区进行联合招商。借助珠江三角洲区域一体化发展，打造珠三角服务外包整体品牌，推动广州与珠三角地区和泛珠三角地区进行服务外包联合招商。

（二）利用服务品牌，实施多元化招商

一是引智招商。通过引进国内外服务外包产业发展的领军人才和紧缺人才带动项目入驻和企业落户，打造国内外知名的服务外包品牌人才基地。二是载体招商。加强广州现有服务外包中介机构、第三方机构、公共服务平台等载体建设，鼓励其支持参与招商工作，在吸引企业入驻的同时不断完善自身服务。三是政策招商。不断完善广州服务外包产业招商配套政策和优惠政策，通过放大政策服务对服务外包招商的支持效应。

（三）打造行业品牌，进行优势化招商

一是立足优势行业进行招商。目前广州的商务服务外包、旅游会展外包、物流服务外包等行业已经初具规模，应当充分发挥这些外包行业的品牌优势，进一步扩大这些领域的招商。二是立足产业升级进行招商。充分挖掘广州金融服务外包、软件开发服务外包、工业设计服务外包等行业潜力，通过引驻龙头企业和知名企业提升行业服务能级，打造外包领域的高端服务品牌，从而助推广州服务外包产业能级的提升。三是立足城市发展进行招商。作为国家中心城市，广州具有良好的基础设施、区位优势、产业集聚以及高校资源，应当充分发挥这些优势，着力引驻知识产权外包、云服务外包、生物医药研发外包等新兴行业

[①] 来源于《广州市服务外包产业招商引资研究报告》。

第七章　服务外包园区招商

的龙头企业。

（四）打造企业品牌，实施专业化招商

一是发挥政府的作用，打造本地服务外包企业品牌。政府在做好服务的同时，努力释放发包潜力，在发包时优先考虑本地企业，打造、培育一批专业化的外包企业。二是挖掘现有企业的招商潜力，以企引企。加大对现有龙头企业的扶持力度，通过口碑效应和示范效应，引进更多专业配套企业入驻，丰富广州本地的企业品牌内涵。

第八章 服务外包园区主要入园企业情况

第一节 国外服务外包在华主要供应商

一、埃森哲（中国）有限公司

埃森哲是全球领先的管理咨询、信息技术及外包服务机构。凭借在各个行业领域积累的丰富经验、广泛能力以及对全球最成功企业的深入研究，埃森哲与客户携手合作，帮助其成为卓越绩效的企业和政府。作为《财富》全球500强企业之一，埃森哲全球员工近215 000人，为遍布120多个国家的客户提供服务。截至2010年8月31日结束的财政年度，公司净收入达216亿美元。

埃森哲是大中华区少数能够同时为跨国集团和本土企业提供创新性服务的机构之一。埃森哲非常重视中国市场，其在中国的业务与中国经济共同迅速成长。既帮助跨国企业更好地开拓中国市场，又与领先的本土企业和政府机构开展广泛的合作。埃森哲尤为重视与本土企业的合作。目前，埃森哲在大中华区的客户中有80%是中国的本土企业。

埃森哲在大中华区开展业务已超过20年，其于1989年在中国香港及台北设立分公司，1993年正式在中国大陆成立埃森哲上海分公司，1994年成立北京分公司，2002年在大连和上海分别成立了埃森哲信息中心以支持全球外包业务。2004年，随着埃森哲广州分公司的成立，进一步加强了在华南地区的业务。埃森哲在大中华区设有6家分公司：北京、上海、大连、广州、香港和台北，拥有一支超过5 000人的员工队伍。

埃森哲的独特优势在于：既能够为客户设计制胜战略，又具有强大的实施能力，帮助客户成为卓越绩效企业。其在中国的项目涵盖了广泛的行业和各种类型的解决方案，例如，为大型的国有企业提供企业转型的咨询和服务，帮助它们转变成为市场导向的企业；为希望涉足新的业务领域或提高竞争力的企业制定和优化战略；为客户提供组织架构重组和人员绩效管理方面的咨询服务。此外，在电子商务和信息系统开发方面，埃森哲也一直在中国占据领先地位。

二、富士通（中国）有限公司

富士通（中国）有限公司是富士通株式会社在中国设立的投资控股企业，全面负责富

第八章 服务外包园区主要入园企业情况

士通在中国信息通信领域的所有投资项目。其从财务会计的角度把握富士通在中国的整体投资效益，并对子公司进行必要的财务支援；同时，协调各子公司之间的资金流动，把握子公司的最新情况，加强总部各个事业单位和本地各营业部门之间以及各子公司之间的横向联系。协调各投资公司之间以及与日本本部之间的关系，推动新的商业企划立案及其实施，实现富士通集团企业的一体化。在2000年即新世纪的开端，伴随着"FUJITSU"的品牌战略在中国全面展开，富士通（中国）有限公司成为富士通在中国统一的业务窗口，以统一的"FUJITSU"品牌为核心集结所有子公司和分支机构的智慧和力量，以最尖端的技术和高质量的产品，为顾客提供最优秀的因特网整体解决方案。在网络技术等领域富士通将与中国用户追求共同进步的无限可能性。富士通（中国）有限公司主要向各投资子公司提供总务、广告、法律、人事，以及网络方面的全面管理服务，协助各子公司顺利开展商业活动。

三、国际商业机器全球服务（中国）有限公司

IBM，即国际商业机器公司，1911年创立于美国，是全球最大的信息技术和业务解决方案公司，目前拥有全球雇员31万多人，业务遍及160多个国家和地区。2004年，IBM公司的全球营业收入达到965亿美元。

IBM与中国的业务关系源远流长。早在1934年，IBM公司就为北京协和医院安装了第一台商用处理机。1979年，在中断联系近30年之后，IBM伴随着中国的改革开放再次来到中国。同年在沈阳鼓风机厂安装了中华人民共和国成立后的第一台IBM中型计算机。

随着中国改革开放的不断深入，IBM在华业务日益扩大。20世纪80年代中后期，IBM先后在北京、上海设立了办事处。1992年IBM在北京正式宣布成立国际商业机器中国有限公司，这是IBM在中国的独资企业。此举使IBM在实施其在华战略中迈出了实质性的一步，翻开了在华业务的新篇章。在随后的1993年，IBM中国有限公司又在广州和上海建立了分公司。到目前为止，IBM在中国的办事机构进一步扩展至哈尔滨、沈阳、深圳、南京、杭州、成都、西安、武汉、福州、重庆、长沙、昆明和乌鲁木齐等16个城市，从而进一步扩大了在华业务覆盖面。伴随着IBM在中国的发展，IBM中国员工队伍不断壮大，目前已超过5 000人。除此之外，IBM还成立了8家合资和独资公司，分别负责制造、软件开发、服务和租赁的业务。

IBM非常注重对技术研发的投入。1995年，IBM在中国成立了中国研究中心，是IBM全球八大研究中心之一，有150多位中国的计算机专家。随后在1999年又率先在中国成立了软件开发中心，现有近2 000位中国软件工程师专攻整合中间件、数据库、Linux等领域的产品开发。

多年来，IBM的各类信息系统已成为中国金融、电信、冶金、石化、交通、商品流通、政府和教育等许多重要业务领域中最可靠的信息技术手段。IBM的客户遍及中国经济的各条战线。

四、花旗软件技术服务（上海）有限公司

花旗集团作为世界知名的金融服务机构，在全球100多个国家内为个人、企业、政府和机构提供一系列广泛的金融产品和服务。集团在中国的悠久历史可以追溯到1902年5月花旗银行在中国上海建立的第一家办事处。如今，花旗银行已成为中国领先的外资银行。在中国的所有外资银行中，花旗银行提供的产品最为广泛，并会在长期内继续为中国的发展做出重要贡献。2002年8月，花旗集团旗下的花旗银行在上海成立了其附属子公司——花旗软件技术服务（上海）有限公司（以下简称"花旗软件"）。花旗软件目前主要为花旗集团亚太地区、中东及欧洲国家提供软件开发和技术支持，并为花旗集团亚太地区提供后台数据处理服务。总部在上海，下设大连、广州和珠海三个分公司。自2011年起，花旗软件将会同时管理花旗在中国的数据中心。作为花旗集团的一员，花旗软件的核心业务是为全球花旗银行提供软件开发及技术支持，其服务遍布亚太、美国、拉丁美洲、中东、欧洲及非洲地区的50多个国家。

五、简柏特（大连）有限公司

简柏特成立于1997年，其前身为通用电气金融服务有限公司，原名GECIS，最初是美国通用电气金融服务公司（GE Capital）的独立业务中心，授权为GE的所有业务提供业务流程管理以提高其各项业务效率。2005年正式更名为简柏特，并于2007年在纽约证券交易所上市，交易代码为G。简柏特将强大的IT、分析及流程优化再造的能力相互结合，向企业提供一系列广泛的综合行政管理和行业针对性服务，是全球业务流程及技术管理的领先者。到目前为止，简柏特是从事外包业务中规模最大、业务服务范围最广的跨国公司之一。公司共有员工4万多人，在印度、中国、匈牙利、墨西哥、危地马拉、菲律宾、荷兰、罗马尼亚、西班牙、波兰、南非、摩洛哥和美国13个国家设立了超过35家交付运营中心。

简柏特于2000年进入中国市场，至今已经陆续在大连、长春、上海、北京、苏州、广州设立了分支机构，员工规模近5 000人。公司运用先进的计算机技术和网络通信手段向位于日本、中国内地、中国香港、韩国、新加坡等国家和地区的客户提供跨区域、远程的金融保险业的交易处理、财务分析和管理、信息技术支持、客户服务、供应链管理、人力资源管理等业务。目前是中国从事BPO业务中规模最大、业务范围最广的跨国公司，是商务部首次公布的五大在华全球服务供应商之一。

六、路透集团

全球新闻和信息提供商路透集团，为了进一步拓展中国市场，在中国投资1 000万美元成立研发中心，致力于发展路透3000Xtra金融信息桌面终端、路透交易员系统、路透智库等核心产品，并预计未来三年内该中心员工将扩大两倍达到600人。路透中国开发中心——

第八章 服务外包园区主要入园企业情况

路通世纪（中国）科技有限公司坐落于北京中关村软件园中心。它将帮助路透更好地向金融服务行业提供数据和信息，巩固其在全球的领先地位。研发中心将有力地支持路透 Core Plus 战略的实施，该战略包括向新的地区市场渗透以及开发高附加值内容。路通世纪的开发部门将侧重于基础开发，以支持包括高端的 3000Xtra 桌面系统、路透交易员系统（reuters trader）和路透智库在内的路透产品。新公司是路透几个全球战略开发中心之一。路通世纪目前雇用的 200 名员工中，70% 毕业于包括清华大学、北京大学和中科院在内的中国一流高等学府。在未来三年里，员工的人数将增至 600 人，以满足公司的业务需求。

七、日电（中国）有限公司

设立时间：1996 年 11 月。
注册资本：12 178.4 万美元。
员工总数：2 200 人（2010 年 4 月）。
业务内容：运营商网络业务、IT 解决方案业务、IT 网络平台业务、投影机显示器产品、软件开发销售、研发、地区业务统括职能。
分支机构：北京总公司，天津、上海、广州、大连、成都、西安、沈阳、青岛、南京、苏州、杭州、武汉、深圳分公司。

八、思科系统（中国）网络技术有限公司

思科系统公司（Cisco Systems Inc.）是全球领先的互联网设备和解决方案提供商，为了推动中国互联网的发展，思科系统公司先后于 1994 年 8 月、1995 年 9 月、1996 年 3 月、1996 年 5 月在北京、上海、广州和成都成立了代表处。

1998 年 6 月 2 日，思科系统公司宣布将在中国投资上亿美元，包括建立思科系统（中国）网络技术有限公司，统领思科在华各项业务；在北京建立网络技术实验室，这是思科系统公司在全球设立的三个大型实验室之一，也是它在亚洲最大的网络实验室。

1999 年 1 月 14 日，思科系统公司又投资数百万美元加强在中国的客户支持系统，包括在北京建立技术支持中心。这个中心是思科系统公司全球四大技术支持中心之一，向思科系统公司在中国的合作伙伴和合同用户体提供 7×24（每周 7 天、每天 24 小时）的软硬件维护和支持服务。

思科系统公司十分重视教育和培养中国的网络人才，先后与国内著名高校合作成立了 150 多所思科网络学院；每年举办数十场技术报告会和研讨会，及时不断地向国内介绍最新的网络技术和产品。从 1998 年始，思科大学每季度都组织针对经销商、用户的不同主体的培训活动。

思科系统公司在中国的服务与支持日臻完善。目前，除了已建成北京技术支持中心（TAC）和北京、上海、广州、成都备件库外，还提供中文 3W 服务与支持，包括 24 小时全球电话热线服务和中文电子邮件服务以及各种技术培训。经验丰富的思科工程师不仅为用户

国际服务外包园区发展的理论与实践

解决各种问题带来了极大方便,更重要的是加强了思科系统(中国)网络技术有限公司代理商的技术能力,使其能更好地在第一线为用户提供直接的支持。

在中国,思科系统公司积极谋求和其他厂商广泛的、全方位的、深层次的合作。思科所有的销售业务都是通过渠道伙伴进行的,思科非常重视与渠道的合作,而且在这方面也有一套成熟的管理体制。这套体制以诚信、价值为基础;以分享、影响、保持为原则;以"授人以渔"为理念。思科通过认证、培训和全方位的服务与支持体系构建的独特渠道平台,使思科系统公司的用户可以享受全方位的技术支持、系统维护、人员培训等服务。

多年来,思科系统公司积极参与中国几乎所有大型网络项目的建设,把最先进的网络技术和产品以最快的速度带给中国用户,使他们能够及时改善计算机网络及相关基础设施。这些项目既包括中国金融骨干网、中国教育科研网以及海关、邮政等系统网络的建设,也包括中国电信、中国联通和中国网通等电信运营商的网络基础建设;既有全国范围的骨干网络建设,也有针对新兴电信增值业务的设备部署。

九、微软(中国)有限公司

作为全球最大软件公司和最有价值的企业之一,微软通过其功能强大、易于操作的产品和领先的技术不断改善着人们生活、工作和交流的方式,带给人们创新的计算体验和数字家庭生活方式,极大地提高了个人及团体的生产效率。微软提供 Windows 客户端、信息工作者产品、服务器平台和开发工具,通过商务管理解决方案,帮助企业提高其整体竞争力,并开发新的数字化家用技术和娱乐方式,促进移动计算和嵌入式装置的发展。

微软以与中国软件产业共同进步与共同发展为目标,对国内软件产业发展所必备的人才、技术、市场需求和资金这四个关键环节加大实质性支持和承诺,在发展自身的同时,促进中国 IT 产业的发展。自 1992 年在北京设立第一个代表处起,经过十几年的发展,微软在中国已经形成了以北京为总部,在上海、广州、成都、南京、沈阳、深圳、福州等地设有分支机构的格局,业务覆盖全国,投资和合作领域包括基础研究、产品开发、市场销售、技术支持、教育培训等层面。如今,微软在中国已拥有微软亚洲研究院、微软亚洲工程院、微软中国研发中心、微软大中华区全球技术支持中心和微软中国技术中心五大科研、产品开发与技术支持服务机构。

作为一家软件平台厂商,微软的业务模式是合作伙伴业务模式,其努力促进信息技术生态系统的建设,通过合作伙伴把产品和服务送到用户手中,通过合作伙伴在自己的平台上开发各式各样的丰富应用和解决方案来满足客户的需求。微软在中国的成长离不开合作伙伴的支持。

微软不断推广数字化方案,积极推动缩小数字鸿沟,希望帮助各个层次、各个地区的人们都能够最大限度地发掘自己的潜能。多年来,无论是携手助学,支持希望工程,联合高校培育软件人才,还是扶助弱势人群,参与公益捐赠,均体现了微软争做优秀企业公民的努力。目前,微软在中国的业务涉及 Windows 客户端、服务器平台和开发工具、信息工作者产品、微软商务管理解决方案、移动及嵌入设备、MSN 和家庭消费及娱乐产品等。微软致力于通过与中国信息产业的合作,创造出杰出的、最适合于中国的软件产品,使人们和企业从微软的技术和

第八章 服务外包园区主要入园企业情况

解决方案中获得最大的效益,从而为中国知识经济和信息技术产业的发展做出自己的贡献。

十、中国惠普有限公司

中国惠普有限公司成立于1985年,是中国第一家中美合资的高科技企业。在多年的发展历程中,中国惠普始终保持业务的高速增长,是HP全球业务增长最为迅速的子公司之一。

中国惠普有限公司总部位于北京,目前已在国内设立了九大区域总部,37个支持服务中心,超过200个金牌服务网点、惠普商学院、惠普IT管理学院和惠普软件工程学院,现有员工3 000多人。中国惠普有限公司致力于以具有竞争力的价格,为中国用户提供科技领先的产品与服务,培养一流人才、提供最佳客户体验,并最终与中国共同成长。

中国惠普业务范围涵盖IT基础设施、全球服务、商用和家用计算以及打印和成像等领域,客户遍及电信、金融、政府、交通、运输、能源、航天、电子、制造和教育等各个行业。从创立之日起,中国惠普便将"做优秀的企业公民"作为自己立身于中国的基础。中国惠普不仅在中国推广"世界e家"计划、支持教育事业,还积极捐助医疗、环保等公益事业。中国惠普是北京外资企业十大纳税大户之一,并连续多年被全国外商协会评为十佳合资企业。从2001年起,中国惠普已连续五年荣获"中国最受尊敬企业"称号。

第二节 国内服务外包十大领军企业

一、博彦科技(北京)有限公司

博彦科技是亚洲领先的IT服务外包公司,具备全球范围内的交付能力。博彦科技为全球客户提供IT咨询、应用程序开发和维护、ERP与BPO(业务流程外包)等服务。从成立之初,博彦科技一直不遗余力地专注于服务的高质量交付,并且因为这种专注,成了客户信赖的品牌,和客户保持了长期的合作关系,并保持了持续的业务增长。

博彦科技的总部位于北京,并在中国主要城市设立分支机构和研发中心,在美国、日本、新加坡和印度也都设有交付中心。博彦科技的全球交付能力以及灵活使用现场服务、近岸服务和多级离岸交付中心等交付方式的能力,使博彦科技在全球范围内都能够以低成本交付高质量的服务。遍布全球的交付中心使得博彦科技可以和世界共享自己的服务、行业知识和成熟的流程管理。博彦科技还取得了ISO27001的安全认证,公司内部严格的安全系统能够符合世界级的安全标准。博彦科技与众多世界领先科技公司和垂直行业领先企业的成功合作经验是博彦科技在业内享有盛誉的原因之一。世界领先的科技公司中,3/5都是博彦科技的长期客户,这也从侧面证明了博彦科技对服务的专注和付出。作为一家提供端对端ITO和BPO服务的领先企业,博彦科技在垂直行业里专注于医药、金融服务、电信工程等领域,积累了丰富的经验,与行业内的领先企业均保持了良好的合作关系。

国际服务外包园区发展的理论与实践

二、大连华信计算机技术股份有限公司

大连华信计算机技术股份有限公司（简称大连华信）成立于1996年5月23日，注册资金为1.5亿元，是以软件技术为核心，从事计算机应用软件开发、系统集成、软件外包服务、嵌入式软件、BPO服务、ITO服务及IT教育与培训等多个业务领域的股份制公司，在中国的北京、济南、天津、深圳以及日本和美国设有分支机构。

大连华信是中国软件外包业务规模最大的公司之一，作为国内最早一批进入日本市场的软件企业，大连华信在对日软件外包业务领域取得了长足的发展，并与NEC软件、NTT DATA、日立 solutions、新日铁系统集成株式会社等众多日本知名企业建立了长期合作关系。在国内市场方面，大连华信作为行业解决方案的提供商，在电信、保险、政府、ERP等领域有着丰富的经验，成功案例遍布全国270多个城市。大连华信的软件技术和信息服务应用于电信、电力、公共、金融、保险、交通、物流、传媒、制造业等多个行业，帮助国内外400多家客户改善工作质量，有效提升客户价值。

作为中国软件行业的新领军者，大连华信是国家规划布局内重点软件企业、中国软件产业最大规模前100家企业，技术水平居于国内同行业领先地位，具有国家计算机信息系统集成一级资质，并获得了ISO9001：2008、CMM5级、ISO27001：2005、ISO14001：2004、PIPA（个人信息保护合格证书、与日本的P-MARK互认）等资质认证。

三、东南融通（中国）系统工程有限公司

东南融通是中国领先的金融IT综合服务提供商，为银行、保险、基金、证券等金融行业以及大型企业财务公司提供整体解决方案和软件产品，业务范围涵盖了规划咨询、软件开发实施、技术服务、IT外包与运营服务、系统集成及系统维护服务等，是中国金融机构重要的IT综合服务提供商和战略合作伙伴。2007年公司在美国纽约证券交易所上市，成为中国第一家在纽交所上市的软件企业。

目前，东南融通在全球拥有近7 000名员工，在中国内地设有1个企业博士后科研工作站、3个软件研发中心、6个软件交付中心、90多个服务机构，并分别与北京大学、国防科技大学及厦门大学联合成立了金融风险实验室、先进软件技术联合实验室及金融工程研究中心。同时，公司在美国、加拿大、新加坡和中国香港均设有分支机构进行海外业务拓展。

2004年开始，东南融通连续七年被认定为国家规划布局内重点软件企业；2005年和2008年连续两次被评选为"厦门特区年度最佳雇主"；2008年通过ISO27001认证；2007年和2008年，东南融通先后两次被美国IT服务领域的权威杂志 *Global Service* 评选为"全球服务一百强"；2009年、2010年，成功入选由美国 *American Banker* 杂志和IDC Financial Insight共同评选的"全球金融科技100强（Fintech 100）"，成为中国金融服务业最大的信息技术提供商。2010年，东南融通以规范的软件开发管理，成功通过优化管理级（CMMI5）评估，项目管理水平和软件交付质量得到了全球金融客户的认可。2010年7月，IDC发布的《中

第八章　服务外包园区主要入园企业情况

国银行业 IT 解决方案市场 2009－2013 分析与预测》研究报告显示：东南融通以卓越的发展战略和发展能力，在中国金融软件和 IT 服务行业中超越众多中外竞争对手，排名第一。

长期以来，东南融通一直专注于金融 IT 综合服务市场，是金融客户成长和盈利的最佳伙伴。展望未来，东南融通将继续保持领先优势，在 IT 服务领域内将产品与客户的需求有效结合，将本地市场和海外市场有效结合，立志成为在全球具有竞争能力和领先优势的金融行业 IT 综合服务提供商。

四、东软集团股份有限公司

1991 年，东软创立于中国东北大学。目前，公司拥有员工 18 000 余人，在中国建立了 6 个软件研发基地、8 个区域总部，在 40 多个城市建立营销与服务网络，在大连、南海、成都和沈阳分别建立 3 所东软信息学院和 1 所生物医学与信息工程学院；在美国、日本和欧洲、中东地区设有子公司。

东软以软件技术为核心，通过软件与服务的结合、软件与制造的结合、技术与行业管理能力的结合，提供行业解决方案和产品工程解决方案以及相关软件产品、平台及服务。

面向行业客户，东软提供安全、可靠、高质量、易扩展的行业解决方案，帮助客户实现信息化管理最佳实践，以满足客户需求。行业解决方案涵盖的领域包括电信、电力、金融、政府（社会保障、财政、税务、公共安全、国土资源、海洋、质量监督检验检疫、工商、知识产权等）以及制造业与商贸流通业、医疗卫生、教育、交通等行业。

在产品工程解决方案领域，东软的嵌入式软件系统在世界著名的数字家庭产品、移动终端、车载信息产品、IT 产品等众多产品中运行，其客户遍布世界各地。

在自有品牌的产品工程方面，在医疗领域，东软开发并提供具有中国自主知识产权的 CT 机、磁共振、数字 X 线机、彩超、全自动生化分析仪、多参数监护仪、放射治疗设备、核医学成像设备等 10 大系列 50 余种医疗产品，其中 CT 机填补了中国在该领域的空白，使中国成为全球第四个能够生产 CT 机的国家。产品销往国内的同时在美国、意大利、俄罗斯、巴西、沙特阿拉伯、巴基斯坦以及非洲国家等全球 60 个国家实现设备安装，拥有客户 5 000 余家，构建了覆盖中国、辐射全球的销售服务网络。

在服务领域，东软提供包括 IT 咨询服务、应用开发和维护、第三方 ERP 咨询与实施、专业测试及性能工程服务、本地化服务、IT 基础设施服务、业务流程外包（BPO）、IT 教育与培训等服务业务。其中，在业务流程外包（BPO）方面，东软面向日本、韩国、欧美各国等国际市场和国内市场提供多语言、多类别的一站式 BPO 服务，包括：客户服务、技术支持、应用系统支持、Help Desk 等 Front Office 外包服务，以及 HR 外包、网站内容服务等 Back Office 外包服务。涉及 IT、教育、政府、通信、互联网、制造、个人消费品等众多行业领域。

东软将"超越技术"作为公司的经营思想和品牌承诺。作为一家以软件技术为核心的公司，东软通过开放式创新、卓越运营管理、人力资源发展等战略的实施，全面构造公司的核心竞争力，创造客户和社会的价值，从而实现技术的价值。

国际服务外包园区发展的理论与实践

东软致力于成为最受社会、客户、股东和员工尊敬的公司,并通过组织与过程的持续改进、领导力与员工竞争力的发展、联盟与开放式创新,使东软成为全球优秀的 IT 解决方案和服务供应商。

五、海辉软件（国际）集团公司

海辉是中国值得信赖的科技服务合作伙伴。公司拥有领先的全球运营能力,通过严格的质量标准和交付流程来保证客户的商业价值。

自 1996 年以来,海辉一直致力于为全球客户提供世界领先的信息技术、研发和业务流程外包服务。海辉的客户广泛分布在软件业、硬件业、金融业、通信业、医药和制造业等领域,重点集中在财富 500 强企业。海辉严格遵守 CMM5、ISO 9001、六西格玛、ISO 27001、SAS 70 和 PIPA 等质量与安全标准。海辉在中国、美国、日本和新加坡等地设有 16 个办公机构,这使海辉能够通过灵活的现场与离岸模式提供高性价比的科技服务。

作为中国首家获得 CMM Level 5 认证的 IT 外包公司,海辉还取得了 ISO 27001 及 ISO 9001：2000 全球公认的安全和质量认证,在业务运营的合格环节全面实施六西格玛（Six Sigma）方法论。凭借外包本地化开发和测试、性能测试、Web 开发及应用管理等一流的服务产品,海辉现已成为国际外包专业协会（IAOP）全球外包百强企业中排名最高的中国企业。

作为中国软件外包行业公认的领导者,海辉采用独有的在岸—离岸服务模式,并融入了在不断为客户提供一流服务过程中形成的与众不同的企业文化。海辉关注人力资源的发展,拥有一批极富潜力、训练有素的员工,为客户提供涵盖整个应用服务生命周期的服务,主要业务包括企业应用服务（应用开发与维护、质量测试）、企业套装解决方案（Siebel 解决方案及支持、Oracle ERP 解决方案及支持服务）、产品工程服务（产品开发和测试、产品全球化化服务）,以及技术和解决方案服务（技术资源服务）。

海辉为从事保险、证券、银行和租赁等金融服务行业的公司提供优质的业务流程外包（BPO 外包）服务,同时提供高质量的核心流程 BPO 服务,包括各行业的扩展数据录入和桌面排版服务。凭借在国内二线城市拥有的成本和人才优势,海辉可为客户提供一站式 ITO 及 BPO 服务。

对技术的热情和对商业的敏锐确保了海辉在客户预算范围内,按时提交高质量的产品和服务并同时满足客户对业务和技术两方面的需求。海辉致力于通过提供全球符合质量和安全标准的 ITO 和 BPO 服务来改善客户的业务绩效。

六、软通动力信息技术（集团）有限公司

软通动力信息技术（集团）有限公司成立于 2001 年,现已发展成为领先的、全方位 IT 服务及行业解决方案提供商。业务范围涵盖咨询及解决方案、IT 服务以及业务流程外包（BPO）服务等,是高科技、通信、银行/企业金融/保险、能源/交通/公用事业等行业重要

第八章 服务外包园区主要入园企业情况

的IT综合服务提供商和战略合作伙伴。

软通动力全球总部设在北京,在中国大陆的主要城市以及中国香港、中国台湾、日本、韩国以及北美和欧洲国家均设有分支机构。目前,全球共有超过9 000名员工。软通动力独特的交付模式将现场支持与全球资源远程支持相结合,保障了对客户需求的深刻理解和快速响应。

软通动力是质量管理体系(ISO9001:2008)和信息安全管理体系(ISO27001:2005)认证企业,并于2006年3月通过CMMI5级认证。软通动力是"2009 Red Herring全球百强"企业、"2009年中国服务外包十大领军企业"(商务部)、"2009年中国软件业务收入前百家企业"(工信部),并连续四年入选"德勤中国高科技、高成长50强"。

过去,软通动力深刻理解客户需求,帮助数百家企业解决了IT困境,是企业盈利和成长的最佳合作伙伴。未来,软通动力将继续依托优质的专业服务为客户带来最佳价值增值。

七、文思信息技术有限公司

文思是中国领先的信息咨询、解决方案和IT服务外包提供商,是第一家在纽约股票交易所上市的中国软件服务外包企业。根据领先的独立市场研究公司国际数据公司(IDC)的统计可知,文思在为欧美市场提供离岸软件开发的企业中位居中国第一。

文思在金融服务业、高科技行业、电信业、旅游交通业、制造业、零售与分销业等领域积累了丰富的行业经验,具备全面的IT专业服务能力,为客户提供IT咨询、解决方案和外包服务,包括企业解决方案、应用软件开发和维护、质量保证和测试、本地化和全球化、研究及开发、基础设施外包以及业务流程外包/呼叫中心等服务,帮助客户实现投资收益最大化,并使之更专注于自身核心业务。目前,文思已成为众多财富500强企业的重要合作伙伴,主要客户包括3M、ABB、EMC、Expedia、IBM、NEC、TIBCO、国泰航空、海航旅业、花旗银行、华为、惠普、联想、三菱、微软、招商银行等著名公司。

为了满足客户对全球交付和IT支持日益增长的需求,文思将总部设在北京,在中国深圳、南京、上海、杭州、大连、广州、成都、西安、武汉、天津、香港、台北,日本东京,马来西亚吉隆坡,美国圣地亚哥、西雅图、旧金山,英国伦敦和澳大利亚墨尔本,设有分支机构,为客户提供一站式的实时服务。文思凭借多年的行业经验和全方位的专业技能,有效地满足了客户的需求,并得到了国际市场的认可。

八、药明康德新药开发有限公司

药明康德新药开发有限公司于2000年12月成立,是全球领先的制药、生物技术以及医疗器械研发外包服务公司,在中美两国均有运营实体。作为一家以研究为首任、以客户为中心的公司,药明康德向全球制药公司、生物技术公司以及医疗器械公司提供一系列全方位的实验室研发、研究生产服务,服务范围贯穿从药物发现到推向市场的全过程。药明康德的服务旨在通过高性价比、高效率的外包服务帮助其全球客户缩短药物及医疗器械研发周期、降低研发成本。其服务分为两大部分。

实验室服务：包括从药物发现到开发的全方位制药服务、生物制品和医疗器械开发和测试服务，以及全面的毒理服务。

生产服务：药物中间体、高效能原料药（APIs）的生产服务，细胞银行服务，细胞疗法与基于化合物和组织的产品的 cGMP 生产。

九、浙大网新科技股份有限公司

浙大网新是一家在潘云鹤院士提出的"打造软件与网络业航母"远景目标下，依托浙江大学综合应用学科优势组建的高科技企业。自 2001 年 6 月创建以来，健康、快速发展，以"高端定位、服务主导、国际路线"为竞争策略的浙大网新已崛起为具有相当影响力的中国 IT 协同服务领军企业。浙大网新旗下拥有网新兰德、众合机电两家上市公司。网新兰德是香港联交所创业板的电信四强企业之一，众合机电也为国内环保脱硫领域四强企业之一。

行业地位：IAOP 认定的全球外包 50 强，中国第 2 名；中国软件外包企业 20 强第 2 名；工信部认定的中国软件百强第 8 名；全球 IT 服务 100 强；亚洲新兴 10 强；中国对欧美离岸外包 TOP5；中国电子信息百强排名第 41 名。

浙大网新与微软、IBM、思科等国内外巨头企业共同推进 360 度战略合作，通过互为客户、合作伙伴、供应商而取得良好效果；并与上述企业建立了应用开发、产品本地化、中国推广的三位一体全面服务模式的理念。通过 IT 项目实施与软件服务外包的结合也将为客户提供更持久、更稳定的长期服务，在为客户创造全新价值的同时也实现了企业自身的共同成长。

十、中软国际有限公司

中软国际成立于 2000 年，为香港主板上市公司，股票代码 00354。中软国际是中国大型综合性软件与信息服务企业，提供从 IT 咨询服务、IT 技术服务、IT 外包服务到 IT 培训的"端到端"软件及信息服务，涉及政府与制造、金融服务与银行、电信与信息科技等主要信息技术垂直行业。公司收入约 15 亿元，服务遍布全球，包括中国北京、上海、南京、深圳、大连，美国普林斯顿和西雅图，英国伦敦，日本东京，共 25 个城市，员工逾万人，过去八年间复合增长率达到 57%。

IT 咨询服务主要包括：战略转型咨询、供应链管理模式咨询、信息化规划咨询、生产管理咨询、营销管理咨询及财务管理咨询等。

IT 技术服务主要包括：电子政务、审计与监管；银行卡、交易前置、信贷操作、支付与清算；手机支付、电信电子商务；制造执行系统、物流跟踪系统；轨道交通 AFC/ACC、城市一卡通、智能交通 13 类解决方案。

IT 外包服务主要包括：基础设施管理服务、产品工程化服务、企业级套装软件实施服

第八章　服务外包园区主要入园企业情况

务、应用开发和维护外包服务以及数据处理、工程流程外包、呼叫中心等。

公司拥有自主知识产权 SOA 中间件平台产品 ResourceOne，该产品经过十年研发，历经四大版本，目前已具备云计算和物联网平台能力，为公司解决方案业务提供了强大的应用基础平台支撑。公司还建立了遍布全国的信息技术实习训练基地（ETC）体系，提供以人才供应链为导向的培训服务，为公司主营业务提供人力资源保障。

参 考 文 献

[1] [德] 阿尔弗雷德·韦伯. 工业区位论 [M]. 李刚剑, 等译. 北京: 商务印书馆, 1997.

[2] [美] 埃德加·胡佛. 区域经济学导论 [M]. 王翼龙, 译. 北京: 商务印书馆, 1990.

[3] 柏群. 培育我国企业集群的对策思考 [J]. 经济师, 2003 (8): 71-72.

[4] 包诗若. 加快建设我国服务外包产业集群的思考 [J]. 中国经贸导刊, 2012 (7): 53-54.

[5] [美] 保罗·克鲁格曼. 战略性贸易政策与新国际经济学 [M]. 海闻, 等译. 北京: 北京大学出版社, 2000.

[6] [美] 保罗·克鲁格曼. 地理与贸易 [M]. 张兆杰, 译. 北京: 中国人民大学出版社, 2002.

[7] 曹钊. 菲律宾服务外包产业竞争力评价 [J]. 中国服务外包杂志, 2009 (5).

[8] [英] 查尔斯·盖伊, 詹姆斯·艾辛格. 企业外包模式 [M]. 华经, 译. 北京: 机械工业出版社, 2003.

[9] 陈菲. 国际服务外包就业效应分析 [J]. 特区经济, 2009 (6): 270-272.

[10] 陈菲. 服务外包动因机制分析及发展趋势预测 [J]. 中国工业经济, 2005 (6): 67-73.

[11] 陈劲, 吴航, 刘文澜. 中关村: 未来全球第一的创新集群 [J]. 科学研究. 2014 (1): 5-13.

[12] 陈雪梅, 陈鹏宇. 广东产业集群的形成、发展和升级 [J]. 山东经济战略研究. 2005 (1): 68-71.

[13] 陈怡, 杨琴. 印度服务贸易的发展及启示——兼论印度软件业 [J]. 江苏商论, 2006 (7): 82-84.

[14] 陈益升. 高科技产业创新的空间-科学工业园区研究 [M]. 北京: 中国经济出版社, 2008.

[15] 戴永红. 印度软件企业外包发展模式及其对我国的启示 [J], 南亚研究, 2004 (2).

[16] 鼎韬. 中国服务外包园区未来发展十大趋势 [J]. 中国经贸. 2011 (2): 34-35.

[17] 对外经贸大学课题组. 国际服务外包发展趋势与中国服务外包业竞争力 [J]. 国

参考文献

际贸易, 2007, 8: 19-28.

[18] 鄂丽丽. 服务外包竞争力影响因素研究: 基于中国的分析 [J]. 经济问题探索, 2008 (3): 151-154+166.

[19] 龚双红. 产业集群竞争力的影响因素分析 [J]. 温州论坛, 2007 (2): 23-26.

[20] 龚双红. 试论产业集群竞争力的培育 [J]. 求实, 2007 (3): 29-31.

[21] 何骏. 聚焦中国的服务外包 [J]. 经济导刊. 2008 (5): 26-30.

[22] 侯荣娜. 借鉴印度班加罗尔成功模式加快辽宁服务外包业发展 [J]. 辽宁经济, 2010 (8): 44-45.

[23] 黄新建, 甘永辉. 工业园区循环经济发展研究 [M]. 北京: 中国社会科学出版社, 2009.

[24] 黄育华. 国外金融后台与服务外包园区运行管理和招商引资研究 [J]. 中国城市经济, 2009 (1): 88-91.

[25] 纪志坚, 苏敬勤, 孙大鹏. 企业资源外包程度及其影响因素研究 [J]. 科研管理, 2007, 28 (1): 78-83.

[26] 江小国, 方大春. 服务外包园区竞争力评价体系的构建与提升路径 [J]. 经济纵横, 2012 (6): 26-29.

[27] 江小娟. 服务全球化的发展趋势和理论分析 [J]. 经济研究, 2008 (2): 4-16.

[28] 姜荣春. 印度、菲律宾服务外包产业发展模式比较研究及启示 [J]. 南亚研究季刊, 2012 (4): 55-62.

[29] 蒋淇, 钟培尹. 基于模糊综合评价某服务外包园区竞争力水平 [J]. 知识经济, 2014 (11): 91.

[30] 矫萍, 郭力, 李爽. 哈大齐工业走廊服务外包产业竞争力分析: 基于钻石模型 [J]. 经济研究导刊, 2011 (32): 47-49.

[31] 矫萍, 姜明辉. 基于 GEM 模型的哈大齐工业走廊服务外包产业集群竞争力研究 [J]. 首都经济贸易大学学报, 2011 (6): 54-59.

[32] 矫萍, 姜明辉. 生产性服务业 FDI 空间集聚的影响因素研究——基于空间计量的分析 [J]. 预测, 2015, 34 (2): 41-47.

[33] 荆林波. 质疑外包服务降低成本及引起失业的假说——以信息技术外包服务为例 [J]. 经济研究, 2005 (1): 117-123.

[34] [英] 克里斯托夫. 物流与供应链管理: 第4版 [M]. 何明珂, 等译. 北京: 电子工业出版社, 2012.

[35] 雷鹏. 产业集聚与工业园区发展研究 [M]. 南京: 东南大学出版社, 2009.

[36] 雷鹏. 工业园区与区域发展研究 [M]. 上海: 上海交通大学出版社, 2012.

[37] 李华焰, 马士华. 供应链企业外包战略选择模型研究 [J]. 决策借鉴, 2001, 14 (4): 12-16.

[38] 李君华, 彭玉兰. 产业集群的制度分析 [J]. 中国软科学, 2003 (9): 127-132.

[39] 李林. 西部地区发展服务外包的条件、作用及路径选择——基于印度的经验 [J]. 重庆大学学报, 2008, (4): 1-4.

[40] 李志刚. 基于网络结构的产业集群创新机制和创新绩效研究 [D]. 合肥: 中国科学技术大学, 2007: 92.

[41] 刘友金. 产业集群竞争力评价量化模型研究——GEM 模型解析与 GEMN 模型构建 [J]. 中国软科学, 2007 (9): 104-110+124.

[42] 卢锋. 当代服务外包的经济学观察: 产品内分工的分析视角 [J]. 世界经济, 2007 (8): 22-25.

[43] 芦文娟, 傅文利. 国际城市服务外包理论及其发展比较研究 [J]. 国外社会科学, 2009 (4): 46-49.

[44] 陆立军, 裘小玲. 中国工业园区发展 [M]. 北京: 中国经济出版社, 2003.

[45] 马桂兰. 产业集群竞争力评价方法综述 [J]. 产业观察, 2009 (4): 83-84.

[46] [英] 马歇尔. 经济学原理 [M]. 朱志泰, 等译. 北京: 商务印书馆, 2019.

[47] [美] 迈克尔·波特. 国家竞争优势 [M]. 李明轩, 等译. 北京: 华夏出版社, 2002.

[48] 毛振华. 我国服务外包应走差异化竞争之路 [J]. 中外企业文化, 2012 (5): 34-36.

[49] 裴琪. 服务外包中发包方选择接包方的影响因素分析——基于中国的研究 [J]. 国际经贸探索, 2007 (10): 12-15.

[50] 裴琪. 我国企业参与第六次全球并购潮的策略 [J]. 企业活力, 2008 (5): 58-59.

[51] 谯微, 江文清, 宗文哲. 论中小企业集群的竞争优势 [J]. 当代财经, 2003 (10): 75-76.

[52] 邵鲁宁. 生产性服务外包管理研究 [D]. 同济大学博士论文. 2007.9.

[53] 宋丽丽. 延边服务外包企业集群竞争力研究 [D]. 延边大学硕士论文. 2012-05-31.

[54] 宋永辉, 周晓燕. 中印两国承接服务外包的政府政策环境对比分析 [J]. 产业经济, 2007, (10): 249-250.

[55] 孙晓琴. 我国服务外包城市竞争力评价研究 [J]. 国际经贸探索, 2008 (7): 28-33.

[56] 孙晓琴, 黄静波. 国际服务外包动因: 从"降低成本"到"提高服务质量" [J]. 国际商务 (对外经济贸易大学学报), 2009 (5): 51-59.

[57] 孙钰, 李竞成. 产业集群核心竞争力分析 [J]. 西北工业大学学报. 2006 (3): 12-16.

[58] 谭慧娇, 付睿. 服务外包产业的规划建设——以连云港经济技术开发区服务外包园区概念性规划为例 [J]. 科技向导, 2011 (26).

[59] 唐礼智. 海外科技园区创新协作机制建设经验及启示 [J]. 地域研究与开发.

参考文献

2007 (6): 34-38.

[60] 唐宜红, 陈非. 凡承接离岸服务外包的国别环境分析——以印度、墨西哥和东欧为例 [J]. 国际经济合作, 2007 (4): 18-23.

[61] 滕堂伟. 关于创新集群问题的理论阐述 [J]. 甘肃社会科学, 2008 (5): 84-87.

[62] 田耕, 杨梦龙. 基于价值网络的业务外包中介机构运作模式研究 [J]. 科技管理研究, 2011, 31 (3): 219-223+218.

[63] 王发明. 基于生态观的产业集群演进研究 [M]. 北京: 经济管理出版社, 2010.

[64] 王凤霞. 中国服务外包承接企业组织模式的优化与创新 [J]. 经济师, 2009 (7): 14-15.

[65] 王伶俐. 全球金融危机下的服务外包: 驱动力趋势与中国的战略选择 [J]. 中国行政管理, 2009 (3): 16-20.

[66] 王洛林. 全球化: 服务外包与中国的政策选择 (第一版) [M]. 北京: 经济管理出版社, 2010.

[67] 王晓佳, 董萌. 多层次金融服务外包业发展问题探析——以黑龙江省为例 [J]. 黑龙江社会科学, 2014 (3): 60-63.

[68] 王学人. 我国服务外包业的发展现状和对策探讨 [J]. 经体制改革, 2009 (4).

[69] 王燕妮, 李华. 服务外包基地城市 BPO 发展模式分析 [J]. 管理学报, 2007 (4): 488-492.

[70] 王燕妮, 王利群. 印度服务外包发展模式分析及启示 [J]. 科学管理研究, 2010 (2): 160-162.

[71] 魏江. 产业集群——创新系统与技术学习 [M]. 北京: 科学出版社, 2003.

[72] 魏倩. 中国服务外包示范城市服务外包产业竞争力分析及发展对策研究 [D]. 江苏大学硕士论文, 2009.

[73] 吴冰, 王重鸣, 唐宁玉. 高科技产业创业网络、绩效与环境研究: 国家级软件园的分析 [J]. 南开管理评论, 2009 (3): 84-93.

[74] 吴向宏. 试论印度软件产业发展的得失 [J]. 软科学, 1999 (10): 115-119.

[75] 武力超. 中国服务外包企业的 SWOT 分析 [J]. 经济论坛. 2009 (18): 21-25.

[76] 徐兴锋. 服务外包国家竞争优势分析及对策研究 [D]. 对外经济贸易大学博士学位论文, 2007-05-31.

[77] 许馨文, 崔荐, 马卫国. 我国承接服务外包产业政策研究 [J]. 宏观经济研究, 2009 (1): 107-109.

[78] [英] 亚当·斯密. 国民财富的性质和原因的研究 [M]. 郭大力, 译. 北京: 商务印书馆, 1974.

[79] 阎兆万, 王爱华, 展宝卫等. 经济园区发展论 [M]. 北京: 经济科学出版社, 2009.

[80] 杨建梅, 冯广森. 东莞台资 IT 企业集群产业结构剖析 [J]. 中国工业经济, 2002 (8): 45-50.

[81] 殷国鹏,杨波.服务外包的供应商能力研究——基于中国的现实思考[J].管理评论,2009,21(10):78-85.

[82] 尤佳,毛才盛,孙遇春.服务外包产业园创新集群特征、系统结构与运行模式研究[J].科技进步与对策.2012(20):61-67.

[83] 袁红清.企业集群与浙江中小企业发展战略研究[J].经济地理,2003,23(6):752-755.

[84] 张桂钢.促进我国服务外包产业发展对策[J].经营管理者,2012(2):111.

[85] 张辉.产业集群竞争力的内在经济机理[J].中国软科学,2003(1):6-9.

[86] 张璐,孙先民:黑龙江省服务外包园区发展存在的问题及对策分析[J].2012(19):76-79.

[87] 张明龙.产业集群与区域发展研究[M].北京:中国经济出版社,2008.

[88] 张延锋.战略联盟中合作风险与信任、控制间关系的实证研究[J].研究与发展管理,2006,18(5):13-19.

[89] 赵楠.印度发展服务外包模式探析[J].当代亚太.2007(3):39-43.

[90] 郑雄伟.全球服务外包发展报告.http://www.sina.com.cn,2011(5).

[91] 中关村官网 http://www.zgc.gov.cn/dt/mtgc/mtsp/86503.htm.

[92] 中关村官网 http://www.zgc.gov.cn/dt/gwhdt/94451.htm.

[93] 中国服务外包发展报告2009.上海:上海交通大学出版社,2010:94.

[94] 中国外包网 http://www.chinaeast.gov.cn/2010-05/28/c_13321419.htm.

[95] 重庆市对外经贸委员会.爱尔兰、日本服务外包现状.2013-01-08.

[96] 周勇.集群效应与企业进驻科技园区的决策[M].北京:科学出版社,2010.

[97] 朱胜勇.印度服务外包发展现状及我国的比较与借鉴[J].国际经济探索,2008,26(6):71-76.

[98] 朱晓明、潘龙清等.服务外包——把握现代服务业发展新机遇[M].上海:上海交通大学出版社,2005.

[99] 朱正圻.现代服务跨国外包(第一版)[M].上海:复旦大学出版社,2009.

[100] Apte U M and Mason R O. Global Disaggregation of Information-Intensive Services. Management Science, 1995, 41 (7): 1250-1262.

[101] Arnold U. New dimensions of outsourcing: A combination of transaction cost economics and the core competencies concept [J]. European Journal of purchasing & Supply Management, 2000 (6): 23-29.

[102] Bailor C. 5 elements to consider after you've outsourced [J]. Customer Relationship Management, 2005, 9 (7): 24-29.

[103] Balakrishnan K, Mohan U, Seshadri S. Outsourcing of front-end business processes: Quality, information, and customer contact [J]. Journal of Operations Management, 2008 (26): 288-302.

[104] Benson J N. Outsourcing Decisions: Evidence from Australia-based Enterprises [J].

参考文献

Internet Labour Rev, 1996, 135 (1): 59-73.

[105] Berry Zeithaml, VA, & Parasuraman, A Quality Countsin Servieetoo, Vseiness Horizon, May-June, 1985, 47.

[106] Besanko David, Dranove David and Shanley Mark. Economics of Strategy, John Wiley&Sons Inc., 1996.

[107] Bhagwati J, Panagariya A and Srinivasan T N. The Muddles over Outsourcing. Journal of Economic Perspectives, 2004, 18 (4): 93-114.

[108] Coase R H. The nature of the firm. Economics, 1937, 4 (16): 386-405.

[109] Conor Moyni han. An Overview of its development, Aug 08, The Irish Software Industry1989-2008:, http://www.slideshare.net/butest/the-irish-software-industry-19892008-an-overview-of-its.

[110] D Feeny, Willcocks L, Lacity M. Taking the measure of outsourcing providers [J]. MIT Sloanmanagement re-view, 2005, 46 (3): 41-48.

[111] Dess G Q Rasheed A M A, McLaughlin K J and Priem R L. The new corporate architecture [J]. Academy of Management Executive, 1995, 9: 7-18.

[112] Dunn R. Advanced maintenance technologies. Plant Engineering. 1987, 40: 80-82.

[113] Ethiraj, S K, Kale, P, Krishnan, M S, and Singh, J V. Where Do CapaPbilities Come From and How Do They Matter? A Study in the Software Services Industry [J]. Strategic Management Journal, 2005, 26: 25-45.

[114] Feeny D, Lacity M and Willcocks P. Taking the Measure of Outsourcing Providers. Sloan Management Review, 2005, 46 (1): 41-48.

[115] Garvin, D. A. What Does Produce Quality Really Mean. Sloan Management Review, 1984.

[116] Graf M, Mudambi S M. The outsourcing of IT-enabled business processes: A conceptual model of the location decision. Journal of International Management, 2005, 11 (5): 259-267.

[117] Gronroos, ChLristian. A Service Quality Mode land Its Marketing ImPlications. European Joumal of Marketing. 1984, Vol. 18, No. 4, pp. 36-44.

[118] Grossman G M, Helpman E. Outsourcing in a Global Economy. Review of Economic Studies, 2005, 72 (6): 135-159.

[119] Hayes, R M and Eriekson, T. Added Value as a Function of Purehases of Information Services JI. Information Society 1982, 307-380.

[120] Hoetker G. How much you know versus how well I know you: selecting a supplier for a technically innovative component. Strategic Management Journal, 2005, 26 (1): 75-96.

[121] Holcomb T R, Hitt M A. Toward a model of strategic outsourcing. Journal of Operations Management, 2007, 25 (2): 464-481.

[122] Howard, J. A. and J. N. Sheth. The theory of buyer behavior NY: John Will & Son-

sIne, 1969.

[123] IT Services Qualification Center (ITSqc), The eSourcing Capability, Model for Service Providers [L/OL], http: litsqc. cmu. edu/mordl-els/escm-sp/downloads. asp.

[124] Kim B. Dynamic outsourcing to contract manufacturers with different capabilities of reducing the supply costs. International Journal of Production Economies, 2003, 86 (1): 63 – 80.

[125] Klepper R, Jones O W. Outsourcing Information Technology, Systems and Services [M]. Prentice Hall, Inc, 1998.

[126] Kshetri N, Institutional factors affecting offshore business process and information technology outsourcing. Journal of International Management, 2007 (13): 38 – 56.

[127] Lacity M, Willcocks L P, Kem T, Risk Mitigation in IT Outsourcing Strategy Revisited: Longitudinal Case Research at LISA. Strategic Information System, 2000, 1 (13): 411 – 452.

[128] Lancions, R A. The role of internet in supply chain management. Industrial Marketing Management, 2000, 29 (1): 45 – 46.

[129] Levina, N and Ross, J W. From the Vendor's Perspective: Exploring the Value Proposition in Information Technology Outsourc-ing [J]. MIS Quarterly, 2003, 27 (3): 331 – 364.

[130] Levinthal D A, Fichman M D. Dynamics of inter-organizational attachments auditor-client. Administrative Science Quarterly, 1988, 33 (3): 345 – 370.

[131] Lewis, BarbaraR. & Entwhistle, T. W. Managinthe. Servieeeneounter: A focus of the employee. Intemational Joumal of Service Industry Management, 1990 (4): 41 – 52.

[132] Leydesdorff, Loet & Etzkowitz, Henry. The Dynamics of Innovation: From National Systems and "Mode 2" to a Triple Helix of University-Industry-Government Relations [J]. Research Policy, 2000, 29: 109 – 123 + 111 – 112.

[133] Lynn Myteka and Fudvia Farindlli. Loca Custers, Inrovation Systems and Sustained Oompetitiveness [R]. Discussion Papers from United Nations University, Institute for New Technologies, The Nct herlands, 2000.

[134] Marshall J N, Willis R, Richardson R . Demutualisation, Strategic Choice, and Social Responsibility [J]. Environment and Planning C: Government and Policy, 2016.

[135] Mclvor R. How the transaction cost and resource-based the theories of the firm inform outsourcing evaluation. Journal of Operations Management, 2009 (27): 45 – 63.

[136] Michael Corbett. The Outsourcing Revolution. Kaplan Business, September 1, 2004.

[137] New, S J, Payne, P, 1995. Research frameworks in logistics: three models, seven 59. New, S. J.

[138] Parasuraman, A, Ieithaml, V A & Berry, L L. Problems and Strategies in Services Marking [J]. Journal of Marketing, 1985, 49: 33 – 46.

[139] Payne, P. Research frameworks in logistics: three models, seven Management. 1995, 25 (10), 60 – 77.

参 考 文 献

[140] Pekka Y-Anttla. Ilndustria Cutersin Change-How to Say Competitive in the Gobal Compeition? [R]. The Research Institute of the Finnish Ecoonmy (ETLA), Opening Seminar, June 4, 2004, Marina Congress Center, Hesinki.

[141] Piero Morosini. Industrial Clusters, knowledge integration and performance [J]. World Development, 2004, 32 (2): 305 – 326.

[142] Public Affairs Ireland Conference. Shared Services and Outsourcing in the Irish public service. http://www.publicaffairsireland.com.

[143] Qu, Z and M Brocklehurst. What Will It Take for China to Become a Competitive Force in Offshore Outsourcing?: An Analysisof the Role of Transaction Costs in Supplier Selection [J]. Journal of information technology, 2003, 18 (1): 53 – 67.

[144] Tichy G. Clusters. Less Dispensable and More Risky than Ever [C] //Clusters and Regional Specialization. London: Published by Pion Limited, 1998: 101 – 112.

[145] Tim Psdmore, Hlervey Gibson. Modeling Systems of the Innovation: A Framework for Industrial Cluster Analysis in Region [J]. Research Policy, 1998, (26): 625 – 641.

[146] Van Mieghem J A. Coordinating Investment, Production and Subcontracting. Management Science, 1999, 45 (7): 954 – 971.

后　　记

本教材在编写过程中，得到了众多老师、学术朋友和平时合作的课题组同仁们的大力支持及热情帮助。特别要感谢申明浩（广东外语外贸大学博士/教授）和曹芳（广东金融学院博士/教授）两位老师给予本教材的友情相助和重要贡献（撰写了第一章的主要部分）。本教材能顺利编写完成，主要得以参考了大量相关专著、论文等文献，编辑了众多作者的成果，在此谨向这些作者、译者表示由衷的敬意和感谢！本教材的编写还参考和吸纳了编者平时课题研究的相关成果及实践调研的点滴素材和思想。在此还要感谢我的研究生：梁文本、赵丹两位同学参与了编写中的部分工作并付出了辛勤的努力；彭炜巍、甘琼瑶两位同学在修改环节帮助查找补充部分资料来源。本教材由于种种原因没能如约在 2015 年出版，在此特向读者朋友表示歉意。虽然时隔五年，这次终于能顺利出版，还得益于经济科学出版社编辑的大力支持和帮助，在此一并表示谢意。由于编者水平有限，一些错漏在所难免，敬请读者谅解，并欢迎批评指正。

编　者

2020 年 8 月